산상수훈 언덕에서 말씀듣기

산상수훈 언덕에서 말씀 찾기

삶의 자리를 바꾸는 예수의 말씀 13

초판 1쇄 인쇄 2026년 4월 2일
초판 1쇄 발행 2026년 4월 10일

지은이	권종렬
발행인	강영란
사업총괄	이진호
편집	박관용 권지연
디자인	트리니티
제작	아이캔
물류	신영북스
발행처	샘솟는기쁨
주소	서울시 중구 수표로2길 9 예림빌딩 402 (04554)
대표전화	02-517-2045
팩스	02-517-5125
홈페이지	https://blog.naver.com/feelwithcom
이메일	atfeel@hanmail.net
ISBN	979-11-92794-79-2 (03200)

삶의 자리를 바꾸는 예수의 말씀 13

산상수훈 언덕에서 말씀 듣기

권종렬 지음

샘솟는 기쁨

산상수훈을 다시 듣게 하는 책

이 책을 읽으며 여러 번 걸음을 멈추어야 했습니다.
마음이 자꾸 그날의 언덕으로 불려 갔기 때문입니다.
사람들 틈에 서서 예수님의 말씀을 듣던 그 자리,
삶에 지치고 방향을 잃은 채 고개를 들던 사람들 곁에
저 자신이 서 있는 듯한 느낌이 들었습니다.
『산상수훈 언덕에서 말씀 듣기』는
산상수훈을 '잘 설명한 책'이 아니라
산상수훈을 '다시 듣게 하는 책'입니다.

목회를 오래 하다 보면,
말씀 앞에 다시 서는 일이 더 어렵게 느껴질 때가 있습니다.
특히 산상수훈은 그렇습니다.
가장 쉽게 지나치거나 가장 멀리 두고 싶은 말씀이기도 합니다.
〈광야 아트미니스트리〉를 함께 섬겨 온 저자 권종렬 목사님은
말씀 앞에 자신을 먼저 내려놓는 목회자라는 인상입니다.

책상 위에서 정리된 산상수훈이 아니라
기도의 자리에서, 설교 준비실에서,
그리고 목회의 현실 속에서
수없이 다시 들은 말씀의 기록처럼 느껴집니다.
마치 그 언덕에 먼저 올라
우리에게 조용히 손짓하는 사람 같습니다.
"함께 올라가 다시 들어 봅시다"라고.

특별히 마음에 남았던 것은
하나님 나라 백성의 현실로 받아들이게 한다는 점입니다.
산상수훈 말씀 앞에서 편안해지기보다 정직해지고,
위로받기보다 다시 부름을 받습니다.
예수님의 음성을 다시 '생활의 언어'로 들려줍니다.
그래서 이 책은 읽는 내내 마음을 흔들고, 삶을 묻습니다.
엎드리는 자의 행복, 끝까지 사랑하는 저항,
하나님 앞에서 진심으로 사는 삶이 무엇인지를
차분하지만 단호하게 보여 줍니다.

산상수훈이 너무 높아 보였던 분들,
그래서 차라리 멀리서 바라보기만 했던 분들께 권합니다.
우리는 더 많은 것을 알게 되기보다
그 언덕으로 다시 올라가고 싶어질 것입니다.
예수님의 말씀을 다시 듣고, 다시 살고 싶어질 것입니다.

유기성 | 위지엠 이사장, 선한목자교회 원로목사

‘말씀꾼’, ‘순례꾼’, ‘글꾼’이란 별명을 붙여도 아깝지 않은 저자에게서 또 한 권의 소중한 작품이 나왔다. 저자 권종렬 목사님은 우선 하나님의 말씀을 사랑하는 ‘말씀꾼’인 동시에, 성경 시대의 배경이 되는 곳이면 어디든 찾아가 직접 땅을 밟고 당시의 숨결을 더듬어 보는 ‘순례꾼’이다. 그뿐 아니라 그의 글은 가독성이 있어서, 술술 읽히는 묘미가 있어서 나는 그를 ‘글꾼’이라고도 한다.

그리스도의 제자들이 그분이 가르치신 가치관대로 살지 못한 결과, 불신 세계로부터 ‘개독교’ 소리를 듣는 불행한 시대를 살아가고 있다. 그런 상황에서 꼭 필요한 말씀이 하나 있으니, 그것은 바로 ‘산상수훈’이다. 저자는 예수님께서 전해 주신 산상수훈의 본문을, 그분이 의도하신 대로 현대 성도들에게 깊고도 맛깔스럽게 잘 우려내고 있다. 이 책을 읽는 이라면 저자의 학문적 전문성과 목회적 적용성, 인문학적 소양을 단번에 눈치챌 수 있을 것이다.

하나님 나라의 백성이라면 누구나 추구해야 하는 말씀을 따라 ‘행복, 목적, 생명, 결혼, 진실, 저항, 진심, 기도, 믿음, 세움, 신앙, 방향, 지혜’ 등을 적용한 이 책을 자신 있게 강추한다.

신성욱 | 한국복음주의 실천신학회 회장, 아신대 설교학 교수

성경은 그 시대를 살던 사람들의 거친 숨결과 눈물이 배어 있는 삶의 현장입니다. 고전문헌학을 공부하며 늘 고민하는 지점도 이 ‘현장의 소리’를 어떻게 오늘 우리의 언어로 되살려 낼 것인가 하는 문제입니다. 『산상수훈 언덕에서 말씀 듣기』는 그 치열한 씨름의 결실이자, 갈릴리 언덕의 바람결을 타고 들려오는 예수님의 육성을 가까이서 듣게 해 주는 안내서입니다.

저자는 화려한 신학적 수사를 내려놓고, 진실한 ‘일상의 감각’으로

2천 년 전 갈릴리 호수 서편 언덕을 오릅니다. 로마 제국의 압제 아래 신음하던 민초들, 하루하루 생존 자체가 버거웠던 그들의 곁에 앉아 예수님의 말씀을 다시 듣습니다. 그 자리에서 다시 듣는 산상수훈은 고단한 삶을 견뎌 내고 있는 이들의 어깨를 감싸안으시는 하늘 아버지의 애절한 위로이자, 죽음과도 같은 현실에서 존엄을 지키며 살아남으라는 비범한 초청입니다. 그곳에서 선포된 여덟 가지 복은 한마디로 하나님 앞에 무릎 꿇고 엎드린 상태임을 알게 됩니다.

저자는 더 나은 사람이 되라고 채근하지 않습니다. 지금 밟고 있는 그 땅에서, 구차하고 힘겨울지라도 살아남아 사랑하라고, 그것이 가장 강력한 저항이라고 말해 줍니다. 가슴으로, 아니 온몸으로 읽어야 할 책입니다. 갈릴리의 흙먼지 냄새와 예수님의 따스한 체온을 느끼며, 오늘이라는 광야를 살아 낼 힘이 필요한 분들에게 이 책을 권합니다. 책장을 덮을 때쯤, 고단한 일상이 하나님 나라가 임하는 거룩한 현장임을 깨닫게 될 것입니다.

송민원 | 더바이블 프로젝트 대표, 이스라엘성서연구원 구약학 교수

『산상수훈 언덕에서 말씀 듣기』를 읽고, 숨이 쉬어졌습니다. 어느 날부터 뚜렷한 이유 없이 숨 쉬는 것이 부자연스러웠습니다. 치열한 목회 현장의 문제들이 나를 억눌렀는지, 한없이 치솟는 부동산 가격과 주식 시장의 열풍 속에서 소외되어 살아가는 것에 대해 불안했는지 모르겠습니다. 그런데 이 책을 읽다가 숨이 쉬어집니다. 아마도 로마와 헤롯의 치하에서 억눌렸던 1세기 유대인 청중이, 산상수훈의 언덕에서, 주님으로부터 나오는 하늘의 산소를 마시면서 숨을 쉬었을 것입니다.

저자는 신구약을 넘나드는 탄탄한 주경신학적 지식과 식상하지

않은 인문학적 통찰을 통해서 산상수훈을 새롭고 신선하게 먹을 만하게 요리하였습니다. 또한 지식적인 말씀 내용의 전달뿐만 아니라 삶 속에서 산상수훈의 말씀을 듣고 행함을 통해 제자의 삶을 살아가는 이야기를 들려주고 있습니다. 이 책은 멀리 떨어진 신학자의 말이 아니라 한 어머니의 아들로, 가난 속에 힘들어하던 신앙인으로, 독자에게 예수님의 말씀이 들리게 하는 공감이 있는 선물입니다.

저자는 "교회는 본래 거룩한 번거로움 속에서 존재한다. 서로의 상처와 실패를 끌어안고, 함께 울고 웃으며 걸어가는 그리 평탄치 못한 길 위에 교회는 세워진다"라고 말합니다. 진정한 예수님의 길을 따르려는 예배자들은 점점 사라지고, 종교적 만족감만 누리려는 종교 소비자들이 늘어나는 듯한 이 시대에, 저자가 내린 교회의 정의는 오늘날 한국 교회에 경종을 울립니다. 교회 안에서 우리는 과연 서로의 실패와 상처를 끌어안는 '좁은 길의 여정'을 잘 걸어가고 있을지 돌아보게 합니다. 이 책을 읽는 누구든 혼탁한 세상에서 영혼의 호흡을 회복할 것입니다.

길성운 | CTCK 이사장, 학복협 공동대표, 성복중앙교회 담임목사

일러두기

성경은 대한성서공회의 개역개정을 사용하고 필요할 경우 설명을 붙였습니다.
단행본은 『 』로, 음악, 공연, 전시, TV 프로그램, 단편 등은 〈 〉로 표기합니다.

차례

하나님 나라의 가치 선언

마태복음 4:23~5:2

한여름 뜨거운 햇살 아래, 산상수훈 언덕을 올랐습니다. 예수님께서 산상수훈을 가르치신 곳으로 알려진 이 언덕은 갈릴리 호수 서쪽 팔복산 자락에 자리하고 있습니다. 언덕을 따라 1.5km쯤 올라가면 아름다운 풍광 속에 팔복교회(The Church of the Beatitudes)가 모습을 드러냅니다. 이 교회는 1939년 프란체스코 수녀회가 예수님의 가르침을 기념하기 위해 세운 곳입니다.

그날 예수님과 제자들의 발걸음을 조금이나마 느껴 보고자, 가시덤불 사이로 길을 내며 언덕을 올랐습니다. 수년 전 우기철 끝자락에 이곳을 찾았을 때는 가랑비에 젖은 흙길을 걸었는데, 이번에는 건기철의 뜨거운 햇살 아래 바짝 마른 돌밭과 가시덤불이 가득했습니다. 아마도 예수님과 제자들도 이런 길을 맨발로 오르내리셨을 것입니다.

그리 가파르지 않은 산비탈을 따라 오르자 작은 평지가 나타났습니다. 산상수훈 언덕임을 알리는 표지석 옆 나무 그늘에 앉아, 일행과 함께 말씀을 묵상하고 나누었습니다. 이곳에 서서 언덕 위를 바라보면 평지 너머로 또다시 비탈이 이어집니다. 아마도 비탈을 오르면 또 다른 평지가 이어질 것입니다.

성경은 예수님께서 산상수훈을 가르치신 언덕을 '산'이라 하기도 하고, '평지'라 하기도 합니다(마 5:1, 눅 6:17). 갈릴리 호숫가에서 이어지는 지역, 특히 서편 지역은 보는 이의 시선에 따라 평지로 볼 수도 있고 산으로 볼 수도 있습니다. 위에서 보면 평지로, 밑에서 보면 산으로 볼 수 있는 지형입니다.

예수님께서 온 갈릴리를 다니며 공생애(公生涯) 사역을 시작하셨을 때, 갈릴리뿐 아니라 도시 연맹체 데가볼리, 예루살렘, 유대, 요단강 건너편 그리고 멀리 시리아에서도 사람들이 구름 떼처럼 몰려들었습니다. 자연스럽게 다양한 사람들이 모였을 것이고, 병든 사람들도 많이 모였습니다. 그들은 이런저런 질병과 심한 고통에 시달리는 사람들, 귀신 들린 사람들, 뇌전증을 앓는 사람들, 마비증에 시달리는 사람들이었습니다(마 4:24~25).

예수님께서 이런 무리를 보고 산으로 올라가 앉으셨을 때 제자들이 예수님께 나왔습니다. 이때 제자들에게 가르치신 말씀이 산상수훈(山上垂訓), 곧 산에서 베풀어 주신 교훈입니다(마 5:1~2). 산상수훈 앞에 서면 질문이 끊이질 않습니다.

산상수훈 언덕에 모여든 고단한 삶을 살아가던 이들에게 예수님께서는 어떤 말씀을 선포하셨습니까? 예수님께서 가르치신 산상수훈을 다시 듣는 한국 교회와 성도들은 무엇을 듣고 어떻게 응답해야 합니까? 듣기에는 익숙한 말씀이지만 현실에서는 한없이 낯선 산상수훈을 실천적으로 살아 내려면 어떻게 해야 합니까? 산상수훈이 동화나 경구가 아닌 삶의 실재가 되려면 어떻게 해야 합니까?

은사(恩師)이신 김세윤 박사는 "한국 교회는 하나님 나라 복음으로 돌아가야 한다"라고 가르쳤습니다. 바울 신학의 세계적 권위자인 그는 "바울이 말한 칭의(稱義)는 죄인이 믿음으로 죄 사함을 받고 하나님 나라의 새로운 백성이 되는 것이며, 이것이 예수님께서 전하신 하나님 나라 복음과 일치한다"라고 했습니다. 그런데 여기서 끝나는 게 아닙니다. 바울이 말하는 칭의는 종말까지 하나님 나라 백성으로서 하나님 나라의 법을 지키면서 사는 것입니다. 다시 말해 산상수훈을 행하는 삶입니다. 그는 "바울이 말한 칭의의 원래 의미는 산상수훈의 가르침을 따르는 것이며, 이것이 한국 교회를 개혁하는 길이다"라고 역설했습니다.[1]

예수님께서는 하나님 나라(천국) 복음을 전파하고, 각종 질병 걸린 사람들을 치유하며, 귀신들을 축사(逐邪)하는 것으로 공생애를 본격적으로 시작하셨습니다(마 4:23, 막 1:39). 예수님께서 선포하신 하나님 나라 복음은 역동적 뉘앙스를 갖고 있습니다. 하나님 나라는 하나님께서 왕으로 다스리시는 나라, 하나님께서 다스리시는 나라는 사람의 결핍과 고난과 슬픔이 사라진 곳입니다. 하나님 나라는 이 세상의 가치관이 완전히 전복되고, 하나님 나라 가치관이 실재가 되는 땅입니다.

하나님의 성령을 힘입어 귀신을 쫓아내는 예수님의 축사 사역은 사탄의 세력이 꺾이고 하나님의 통치가 드러난 표징입니다. 귀신이 쫓겨나는 것은 하나님 나라가 임한 증거입니다(마 12:28). 또한 예수님께서는 각종 병자를 치유하고 회복하셨습니다. 특히 안식일에 병자를 치유하심으로 병든 창조를 하나님의 '심히 좋은 창조'로 회복하는 영광을 보여 주셨습니다(눅 13:14~17).

이처럼 치유와 축사 사역은 하나님 나라가 예수님의 사역을 통해 지금 여기서 실재가 되고 있다는 것을 시위(示威)하는 사건입니다. 하나님 나라는 죄의 저주로 말미암은 죽음과 질병의 속박으로부터 해방된 나라입니다. 하나님 나라는 왕이신 하나님께서 통치하심으로 사탄이 그 권세를 잃고 무력화된 나라입니다. 치유와 축사는 하나님 나라의 정체를 보여 주는 계시 사건입니다.

나아가 예수님께서는 세리와 죄인의 친구가 되어 함께 먹고 마시기를 즐기셨습니다(눅 5:30, 7:34). 예수님께서는 종종 하나님 나라를 잔치로 비유하셨습니다(마 22:2, 눅 13:29). 주인 되신 하나님께서 베푸시는 잔치에 참여한 사람들은 풍성한 음식을 먹고 마심으로 배부름을 얻었습니다. 잔치에서 먹고 누리는 것은 죄로 말미암은 결핍 속에 갇혀 살던 인생들이 풍요한 하나님과 사랑의 관계로 회복되어 구원 얻음을 상징합니다. 하나님 나라는 예수님으로 말미암아 죄 사함을 받고, 죄인의 모든 결핍이 사라진 새로운 기쁨이 충만한 나라입니다.

이렇게 자신의 사역과 비유를 통해 하나님 나라를 계시하신 예수님께서는 복음을 전파하심으로 세상 백성을 하나님 나라 백성으로 초청하셨습니다(마 4:17). 하나님 나라 복음 선포는 하나님의 다스림 안으로 들어와 하나님의 백성이 되라는 구원의 부르심입니다. 죄와 죽음에 갇힌 사탄의 나라에서 복음을 듣고 믿을 때 의와 생명이 넘쳐 나는 하나님 나라 백성으로 구원받게 되는 것입니다.

하나님 나라를 계시하고 우리를 초청하신 예수님께서는 그 하나님 나라의 문을 열기 위해 친히 십자가에서 죽으시고 부활하셨습니다. 죄와 사망과 사탄의 권세가 무너지고 실재하는 하나님의 나라가 열리는 구속사(救贖史)의 절정이 십자가 죽음과 부활입니다. 이제 예수님의 십자가와 부활의 복음을 듣고 믿음으로 영접하는 사람은 누구든지 하나님 나라 백성입니다. 예수님의 십자가 죽음과 부활로 말미암아 하나님 나라의 문이 활짝 열린 것입니다.

그래서 처음 교회는 구원의 약속을 담은 하나님 나라가 아닌 하나님 나라를 실현한 예수님의 십자가와 부활을 복음 선포의 중심으로 삼았던 것입니다. 예수님께서 선포하신 하나님 나라 복음과 교회가 전한 십자가와 부활의 복음은 다른 복음이 아닌 하나의 복음입니다. 예수님께서는 사역을 통해 하나님 나라를 계시하셨고, 십자가와 부활을 통해 그 나라를 실현하신 것입니다.

그렇다면 한 가지 질문이 남습니다. 십자가와 부활의 복음을 믿고 구원받은 하나님의 백성은 이제 어떻게 살아야 합니까? 하나님 나라 백성은 되었지만, 아직 이 땅을 살아야 하는 그리스도인은 어떤 가치를 따라 어떻게 살아야 합니까?

하나님 나라 백성이 어떤 가치를 따라 어떻게 살아야 하는지를 알려 주는 교훈이 예수님의 가르치시는 말씀입니다. 그 가르침의 핵심인 산상수훈은 하나님 나라 백성의 가치 선언이자 하나님 나라 대헌장입니다. 하나님 나라 백성이 산상수훈의 가치를 따라 이 땅을 살아갈 때 이 세상은 하나님의 다스림으로 가득하게 될 것입니다. 이것이 곧 교회의 충만함입니다(엡 1:22~23).

무너져 가는 한국 교회를 다시 세우는 길은 하나님 나라 백성의 가치 선언인 산상수훈으로 돌아가는 길뿐입니다. 산상수훈을 급진적 실천으로 따르는 데서부터 새로운 회복의 길이 열릴 것입니다. 한국 교회의 희망은 산상수훈을 원형적인 의미대로 듣고 행하는 데 있습니다. 한국 교회는 산상수훈을 통해 교회와 성도의 삶을 재정비해야만 합니다.

사실 산상수훈은 자기 성공을 위한 신앙에 매달리는 이들을 불편하게 합니다. 신앙이 깊다고 하면서 인정머리 없는 자들을 꾸짖습니다. 종교를 내세워 전쟁과 폭력을 정당화하는 이들을 무력화합니다. 반면에 박해와 고난을 무릅쓰고 평화를 위해 일하는 이들을 축복합니다. 착하고 따뜻한 마음으로 이웃을 돕고 가난한 자들을 위해 애쓰는 이들이 하나님 나라 백성이라고 선언합니다.

이것이 산상수훈이 동화처럼 희화화되고 외면당하는 이유가 아닌가 싶습니다. 구체적인 역사와 현실 속에서 몸으로 체화되지 못한 신앙은 관념적 허상에 불과합니다. 예수 그리스도의 길을 따르는 신앙은 탐욕과 현실을 거스르고, 하나님 나라의 가치를 따라 살게 하는 능력이어야만 합니다. 예수님께서 가르쳐 주신 산상수훈은 이 땅의 가치를 전복하고 하나님 나라의 가치를 급진적으로 따르게 합니다. 한국 교회가 하나님 나라 복음으로 돌아가는 길은 산상수훈의 가르침대로 살아가는 길뿐입니다.

이 책은 산상수훈의 가르침을 따라 한국 교회가 다시 일어나길 소원하는 간절한 부르짖음입니다. 예수님께서 가르치시고 가져오신 하나님 나라의 실재를 이 땅에서부터 누리고자 하는 절실한 외침입니다. 근자에 이르러 노골적으로 나타나는 이데올로기에 의한 복음의 왜곡을 바로잡고자 하는 애절한 호소입니다. 한국 교회 목회자와 성도들이 산상수훈을 통해 하나님 나라 백성의 가치 선언을 다시 듣고 하나님 나라 복음으로 살아가는 영광을 구하는 처연한 울부짖음입니다.

베들레헴에서 욥바까지 성경의 땅을 더듬으며 썼던 『이스라엘 땅에서 말씀 찾기』가 일상적 감각으로 성경을 읽는 작업이었다면, 이 책은 그날 갈릴리 언덕에서 예수님의 가르침을 듣던 제자들의 삶의 자리에서 말씀을 다시 듣는 성경 읽기의 실천적 작업입니다. 그날의 산상수훈 언덕으로 나아가 예수님께서 가르쳐 주신 그대로의 말씀을 온전히 듣고 급진적으로 행하고자 하는 열망이 모두에게 가득하길 소망합니다.

산상수훈 1 행복

엎드리는 자가 누리는 은혜

마태복음 5:3~12

영국의 목회자 J. B. 필립스(J. B. Phillips)는 『당신의 하나님은 너무 작다』에서 세상 사람들이 말하는 복을 이렇게 소개합니다.

약삭빠른 자들은 복이 있나니, 저희가 세상에서 잘나갈 것이요. 냉정하고 강심장인 자들은 복이 있나니, 저희가 상처를 받지 않을 것이요. 불평하는 자들은 복이 있나니, 저희는 마침내 제멋대로 갈 것이요. 무감각한 자들은 복이 있나니, 저희는 죄를 갖고 괴로워하지 않아도 좋을 것이요. 남을 몰아붙이는 자들은 복이 있나니, 저희가 그들이 수고한 대가를 누릴 것이요. 세상일에 능숙한 자들은 복이 있나니, 저희가 어떻게 처신하는지 알 것이요. 말썽을 일으키는 자는 복이 있나니, 저희를 사람들이 주목하게 될 것이다.[2]

이는 산상수훈의 팔복을 비틀어 세상의 복과 하나님의 복의 차이를 명확하게 드러낸 글입니다. 그렇다면 우리는 복 있는 사람입니까? 우리가 그리는 복은 어떤 복입니까? 세상에서 '저 사람은 복받은 사람이다'라고 할 때 어떤 사람이 떠오릅니까? 흔히 '행복한 사람' 하면 건강과 명예, 부와 권세, 자녀, 사업, 가정 등 삶의 모든 영역에서 풍족한 사람을 떠올리지 않습니까? 예수님께서도 정말 그런 사람을 복 있는 사람이라고 하십니까? 예수님께서 가르치신 행복한 사람은 어떤 사람입니까?

복이란 무엇인가

우리나라를 비롯한 동양에서는 예로부터 복을 다섯 가지(오복, 五福)로 집약시켰습니다. 첫째는 수(壽), 오래 사는 것입니다. 이는 다른 어떤 복보다 더 중요한 복입니다. 둘째는 부(富), 부유하게 사는 것입니다. 이는 현대인의 가장 큰 바람이 되었습니다. 셋째는 강녕(康寧), 사는 동안 건강하고 평안한 것입니다. 넷째는 유호덕(攸好德), 덕을 갖추고 다른 사람으로부터 존경받는 것입니다. 다섯째는 고종명(考終命), 자기 명(命)대로 살다가 편안히 죽는 것입니다.

아마도 오늘을 살아가는 사람이라면 누구든 이 오복을 누리길 원할 것입니다. 나뿐만 아니라 내 가족, 내 식구도 누리길 바랄 것입니다. 이렇듯 많은 사람이 복을 누리며 살아가길 원합니다. 그들 중 상당수가, 아니 어쩌면 대부분의 사람이 복을 외적인 소유로부터 말미암는 것이라고 생각합니다. 그래서 끊임없이 복 있는 사람이 되기 위해 무언가를 더 가지려고, 얻으려고 애를 씁니다. 그런데 정말 이런저런 것을 더 가지면 더 행복합니까?

고대 그리스 역사가 헤로도토스(Herodotos)가 남긴 『역사』에는 이런 이야기가 나옵니다.

리디아 왕국에 크로이소스(Kroisos)라는 막대한 재산과 권력을 가진 왕이 있었습니다. 어느 날 아테네의 유명한 현자 솔론(Solon)이 자기 나라에 왔다는 소식을 듣게 됩니다. 그를 왕궁에 초대해서 진귀한 것이 가득한 자기 보물 창고를 보여 줍니다. 세상에서 가장 부유하고 가장 큰 권력을 가진 왕이 가장 지혜로운 사람에게 물었습니다. "세상에서 가장 행복한 사람이 누구냐?"

크로이소스는 내심 "당신이 세상에서 가장 행복한 사람입니다"라는 대답을 기다렸습니다. 그런데 솔론은 "세상에서 가장 행복한 사람은 아테네에 사는 텔로스라는 한 시민"이라고 답했습니다. 텔로스는 부자도 아니고 권력자도 아니고 유명인도 아닌, 아주 평범하고 소박한 가정의 한 시민이었습니다. 왕은 자존심이 상했습니다. 아무리 생각해도 그 평민과 왕인 자기를 비교하는 것 자체가 말이 안 된다고 생각했기 때문입니다.

화가 난 왕이 따졌습니다. "그대는 내가 누리는 행복이 아테네의 일개 시민만도 못하다는 말인가?" 그러자 솔론이 답했습니다. "왕이시여, 당신은 값비싼 보물과 최고의 권력을 가지고 있습니다. 하지만 이 모든 것을 당신이 언제까지 누릴지 아무도 장담하지 못합니다. 그것으로 행복하게 살던 사람이 하루아침에 파멸하는 일은 무수히 많습니다. 이는 모두 하늘이 정하는 일입니다."

솔론의 말을 듣고 불쾌해진 왕이 그를 당장 왕궁 밖으로 내쫓았습니다. 그런데 그 일이 있은 지 얼마 안 되어서 크로이소스의 아들이 불의의 사고로 죽고, 그는 페르시아와 전쟁 중에 포로가 되어 장작더미에서 솔론의 이름을 외치며 화형당하고 말았습니다.

헤로도토스가 들려주는 크로이소스 이야기와 비슷한 이야기를 예수님의 어리석은 부자 이야기(눅 12:16~21)에서도 들을 수 있습니다. 사람들은 행복이 소유 곧 권력이나 재물을 더 많이 갖는 데 있다고 생각합니다. 그러나 이 오래된 이야기들은 행복, 즉 '복 있는 삶'이란 더 많은 소유로 만들어지는 게 아니라는 사실을 돌아보게 합니다. [3]

하나님께서 당신의 형상으로 창조한 아담과 하와에게 행하신 첫 번째 행위가 복을 주시는 것입니다(창 1:28). 홍수로 온 세상을 심판하신 후에 제단을 쌓은 노아와 그 아들들에게도 복을 주십니다(창 9:1). 그리고 아브라함을 부르며 주신 약속의 명령도 "너는 복이 될지라"입니다(창 12:2). 아브라함 이후 이어지는 구약성경의 이야기는 "너는 복이 될지라"라는 약속이 성취되는 여정입니다. 마지막에 그 약속의 성취로 오신 예수님의 첫 교훈도 "복되어라!"라는 팔복입니다.

'복'으로 번역된 히브리어 바라크(ברך)의 기본적인 뜻은 '무릎을 꿇다(kneel down)'입니다. 구약성경의 복은 이 '무릎을 꿇다'라는 기본적인 뜻에서 파생되었습니다. '복을 주다'라는 성경적 표현은 '상대방을 무릎 꿇은 상태로 만들다'라는 뜻입니다. 복을 받기 위해 무릎을 꿇고 머리를 조아리는 장면을 떠올리게 하는 표현입니다.

고전어학자 송민원 박사는 『히브리어의 시간』에서 히브리어에 담긴 복의 의미가 다른 언어문화권에서 말하는 복과 근본적으로 다른 두 가지 지점을 지적합니다.

하나는 복을 말할 때 축복하는 사람의 행위를 기준으로 하지 않고, 복을 받는 자의 자세를 묘사한다는 점입니다. 성경이 말하는 복은 그 복을 주시는 하나님으로부터 시작되는 행위가 아닙니다. 오히려 하나님 앞에 무릎을 꿇고 엎드리는 사람의 자세에서부터 시작되는 것입니다. 하나님께서 사람에게 '무엇을' 주실까 하는 문제가 아니라, 사람이 하나님 앞에 '어떻게' 있는가가 관건입니다. 그래서 히브리어 바라크를 한자로 옮기면 '복 복(福)'이 아니라 '엎드릴 복(伏)'에 더 가깝습니다.

다른 하나는 복을 말할 때 복받은 사람이 무엇을 받게 되는지 명확히 말하지 않는다는 점입니다. 흔히 사람들이 복의 핵심이라고 생각하는 '복의 내용'이 빠져 있습니다. 동양의 오복과 같이 잘 먹고 잘사는 것에 대해서는 전혀 언급이 없습니다.

그래서 복의 내용보다 복을 주시는 하나님께 시선을 두게 합니다.[4]

이렇듯 성경은 소유를 복이라고 생각하는 세상의 개념을 완전히 전복시킵니다. 하나님 앞에 엎드린다는 사실 자체가 복입니다. 겸손히 그분 앞에 엎드리며 그분께 맡기고 그분과 동행하는 삶 자체가 한없는 복입니다.

종종 교회 안팎에서 기복주의 신앙을 비판하는 소리를 듣습니다. 그러나 기복신앙은 지극히 성경적인 신앙입니다. 하나님 앞에 엎드려 하나님의 도우심을 구하는 기복(祈福)은 신앙의 바른 태도입니다. 다만 그렇게 엎드려 구하는 복의 내용이 문제라면 문제일 뿐입니다.

삼박자 구원을 말하며 영권, 인권, 물권의 복만 구하는 것이 문제이고(참고, 요삼 1:2), 현세적이고 물질적인 번영만을 구하는 복의 내용이 문제입니다. 우리는 하나님의 복이 없으면 단 하루도 살 수 없는 존재입니다. 인간 실존의 한계를 깨닫고 하나님 앞에 엎드릴 줄 아는 사람이 진정 복 있는 자입니다.

존재 자체로 누리는 복

"너는 복이 될지라"라는 약속의 명령을 따라간 아브라함의 삶은 고난의 연속이었습니다. 기근으로 먹고살기 힘들어져 이집트에 가서 난민으로 얹혀살아야 했습니다. 목숨이 위태로운 지경에도 여러 번 처했습니다. 가족 간의 갈등으로 난감한 처지에 놓인 적도 있었습니다. 심지어 어렵게 낳은 아들 이삭을 제물로 바치라는 시험도 받았습니다. 그 모든 과정은 아브라함이 무릎을 꿇게 되는 시간이었고, 그 오랜 시간은 하나님 앞에 엎드릴 수밖에 없는 곧 '복이 되어 가는' 여정이었습니다. 그는 그렇게 수많은 이들의 복이 되었습니다.

아브라함은 무엇인가를 소유함으로서 복이 된 것이 아닙니다. 그는 하나님 앞에 엎드림으로 하나님의 복이 되었습니다. 하나님께서는 아브라함에게 "너는 복을 받을 것이다"라고 약속하시지 않았습니다. "너는 복이 될지라"라는 명령을 주셨을 뿐입니다. 복을 주거나 받은 것으로 여기지 않고 그렇게 되어야 하는 존재로 말씀하신 것입니다.

"복 있는 사람"으로 시작되는 시편 1편 또한 복을 소유가 아닌 존재로 말씀합니다. 복 있는 사람은 하나님 없이도 살 수 있다며 계획을 꾸미는 악인이나, 하나님 알기를 우습게 여기는 죄인이나, 하나님이 어디 있냐고 빈정대는 오만하고 불순한 자와 같지 않습니다. 복 있는 사람은 여호와의 율법을 주야로 읊조리는 사람입니다. 온종일 여호와의 가르침을 사모하고, 전 생애에 걸쳐 변함없이 여호와의 말씀을 듣고자 갈망하는 사람이 복 있는 사람입니다(시 1:1~2).

산상수훈의 "복되어라!"라는 말씀은 시편 1편 "복 있는 사람"의 메아리와 같습니다. 예수님께서도 복이 무엇인가를 더 많이 소유하는 것이 아닌 하나님 앞에 엎드린 존재 그 자체라고 가르치십니다.

복되어라! 돈 없고 마음이 가난한 사람들이여,

하늘나라가 그들의 것이다.

복되어라! 슬피 우는 사람들이여,

그들에게 위로가 있을 것이다.

복되어라! 착하고 따뜻한 사람들이여,

그들은 땅을 유업으로 받을 것이다.

복되어라! 의에 주리고 목마른 사람들이여,

그들에게 배부름이 있을 것이다.

복되어라! 손해만 보는 사람들이여,

그들은 불쌍히 여김을 받을 것이다.

복되어라! 마음이 깨끗한 사람들이여,

그들은 하나님을 볼 것이다.

복되어라! 평화를 이루는 사람들이여,

그들은 하나님의 아들이라 불릴 것이다.

복되어라! 의를 위해 박해를 받는 사람들이여,

하늘나라가 그들의 것이다.

예수님께서는 더 많이 가지지 못한 이들을 복 있는 사람이라고 말씀하십니다. 물질도 명예도 권력도 가지지 못한 이들이 복 있는 사람입니다. 사람 취급받지 못하며 배제와 혐오가 당연하다 생각되는 이들이 복 있는 사람이고, 바보 멍청이처럼 찍소리도 못하고 사는 순해 터진 순둥이들이 복 있는 사람입니다. 땅 한 평 갖지 못한 이들이 그 존재 자체로 복 있는 사람입니다. 이런 사람들이 하나님의 자녀이고, 하나님의 형상으로 지음받은 복 있는 사람입니다. 오늘 하루도 버거운 삶을 이어가는 그들이 하늘 같은 존재요, 복 있는 사람입니다.

행복을 위해 무언가를 더 가져야 하는 것이 아닙니다. 하나님의 말씀 앞에 엎드리는 이들이 행복한 사람입니다. 예수님 앞에 모여든 이들이 행복한 사람입니다. 예수님의 말씀을 듣고자 모여든 이들이 복 있는 사람입니다. 더 가진 이들이 아닌 예수님 앞에 엎드린 이들이 복 있는 사람입니다. 행복은 외적인 소유가 아닌 존재입니다. 행복을 위해 더 가지려고 애쓰지 않아도 충분히 행복할 수 있습니다. 말씀을 듣고자 예수님 앞에 엎드린 우리가 행복한 사람입니다.

역설적 복의 선언

팔복은 복 있는 사람이 되기 위한 자격 조건을 말하지 않습니다. 행복한 사람이 되려면 탁월한 성품을 갖추어야 하는 것이 아닙니다. 종종 팔복을 그리스도인 개개인이 갖추어야 할 성품이나 교회 공동체가 지녀야 할 삶의 태도로 설명하곤 합니다. 나름대로 일리 있고 유익한 시각입니다. 그러나 팔복을 교회와 성도가 갖추어야 할 '지향점'으로 삼는 것은 적실성이 떨어져 보입니다.

팔복의 주인공으로 등장하는 복 있는 사람들은 하나같이 예수님 주변에 모여든 이들의 자화상입니다. 예수님께서는 복 있는 사람이 갖추어야 할 고상한 성품이나 높은 수준의 자격을 말씀하시지 않았습니다. 그저 그곳에 모여든 이들의 상태를 말씀하셨을 뿐입니다. 로마 치하 식민지의 땅에서 곤궁한 처지를 살아가는 모습 그대로, 그들을 복 있는 사람이라고 부르셨습니다. 팔복은 앞으로 되어야 할 더 나은 성품이나 자격이 아닌 예수님 앞에 엎드린 지금 그 상태를 그려 줄 뿐입니다.

팔복을 앞으로 갖추어야 할 특정한 자격 조건으로 이해하면 전혀 매력적이지 않습니다. 마음이 가난한 사람이 되면 천국을 얻는 것이 아닙니다. 천국은 예수님을 믿으면 이미 가진 것인데 천국을 얻기 위해 가난해지고 박해받아야 할 이유가 무엇입니까? 위로받는 것은 어떻습니까? 위로받지 못해도 좋으니 위로받을 일, 슬프고 애통할 일 없는 게 더 좋지 않습니까? 땅을 기업으로 주신다고 하지만 현실은 지위와 돈의 힘을 적절하게 이용할 줄 아는 사람이 땅을 얻지 않습니까? 또 배부른 것은 어떻습니까? 요즘 같은 다이어트 시대에 누가 좋아라 하겠습니까?

이 중에서 가장 싫은 게 불쌍히 여김을 받는 것 아닙니까? 누군가로부터 동정받는 것이 죽기보다 싫다는 사람들이 많지 않습니까? 하나님을 보는 것도, 하나님의 아들이라 일컬음을 받는 것도 특별한 복으로 다가오지 않습니다.

특별한 매력이 느껴지지 않는 복을 위해 고상한 성품을 빚어 가는 수고를 해야 할 이유를 찾지 못하겠습니다. 꼬리에 꼬리를 물고 반문이 일어날 뿐입니다. 행복은 탁월한 성품과 특별한 자격으로 얻는 결과가 아닙니다. 행복은 지금의 처지에서 하나님 앞에 엎드린 이들의 상태일 뿐입니다.

사람들은 가진 것이 많은 부자가 복받은 사람이라고 합니다. 그러나 예수님께서는 아니라고 하십니다.

식민지 치하 절대 빈곤 속에 하루 한 끼 먹는 것도 걱정거리인 이들, 내일 끼니를 먹을 수 있을지 몰라 오늘 있을 때 하나라도 더 먹어야 하는 이들, 이른 아침 "엄마 배고파!"라는 자녀의 소리가 공포처럼 밀려오는 이들, 가진 것이 없어 가난한 처지를 온몸으로 살아 내야 하는 이들, 그래서 하나님밖에 바라볼 분이 없고 하나님밖에 의지할 데가 없는 이들이 복 있는 사람입니다.

사람들은 복받은 사람은 슬퍼하면 안 되고 항상 기뻐해야 한다고 합니다. 그러나 예수님께서는 아니라고 하십니다.

왜 이리 울 일이 많은지 모르겠습니다. 그냥 눈물 구덩이에 빠진 듯 슬피 우는 이들, 눈물 흘릴 일만 가득한 이들, 행복해서 눈물을 흘린 기억은 희미하지만 억울해서 울어야 할 일은 천지인 이들, 배제와 혐오 속에 사람 취급받지 못하며 어두운 구석에 웅크린 채 눈물을 쏟아야 하는 이들, 가슴이 찢어지도록 너무 슬퍼서 아픈 이들, 그래서 세상이 줄 수 없는 하늘의 위로를 받는 이들이 행복한 사람입니다.

사람들은 강하고 힘센 사람이 땅을 차지하고 다스린다고 합니다. 그러나 예수님께서는 아니라고 하십니다.

진정 땅을 차지할 사람은 예수님처럼 마음이 따뜻하고 착한 사람입니다. 성숙해서 따뜻하고 착한 게 아니라 권리도 기댈 언덕도 없어 착할 수밖에 없는 이들, 식민지 치하의 노예로 살면서 죽고 사는 것조차도 내 맘대로 할 수 없는 이들, 로마 군대에 짓밟히고 종교 지도자들에게 빼앗겨도 바보 멍청이처럼 찍소리도 못하고 사는 순둥이들, 땅 한 평 갖고 있지 못하고도 다 내어 주는 착하고 따뜻한 이들, 그래서 하나님의 기업을 얻는 착하고 따뜻하고 온유한 이들이 복 있는 사람입니다.

사람들은 먹을 게 풍족하고 부족함이 없어야 복받은 사람이라고 합니다. 그러나 예수님께서는 아니라고 하십니다.

하나님의 뜻을 저버린 세상에서 잘 먹고 잘사는 사람은 대부분 불의한 사람입니다. 재난과 참사의 주검을 안고 말을 잇지 못하는 이들, 불의한 세상에 정의가 살아 있다면 어찌 이럴 수 있냐며 울부짖는 이들, 가난한 자의 가산을 삼키며 부정과 부패로 거액을 탈취하고도 아무런 조사도 처벌도 받지 않는 불의한 권력자를 탄원하며 정의를 구하는 이들, 그래서 이 잘못된 세상에 하나님의 뜻이 이루어지고, 세상이 바로잡히기를 간절히 바라는 이들이 행복한 사람입니다.

사람들은 원하는 것이 있으면 목표를 세우고 악착같이 덤벼들어 그것을 차지하라고 합니다. 그러나 예수님께서는 아니라고 하십니다.

아파 봐서 아픈 처지를 아는 게 아니라 아파서 아픈 사람을 보면 긍휼이 흐르는 이들, 자식 때문에 흘리는 눈물이 마를 일 없어 자식으로 아파하는 이들에게 마음이 가는 이들, 하나라도 더 가지려는 것이 아니라 불쌍한 마음에 하나라도 더 베풀려는 이들, 긍휼의 마음을 가지려고 애쓰는 게 아니라 그냥 불쌍히 여겨 은혜를 베풀고 손해만 보는 이들이 복 있는 사람입니다.

사람들은 하나님을 만나려면 종교인을 거쳐야 하고, 무엇보다 하나님께 바칠 제물을 가져오는 것이 중요하다고 합니다. 그러나 예수님께서는 아니라고 하십니다.

하나님을 볼 수 있는 사람은 마음이 깨끗하게 비워진 사람입니다. 끊임없는 훈련을 통해 마음이 깨끗하게 비워진 것이 아니라 순박해서 속여 먹기 딱 좋은 이들, 배운 게 많지 않아 남을 속일 줄 모르는 이들, 감출 줄 몰라 속이 훤히 들여다보이는 이들, 몇 마디 거짓말로 속이면 단번에 속아 넘어갈 만큼 순수한 이들, 그래서 그 비워진 마음에 하나님을 모실 수 있는 이들이 행복한 사람입니다.

사람들은 세계를 폭력으로 지배하는 황제를 신의 아들이라 부르고 신의 대리자로 여겼습니다. 그러나 예수님께서는 아니라고 하십니다.

힘 있는 자의 거짓 평화에 짓밟히면서도 짓눌린 이들을 끌어안고 연대하는 이들, 거짓 평화를 이야기하는 권력자의 위선적 폭력으로 신음하는 이들 곁을 지키는 이들, 피해자의 친구와 약한 자의 동료로 서로 편이 되어 부둥켜안는 이들, 자신도 아픔과 상처투성이지만 막힌 담을 헐어 화해를 빚어 가는 이들, 그래서 스스로 평안하고 사람과 사람 사이에 평화를 이루는 사람이 진정한 하나님의 자녀요 복 있는 사람입니다.

사람들은 남을 짓밟아서라도 더 높은 곳으로 올라가라고 합니다. 그러나 예수님께서는 아니라고 하십니다.

하나님 나라는 짓밟힌 사람들의 것입니다. 하나님께서 낮은 곳에 계시기 때문입니다. 의를 위하여 박해받는 사람은 위대한 정의와 평화에 헌신한 투사가 아닙니다. 그저 짓밟힌 이들의 고통을 모른 척하지 않는 이들, 눈 감고 외면하면 아무 일 없을 것을 그럴 수 없어 소리를 내다 함께 짓밟히는 이들, 그저 아파하고 억울한 일 당하는 이들을 모른 척 피할 수 없는 이들, 그래서 더 낮은 자리로 나아가는 이들이 복 있는 사람입니다. 바로 그곳에 하나님께서 계시며, 그곳이 하나님 나라입니다.

이렇게 여덟 가지 복을 하나하나 살펴보면, 복 있는 사람은 예수님 곁으로 모여든 가난하고 병들고 아파하는 바로 그 사람들인 것을 알 수 있습니다. 예수님께서는 자신에 대한 소문을 듣고 몰려든 이들에게 높은 수준의 인격적 성숙을 요구하시지 않았습니다. 그들의 성품이 고상해지면 행복한 사람이 될 것이라고 약속하시지 않았습니다. 예수님께서는 넉넉하고 살 만한 사람들이 더 나은 삶을 살고 싶어 "어떻게 하면 더 고상한 삶을 살 수 있나요?"라는 물음에 답하시지 않습니다. 도리어 살 소망을 잃고 고단한 처지를 살아 내야 하는 이들을 복 있는 사람이라 부르십니다.

"너희가 복 있는 사람이야! 너희들이 다 복 있는 사람이야! 기댈 곳 없어 하나님밖에 바랄 것 없는 너희가 복 있는 사람이야. 세상에서 땅을 얻고 행복할 수 있는 어떤 꿈도 꿀 수 없는 너희가 복 있는 사람이야. 눈물 쏟을 일밖에 없어 눈물 구덩이에 빠져 사는 너희가 행복한 사람이야. 너희는 저주받은 인생이 아니야. 너희는 태어나지 않았으면 나았을 인생이 아니야. 세상에서 짓밟히고 아파하는 너희가 바로 복 있는 사람이야!"

행복을 위해 더 나은 자격 조건을 갖추어야 할 것 같은 이들, 그러나 예수님 앞에 그 모습 그대로 모여든 이들이 이미 복 있는 사람입니다. 고상하고 아름다운 성품을 갖추어야만 복 있는 사람이 되는 것이 아닙니다. 행복은 내면적 조건으로 얻는 결과도 아닙니다. 행복을 위해 더 나은 자격을 갖추려는 부담을 떨쳐 내야 합니다. 행복은 삶의 다양한 상태에서 맛보는 은혜입니다. 지금 곤궁한 처지를 살아가고 있더라도, 그 자리에서 예수님과 함께하는 이들이 행복한 사람입니다.

엎드리는 자가 행복하다

예수님께서 가르치신 팔복은 외적인 소유나 내적인 자격 조건으로 말미암은 결과가 아닙니다. 어떤 조건이 채워지면 행복이라는 결과가 뒤따라오는 것이 아닙니다. 팔복의 말씀은 복된 존재에게 복된 은혜가 이미 임했다는 확증입니다.

　예수님 앞에 모여든 그들은 이미 하나님의 복 있는 사람이고, 무리로 머물지 않고 예수님께로 나온 제자 됨이 복입니다. 삶의 형편과 처지가 어떠하든 예수님께 가까이 나오면 예수님으로 말미암아 하늘나라를 얻게 될 것입니다. 예수님의 위로와 돌보심이 있는 그곳이 행복의 자리입니다. 예수님 앞에 나와 엎드린 그들이 복 있는 사람입니다.

　나로 말미암아 너희를 욕하고 박해하고 거짓으로 너희를 거슬러 모든 악한 말을 할 때에는 너희에게 복이 있나니 기뻐하고 즐거워하라 하늘에서 너희의 상이 큼이라 너희 전에 있던 선지자들도 이같이 박해하였느니라 마 5:11~12

　팔복에 이어지는 말씀은 여덟 번째 복에 대한 부연 설명이 아닙니다. 이 말씀은 여덟 가지 복 전체가 예수님으로 말미암았음을 역설하는 팔복의 결론입니다. 팔복이 그려 주는 여덟 가지 행복한 사람의 모습이 하나로 응축되어 나타나는 현장은 바로 예수님의 십자가입니다.

　"나의 하나님, 나의 하나님, 어찌하여 나를 버리셨나이까"(마 27:46)라고 절규하며 몸부림칠 수밖에 없는 십자가는 마음이 가난할 수밖에 없는 눈물 구덩이입니다. 목 놓아 하나님을 부르는 십자가는 온갖 거짓과 불법이 가득한 자리입니다. 도대체 하나님의 정의는 어디로 숨었단 말입니까? 하나님께 버림받은 아들을 통해 하늘의 평화가 시작되는 생명의 자리가 십자가입니다. 산상수훈의 첫째 가르침인 팔복은 예수님의 십자가에 대한 자기 계시적 증언입니다.

예수님을 따라 십자가를 짊어진 제자들이 참으로 복 있는 사람입니다. 예수님으로 말미암아 욕을 먹는 사람은 하늘의 큰 상을 가진 행복한 사람입니다. 예수님으로 말미암아 자기 십자가를 짊어진 영혼이 복 있는 사람입니다. 십자가 때문에 울고 아파하는 그들에게 큰 상이 있을 것입니다.

그들에게 천국이 임할 것입니다. 그들에게 헤아릴 수 없는 하나님의 위로가 주어질 것입니다. 그들에게 세상이 알지 못하는 기업이 준비되어 있습니다. 십자가를 짊어진 그들은 하나님으로 말미암아 배부를 것입니다. 십자가에서 긍휼하심을 입고 하나님의 영광을 보게 될 것입니다. 십자가의 길을 걷는 그들을 하나님께서 "내 아들, 내 딸"이라고 부르실 것입니다. 행복은 예수 그리스도로 말미암아 옵니다. 예수님께 나아온 그들이 바로 복 있는 사람입니다.

2천 년 전 30대 초반의 한 청년이 십자가에 달려 죽어 가고 있었습니다. 그는 땅 한 평도 가지지 못했습니다. 자기 몸을 가릴 마지막 옷까지도 빼앗긴 채 벌거숭이가 되었습니다. 그를 따르며 사랑한다던 수많은 이들은 간데없고, 그의 어머니와 몇몇 여인들만이 곁을 지키며 흐느꼈습니다. 그는 실패자요, 불행한 인생의 전형처럼 보였습니다.

그러나 그는 이렇게 외쳤습니다. "다 이루었다"(요 19:30) 그는 자신의 부르심과 사명을 다 이루었습니다. 시인 윤동주가 "괴로웠던 사나이, 행복한 예수 그리스도"라고 부를 만큼 그는 행복한 사람이었습니다. 예수 그리스도는 세상이 알지 못하는 기쁨과 자유를 누린 복 있는 사람이었습니다. 우리는 괴로웠던 사나이, 그러나 행복한 예수 그리스도를 가까이하는 행복한 사람입니까?

화려하지 않아도 정결하게 사는 삶

가진 것이 적어도 감사하며 사는 삶

내게 주신 작은 힘 나눠 주며 사는 삶

이것이 나의 삶의 행복이라오.

(중략)

하나님의 자녀로 살아가는 것

이것이 행복이라오.

코로나 팬데믹으로 우리의 평범한 일상이 와르르 무너졌던 시기, 교회 안에서 참 많이 불렸던 찬양이 〈행복〉입니다. 이 곡은 작곡가 겸 예배 인도자 손경민 목사의 신앙고백입니다.

그는 어릴 적 부친이 가정을 버리고 집을 나간 '깨어진 가정'에서 고난의 그림자가 드리운 채 자랐습니다. 빚까지 떠안은 상황에서 어머니는 두 자녀를 책임지기 위해 생계 전선에 뛰어들었습니다. 자식들을 굶기지 않으려고 궂은일을 도맡아 했습니다. 그도 어린 나이였지만 어머니의 고된 짐을 덜어 드리고 싶어 신문 배달을 시작으로 온갖 아르바이트를 이어 갔습니다. 누가 봐도 행복의 조건이 없는 삶이었지만, 그의 입술은 불평과 원망을 뱉지 않았습니다. 도리어 이렇게 고백합니다.

"40대가 되어 어떻게 그럴 수 있었는지 돌이켜 보니, 답은 '어머니'였습니다. 믿음이 좋으셨던 어머니는 처지를 비관하거나 실패와 절망을 이야기하지 않으셨습니다. … 힘든 가운데서도 어떻게든 예수님을 붙잡으려고 발버둥 치셨습니다. … 어머니는 역전에서 김을 팔면서도 "예수 믿으세요! 그래야 행복합니다"라며 복음을 외치셨습니다. … 평탄치 못한 가정환경에서 자란 제가 남들 눈에는 불행해 보이는 게 정상이었습니다. 그렇지만 정작 저는 늘 행복했어요. 세상 사람들은 '광야와 같은 인생에서 무슨 행복이냐?'라고 반문하겠지만요."

어둠 가득한 삶의 자리에서도 하나님의 자녀로 살아가는 우리가 행복한 사람입니다. 무엇인가를 더 갖고 더 나은 사람이 되어야 복 있는 사람이 아닙니다. 있는 모습 그대로 예수님 앞에 엎드려 말씀을 듣고 말씀대로 살아가는 우리가 행복한 사람입니다. '더 가지고, 더 나아지면' 행복해지는 게 아닙니다. 복 있는 사람은 '더 가까이' 거하는 사람입니다. 예수님께 더 가까이 나아가 그 앞에 엎드린 우리가 참으로 행복한 사람입니다.

산상수훈 2 목적

자기 몫을 다하는 인생

가난한 어린 시절 흐릿한 기억 속 남포등을 떠올려 봅니다. 남포등이란 석유를 넣은 그릇의 심지에 불을 붙이고 유리 등피를 끼운 서양식 등(lamp)입니다. 우리 물건이 아니라 이름이 없어 '램프'가 '남포'가 되었다고 합니다. 그 불빛이 주는 따스한 느낌과 함께 퀴퀴한 냄새 가득한 집 안 분위기가 어렴풋이 스칩니다. 그러다가 시간이 지나면서 전기가 들어오고, 백열등으로 어둠을 밝혔습니다. 불과 50년이 채 안 된 일입니다.

2천 년 전 예수 시대에는 집 안의 어둠을 어떻게 밝혔을까요? 그것은 등잔불이었습니다. 등잔에 올리브기름이나 다른 기름을 넣고, 심지를 꽂아 어둠을 밝혔습니다. 부싯돌이나 다른 것을 사용하여 불을 켜서 심지에 불을 붙여야 했습니다. 이조차도 집 안에 화로를 가진 부잣집이 아니라면 쉽지 않은 일이었을 것입니다. 그 시절 등잔은 아무나 쓰는 흔한 물건이 아니었습니다. 등잔은 최고급 조명 기구였습니다.

이스라엘과 요르단의 박물관이나 〈성경 사물 전시회〉[5]를 통해 실물로 확인한 등잔 유물은 손잡이가 없었고, 대부분 손바닥에 올려놓을 만큼 그 크기가 작았습니다. 실제로 등잔에 불을 붙여 불빛을 밝혀 보았습니다. 불빛 아래는 그림자가 내려앉아 주위보다 더 어두웠습니다. 불빛이 밝을수록 등잔을 든 사람은 제대로 보이지 않았습니다. 그저 등잔 불빛이 닿는 곳만 밝게 빛났습니다. 등잔에 불을 밝혀 주위를 비춰 주는 사람은 어둠 속에서 두드러지지 않았습니다.

이런 등잔으로 불을 밝히며 일상을 살아가던 이들에게 예수님께서는 "너희는 세상의 빛이요 소금"이라고 말씀하십니다. 제국의 식민지민으로 살면서 온갖 상처투성이였을 이들에게 주위를 밝히기 위해 불살라지는 등잔불과 같은 빛이요, 녹아지고 사라져서 맛을 내는 소금이라고 말씀하십니다.

어둠 가득한 세상을 비추는 빛으로 산다는 것은 어떤 모습입니까? 세상에서 맛을 내는 소금으로 산다는 것은 어떤 의미입니까? 불살라지고 녹아지는 빛과 소금의 삶이란 어떤 삶입니까?

과정적 존재와 지향적 목표

열심히 신앙생활을 하고 모습도 훤칠한 대학교 4학년 학생이 있었습니다. 그런데 언젠가부터 모든 일에 관심을 잃기 시작하고 학교생활을 전혀 할 수 없는 상태가 되었습니다. 휴학하고 건강검진을 해도 신체적으로는 아무 이상 소견이 나오지 않았습니다. 결국 신경정신과 정밀 감정을 위해 입원하게 되었습니다.

그는 대학교 1학년 때 선교 단체를 통해 예수님을 영접했습니다. 세상이 온통 바뀌어 보였습니다. 하나하나가 기쁘고 감사했습니다. 공부뿐 아니라 신앙생활도 열심히 했습니다. 죽을 수밖에 없는 죄인을 구원하신 하나님의 사랑에 감복하여 최선을 다해 살았습니다. 그런데 시간이 가면서 말씀대로 사는 게 어려워지는 것을 느꼈습니다. 그러면 그럴수록 자신을 다그쳤습니다.

4학년이 되어 졸업 후의 진로를 준비하다 보니 시간적 여유가 많지 않았습니다. 시간을 내어 참여하던 기독교 동아리 활동이 힘겹게 느껴졌습니다. 전에는 일을 같이 하기로 한 형제가 게으름을 피워서 혼자 해도 원망이 없었는데 이제는 전과 다르게 원망이 올라왔습니다. 그래도 처음엔 '그리스도인들에게 원수까지 사랑하라 하셨는데 형제를 미워하면 어떻게 하나?'라는 마음으로 원망스러웠지만 사랑하려고 노력했습니다. 그런데 그러면 그럴수록 사랑의 마음은 식어 가고 미움은 더 커졌습니다.

원수까지 사랑하려고 노력해 왔는데 원수도 아닌 형제를 미워하는 자신이 버거워졌습니다. 그런 자신을 부정하며 겉으로는 사랑의 모습을 띠었지만 미워하는 자신을 부정하기 어렵게 되어 갔습니다. 점차 미워하는 대상이 한 형제에서 여러 형제로 확대되어 가기 시작한 것입니다.

더 이상 형제를 미워하는 자신을 외면할 수 없었고 내면의 괴로움은 커져만 갔습니다. 분명 예수님을 영접했으면서도 형제를 미워하는 자신을 받아들일 수 없었습니다. 예배에서 악을 악으로 갚지 말고 선으로 이기라는 말씀을 들을 때면 그 말씀 자체보다 그렇게 못하는 자신만 눈에 들어왔습니다. 예수님을 믿는다고 하는 자신과 믿는 대로 살지 못하는 현실적 자신을 연결 지을 수 없었습니다.

과거 원수를 사랑하려 했고 아니 원수는 아니더라도 미워하는 형제를 사랑하려고 했던 자신이 가식적이고 위선적으로 느껴지기 시작했습니다. 처음 신앙생활을 할 때부터 내었던 열심도 위선적이고 이기적인 것으로 다가왔습니다. 그렇게 자기 자신을 혐오하게 되었고 점차 자신을 예수 믿는 사람으로 드러내기가 어려워졌습니다.

신앙의 큰 회의가 불어닥친 것입니다. 그는 자신이 예수님을 진정으로 믿는 신자가 아닌 쪽으로 결론짓게 되었습니다. 자기 존재의 기반이 흔들리면서 일상의 모든 활동이 급격히 저하되어 갔습니다. 죽음에 대해 생각하는 시간이 많아졌습니다. 자신에 대해 소망을 전혀 둘 수 없으니 누군가에게 도움을 청할 수도 없었습니다. 자신의 기도는 하나님께서 들으실 것 같지도 않았습니다. 자살을 생각하기에 이르렀고 구체적으로 어떻게 죽을 것인가에 대해서 생각하게 되었습니다. 그런 과정 중에 입원하게 된 것입니다.

이는 신경정신과 전문의이면서 목회자인 김진 목사의 『그리스도인과 함께 나누고 싶은 이야기』에 소개된 사례의 일부입니다.

그리스도인은 예수님을 믿음으로 거듭남과 동시에 성화를 향한 여정을 시작하게 됩니다. 구원은 단회적 사건이기보다 거듭남에서부터 성화를 이루고 영화에 이르는 통전적 과정입니다. 우리는 예수님을 믿고 영접함으로 이미 구원받았지만 두렵고 떨림으로 구원을 이루어 가야 하며 그날에 이르러 영광 가운데 구원을 받게 될 것입니다(롬 3:24, 8:11, 빌 2:12). 그러므로 구원받은 그리스도인의 삶은 지향적인 동시에 과정적이라고 할 수 있습니다.[6]

예수님을 믿고 영접한 그리스도인은 인생의 근본적인 방향이 바뀌었지만, 아직 인격적 성품이나 삶의 형편 자체는 크게 달라진 게 없습니다. 그러나 그리스도인은 마땅히 예수님 같은 사람으로 성숙해져야 하고, 하나님의 풍성함을 받아 누릴 수 있어야 합니다. 이런 성숙과 성장을 '지향적 목표'로 삼아 신앙생활을 해야 합니다.

그런데 문제는 신앙의 걸음마를 배워야 하는 아이가 신앙의 성인도 이루기 어려운 목표를 당장에 이루고자 하는 경우가 많다는 것입니다. 위에 인용한 사례가 그렇습니다. 이런 문제로 고민하는 그리스도인을 김진 목사는 "성경의 지향적 목표에 빨리 노출되는 그리스도인"이라고 부릅니다.

예수님을 믿는다면서 말씀 그대로 살지 못하는 자신을 어떻게 다루어 왔습니까? 이웃이 굶주려 밥 한 숟가락을 달라고 할 때, 차마 아직은 집에 들어와 같이 식사하자고 하지 못하는 자기 자신을 어떻게 처리하고 있습니까? 용서하라는 말씀을 들을 때마다 지울 수 없는 상처를 안긴 가해자를 어찌할 수 없는 마음을 어떻게 대하고 있습니까? 산상수훈으로 대표되는 예수님의 말씀을 들을 때마다 버거운 부담감에 짓눌릴 때가 있지 않습니까?

성경의 지향적 목표에 빨리 노출되는 그리스도인은 목표에 미치지 못하는 자신의 현실적인 모습에 심각한 괴리감을 느끼게 됩니다. 이럴 때 자신의 현실적인 모습에 정직하기보다 그것을 감출 외피를 갖추려는 유혹에 쉽게 빠져들게 됩니다. 여기서 위선적인 그리스도인의 분열증적 모순이 만들어지는 것입니다.

더불어 지향적 목표에 빨리 노출되는 그리스도인은 자기 자신을 기다려 주기 어려워 자기 정죄에 빠져들기도 하고, 자존감이 심하게 낮아지기도 합니다. 반대로 다른 사람을 기다려 주지 못하고 쉽게 판단하고 비판하는 차가운 사람이 되기도 합니다.

그리스도인은 지향적 존재인 동시에 과정적 존재입니다.

하나님의 은혜로 구원받은 우리는 성령 안에서 전 생애를 통해 자라 가야 합니다. 우리는 갓난아이 같은 그리스도인에서 성숙한 그리스도인으로 자라 가는 과정 중에 있습니다(엡 4:13~16). 과정적 존재로 자신과 다른 사람을 바라보게 되면 어느 한순간의 나와 그를 '그러한 사람'으로 존재화시키지 않게 됩니다. 위의 사례에서 보듯이 내 자신을 '형제를 미워하는 사람'이 아니라 '아직은 형제를 미워하는' 과정적 존재로 바라보게 되는 것입니다. 우리는 자신과 다른 사람을 대할 때 과정을 존재로 생각하는 우(愚)를 범하지 말아야 합니다.

분명 산상수훈은 그리스도인이 마땅히 이루어야 할 지향적 목표를 제시하고 있습니다. 그러나 산상수훈을 듣는 우리는 과정적인 존재입니다. 산상수훈은 그리스도인을 위선과 자기 정죄에 빠지게 하거나 다른 사람을 비판하게 하려고 주어진 말씀이 아닙니다.

산상수훈은 과정적 존재인 우리가 마침내 그렇게 살아 내야 할 하나님 나라 백성의 가치 선언입니다. 산상수훈은 이룰 수 없는 이상이 아닙니다. 산상수훈은 성령 안에서 마침내 이룰 수 있고 이루어질 삶의 실재입니다. 다만 산상수훈을 따라 살고자 하는 우리가 과정적 존재임을 알기에 성령 안에서 자신과 서로를 끝까지 기다려 주어야 합니다.

앞에서 예수님의 팔복은 성품에 대한 말씀이거나 복받을 만한 자격 조건에 대한 말씀이 아니라고 했습니다. 팔복은 그날 예수님을 찾아온 제자들의 있는 그대로의 상태를 보여 줄 뿐입니다. 식민지 치하 신음 가득한 이방의 갈릴리 땅을 살던 이들, 마음과 육체가 아프고 힘겨운 이들의 상태를 그대로 그려 주고 있을 뿐입니다.

그런 형편에도 예수님을 찾아 나온 그들이 복 있는 사람입니다. 그런 처지에도 자신을 넘어 다른 사람을 품어 내는 그들이 행복한 사람입니다. 그리고 그런 사람이 세상의 소금과 빛입니다.

세상의 소금과 빛이라는 말씀은 제자들이 이루어야 할 지향적 목표가 아닙니다. 예수님께서는 갈릴리 호수 서쪽 언덕에 모여든 이들에게 "세상의 소금과 빛이 되라"라고 말씀하시지 않았습니다. 너희가 사회적으로 성공한 소금이 되어야 한다거나 인격적으로 성숙한 빛이 되어야 한다고 말씀하시지 않았습니다.

예수님께서는 지향적 목표가 아닌 현재적 실존으로 "너희가 세상의 소금이요 빛이다"라고 하셨습니다. 소금과 빛의 존재란 위대한 성공과 성숙을 이룬 특별한 존재로 드러나는 것이 아닙니다. 스며들어 모양이 남아 있지 않아야 맛을 내는 소금이 그렇듯 예수 시대의 빛의 비유는 누군가에게 등잔불을 비추는 역할입니다. 세상의 소금과 빛은 지향적 목표에 있지 않습니다.

내 모습 그대로

흔히 사람들은 세상의 소금과 빛으로 살아가려면 남보다 더 잘나고 뛰어나야 한다고 생각합니다. 그래서 더 좋은 대학, 더 좋은 직장, 더 좋은 성공을 이루려고 애를 씁니다. 사회적으로 성공한 지위와 재물이 있어야만 세상에서 소금과 빛이 될 수 있다는 생각에 더 높은 고지에 오르려고 힘을 다합니다. 더 성숙한 사람이 되어야 한다는 생각에 끊임없이 부족한 자신을 채근하기도 합니다.

그러다 보면 사회적인 낙오자나 인격적으로 미성숙한 사람은 세상의 소금과 빛으로 살아가라는 가르침을 실천하지 못하는 존재로 치부하기 쉽습니다. 결국 세상의 소금과 빛으로 살아가기 위해 더 성공하고 성숙해야 한다는 강박증을 느끼게 됩니다.

예수님께서는 소금과 빛이 되기 위해 대단한 성취와 성숙을 이룬 특별한 존재가 되어야 한다고 가르치시지 않았습니다. 세상을 맛나게 하기 위해 많은 훈련을 받아야 한다고 하시지 않았습니다. 수준 미달의 제자들에게 어둠을 밝히기 위해 높은 수준의 성숙함을 이루어야 한다고 하시지 않았습니다. 제자 훈련소에 입소하는 첫날, 너희들이 나와 함께 3년 동안 훈련하면 세상에서 소금과 빛으로 멋지게 살아가게 될 거라고 약속하시지 않았습니다. "자기와 함께 있게"(막 3:14) 하려고 제자를 부르신 예수님께서는 그들이 앞으로 되어야 할 지향적 목표로 세상의 소금과 빛을 제시하신 것이 아닙니다.

세상을 맛나게 하는 소금은 특별한 자격을 갖춘 존재가 아닙니다. 세상을 비추는 빛은 고상한 경지에 이른 존재가 아닙니다. 그 모습 그대로 지금 예수님 곁에 모여든 그들이 바로 세상의 소금이요 빛입니다. '설마 우리 같은 사람이? 우리처럼 하찮은 존재가? 세상 그 누구도 주목하지 않는 우리가? 무수한 사람의 짓밟힘 속에 살아가는 우리가 세상의 소금이며 빛이라고?' 이런 온갖 반문이 내면에서 터져 나올 수밖에 없는 그들이 바로 세상의 소금이요 빛입니다.

이렇듯 세상의 소금이요 빛이라는 말씀은 앞으로 되어야 할 지향적 목표가 아닙니다. 이미 되어진 존재론적 목적을 깨우치는 말씀입니다.

예수께서 또 말씀하여 이르시되 나는 세상의 빛이니 나를 따르는 자는 어둠에 다니지 아니하고 생명의 빛을 얻으리라 요 8:12

세상의 빛이신 예수님을 따르는 사람은 그 모습 그대로 어둠을 밝히는 생명의 빛입니다. 빛의 절기인 수전절(Hanukkah, 요 10:22)이 멀지 않은 어느 날 예수님과 제자들은 길을 가다가 선천적 시각 장애인을 보게 됩니다. 그때 제자들이 예수님께 물었습니다.

랍비여 이 사람이 맹인으로 난 것이 누구의 죄로 인함이니이까 자기니이까 그의 부모니이까 요 9:2

제자들은 인과율을 따라 물었습니다. 죄 때문에 질병이 생긴다는 신학적 전제를 따라, 누구의 죄 때문에 이런 장애가 생겼는지를 예수님께 물었습니다. 사람들 또한 제자들처럼 삶의 문제를 인과율을 따라 이해하려고 합니다. 그러나 고통스러운 삶의 문제를 인과율을 따라 이해하려다 보면 결국 누군가를 비난하거나 원망하게 됩니다. 때로는 자기 자신을 정죄하게도 됩니다.

더구나 인과율을 따라 원인을 찾아보더라도 쉽게 찾아지지 않는 경우가 부지기수입니다. 원인을 찾았다 한들 현재의 고통을 풀어내는 데 아무런 도움이 되지 못할 때도 허다합니다. 가령 그 사람이 시각 장애인으로 태어난 것이 부모의 죄 때문이라는 게 밝혀진다고 해서 어떤 유익이 있습니까? 누구의 죄 때문인 줄 알고 그 죄를 해결하면 선천적 시각 장애의 문제가 해결되기라도 합니까? 누구 때문인지 그 원인을 찾으려는 것이 오히려 또 다른 2차 가해가 될 수 있지 않습니까?

문제의 원인을 찾아야 할 때는 그 원인을 찾아 현재의 문제 해결에 도움을 받을 수 있을 때입니다. 또는 원인을 찾아 미리 대비함으로 같은 문제가 반복되지 않게 하거나 다른 사람이 같은 문제를 겪지 않도록 교훈하기 위함입니다. 이런 경우가 아니라면 문제의 원인을 찾는 데 불필요한 에너지를 소진하지 말아야 합니다. 우리네 인생은 인과율만으로 다 풀어낼 수 없는 다층적인 차원이 혼재되어 있음을 간과해서는 안 됩니다.

이 사람이나 그 부모의 죄로 인한 것이 아니라 그에게서 하나님이

하시는 일을 나타내고자 하심이라 요 9:3

인과율을 따라 질병의 원인을 묻는 제자들에게 예수님께서는 뜻밖의 답변을 하십니다. 시각 장애인으로 태어난 그를 통해 하나님께서 하시는 일을 나타내고자 하신다는 것은 또 다른 인과율에 대한 말씀이 아닙니다. 하나님의 주권적 다스림에 대한 말씀입니다. 이 사람이 장애를 얻게 된 것은 하나님 때문이 아닙니다. 이 사람의 장애는 하나님께서 하신 것이 아닙니다. 하나님께서 특정한 목적과 이유가 있어서 의도적으로 이 사람을 시각 장애인으로 태어나게 하신 것이 아닙니다.

하나님께서는 자신의 목적을 이루시기 위해서라면 특정한 사람을 자기 마음대로 장애인을 만들기도 하고, 죽이기도 하는 잔혹한 폭군이 아닙니다. 하나님께서 하시는 일을 나타내신다는 말씀은 하나님께서 기획자인 동시에 가해자라는 말씀이 아닙니다. 하나님께서는 악을 선으로 바꾸시는 회복자입니다. 참혹한 고통조차 회복의 손길을 통해 선으로 바꾸시는 구원자입니다.

이 사람이 선천적 시각 장애를 갖고 태어난 것은 영적인, 유전적인, 의학적인, 환경적인, 그리고 우연적인 수많은 요소가 다층적으로 얽힌 결과입니다. 이유를 다 알 수 없지만 지금 앞을 볼 수 없는 이 사람을 통해 하나님께서 하실 일을 나타내실 것입니다. 나면서부터 시각 장애인 된 그 모습 그대로를 통해 하나님께서 하실 일을 나타내실 것입니다. 보지 못하는 그를

눈 뜨게 하심으로 예수님의 하나님 되심을 증거할 뿐 아니라
본다고 하는 종교인들의 거짓과 위선과 어리석음을 폭로하실
것입니다.

<blockquote>
예수께서 이르시되 너희가 맹인이 되었더라면 죄가 없으려니와
본다고 하니 너희 죄가 그대로 있느니라 요 9:41
</blockquote>

하나님께서는 오늘 있을 이 일을 위해 계획적으로 그 사람
이 시각 장애를 갖고 태어나도록 하신 것이 아닙니다. 그가 장
애를 갖고 태어난 원인은 알 수 없습니다. 인과율로 따져 물을
수 없습니다. 다만 우리는 그의 인생이 하나님의 주권적 다스
림 아래 있음을 알 수 있을 뿐입니다. 그는 지금 하나님의 주권
적 섭리 아래 있습니다. 하나님께서는 그의 모습 그대로를 통
하여 하나님의 하실 일을 나타내실 것입니다.

지금도 하나님께서는 우리의 있는 모습 그대로를 통하여 일
하십니다. 우리를 부르신 그 모습 그대로 세상을 비추고 맞나
게 하십니다. 있는 모습 그대로가 누군가를 살리는 약재료입니
다. 있는 모습 그대로가 삶의 목적입니다. 세상의 소금과 빛으
로 살아가는 것은 특별한 성공과 성숙을 이루어야 한다는 지향
적 목표에 헌신하는 삶이 아닙니다. 그저 있는 모습 그대로가
삶의 목적임을 믿고 하나님의 역사하심을 기대하며 기다리는
삶입니다.

누구나 자기 몫이 있다

한 가지 착각하지 말 것은 '있는 모습 그대로' 산다는 것이 아무렇게나 되는대로 살아도 괜찮다는 의미가 아니라는 점입니다. 하나님의 섭리 아래 있는 모습 그대로 산다는 것, 소금이자 빛이라는 삶의 목적대로 산다는 것은 일상에서 자기 몫(역할)을 다하며 사는 삶입니다. 자기 자리에서 소금과 빛으로 녹아지고 살라지는 삶을 사는 것입니다.

너희는 세상의 소금이니 소금이 만일 그 맛을 잃으면 무엇으로 짜게 하리요 후에는 아무 쓸데없어 다만 밖에 버려져 사람에게 밟힐 뿐이니라 마 5:13

갈릴리 호수에서 굽이굽이 흘러내린 요단강 물은 세계에서 가장 고도가 낮은 사해(Dead Sea)로 모여듭니다. 이 사해는 염분 함유도가 30%가 넘는 소금기 가득한 염해(鹽海, 창 14:3)입니다. 그래서 사해 주변에서는 눈이 내린 바닷가를 연상시키는 소금 덩어리 해변을 흔히 볼 수 있습니다.

고대 근동과 이스라엘에서 소금은 등급별로 다양한 용도로 쓰였습니다. 염도가 좋은(가장 좋은 등급) 소금은 요리용으로 쓰였습니다. 염도 등급이 낮으면(맛이 떨어지면) 산성인 밭에 뿌려 토양의 체질을 개선했습니다. 거름의 질을 높이는 데도 쓰였습니다. 그보다 등급이 더 떨어지면(맛을 잃으면) 땅에 뿌렸습니다.

　예수님께서 밖에 버려져 밟히는 소금을 말씀하신 것은 쓰레기 버리듯 버려진 모습이 아닙니다. 소금을 땅에 뿌리는 것을 가리킵니다. 지금도 이스라엘은 물론 요르단, 시리아, 레바논 등지에서는 겨울 우기철에 눈이 내리고 얼음이 얼어 빙판이 생길 때면 미끄럼 사고를 예방하기 위해 소금기 있는 흙이나 소금을 뿌리곤 합니다. 살짝 얼어붙은 대리석 길에서 미끄러지지 않도록 소금을 뿌리기도 합니다. 이렇듯 소금은 염도 기준을 따라 다양한 역할과 쓰임이 있습니다.

　소금기가 적어 등급이 떨어진다고 해서 소금 자체가 무가치한 것은 아닙니다. 음식의 맛을 내는 조미료와 썩는 것을 막아 주는 방부제 역할은 저마다 귀한 효능입니다. 토양을 개선해 주고 비료를 만들어 주는 기능도 아주 중요합니다. 빙판길 얼음 제거도 결코 사소한 역할이 아닙니다. 소금은 그야말로 마지막까지 자기 몫을 다하는 존재입니다. 세상의 소금으로 녹아진다는 것은 자기 수준에서 자기 몫을 다하는 삶을 살아가는 것입니다. 특정한 역할이나 특정한 몫만 귀한 것이 아닙니다. 저마다의 자리에서 저마다의 모습으로 소금의 역할을 감당하는 것이 예수님께서 말씀하시는 우리 삶의 목적입니다.

　너희는 세상의 빛이라 산 위에 있는 동네가 숨겨지지 못할 것이요 사람이 등불을 켜서 말 아래에 두지 아니하고 등경 위에 두나니 이러므로 집 안 모든 사람에게 비치느니라　마 5:14~15

예수님께서 말씀하신 산 위에 있는 동네는 일반 명사이지만 동시에 특정 장소를 뜻하는 고유 명사이기도 합니다. 산 위에 있는 동네는 당시 이 지역 사람이라면 누구나 알던 갈릴리 지방 봉화대가 자리한 고대 도시 사페드(Safed, 삿 1:17)를 가리킵니다. 해발고도 900m 정도 되는 자리에 있는, 갈릴리 지역에서 가장 높고 오래된 도시입니다. 새로운 달이나 명절 같은 때에 봉화를 올리던 곳입니다. 봉화대가 자리했기에 밤에도 빛나던 동네입니다.

세상의 빛이라는 말씀은 온 세상을 밝히는 해 같은 존재가 되어야 한다는 뜻이 아닙니다. 산 위에 있는 동네가 숨겨지지 못하는 것처럼 저기 저곳에 그 동네가 있다는 것을 감추지 못하고 알려 주는 것입니다. 눈앞에 대낮처럼 그 동네를 환하게 보여 주어야 하는 것이 아닙니다. 어둠을 비추는 빛은 어둠을 제거하는 것이 아니라 어둠 속에 있는 어떤 존재를 볼 수 있게 하는 것입니다.

세상의 빛이 된다는 것은 우리의 존재가 바뀌어야 하는 게 아닙니다. 우리가 가진 등잔에 불을 켜서 빛을 비추는 몫을 다하는 것입니다. "등불을 켜서 말 아래에 두지 아니하고 등경 위에" 두는 것처럼 자기 역할을 실천하는 것이면 충분합니다. 누군가가 나로 인해 자기 삶의 자리를 알아차릴 수 있다면, 힘을 얻어 꿈을 꾸고 숨을 쉴 수 있다면 빛이 되어 준 것입니다.

세상의 빛이 된다는 것은 자신을 드러내는 삶이 아닙니다. 어둠을 비추는 빛은 자신을 밝히는 빛이 아닙니다. 귀신 놀이를 할 때가 아니면 손전등으로 자신을 비추는 사람이 없듯이 내가 아니라 다른 사람을 비추는 빛이 세상의 빛입니다. "너희 빛이 사람 앞에 비치게"(마 5:16) 하는 것이지, 다른 사람 앞에 환한 존재로 빛나는 것이 아닙니다. 어두운 길을 갈 때 그 사람을 비추는 것이 아니라 그 사람의 발치 앞을 비춰 주는 것입니다.

세상의 빛이 되기 위해 교회는 더 성장하고, 성도는 더 성공해야 하는 것이 아닙니다. 세상의 빛이 되기 위해 더 성공하고 더 잘되어서 세상의 부러움이 되어야 하는 것이 아닙니다. 세상의 빛이 된다는 것은 누군가가 실족하지 않도록 그의 발치를 비추는 몫을 다하는 삶입니다.

등잔 불빛은 그저 심지가 닿는 부분, 그 주변을 비출 뿐입니다. 앞을 환히 밝히는 그런 빛이 아닙니다. 등잔을 들고 있는 빛을 비추는 사람은 그저 실루엣이나 그림자로 존재할 뿐입니다. 그렇게 불 켜진 등잔을 들고 있는 이가 바로 세상의 빛입니다. 자기 스스로 빛이 되는 것이 아니라 그저 빛의 몫을 감당하는 빛입니다. 자기 자리에서 묵묵히 자기 역할을 다하는 삶이 예수님께서 말씀하시는 착하고 아름다운 삶입니다.

민들레의 노래

갈라진 콘크리트 바닥에 노란 민들레가 피었습니다. 병아리 발자국 같은 노란 민들레가 피었습니다. 아픈 마음으로 길을 걷다가

민들레 앞에 가만히 앉았습니다.

"민들레야… 민들레야…. 콘크리트 바닥에 어떻게 뿌리를 내렸니? 왜 하필이면 이런 곳에 뿌리를 내렸어…."

안쓰러운 마음에, 민들레에게 물었습니다. 민들레는 배시시 웃으며 말했습니다.

"괜찮아요…. 콘크리트 바닥이라도 저는 괜찮아요. 아픔도… 슬픔도… 길이 될 수 있으니까요."

아장아장 햇볕이 걸어와 민들레 노란 얼굴을 만져 주었습니다. 바람도 살랑살랑 불었습니다.[7]

이철환 작가의 『곰보빵』에 담겨 있는 〈민들레의 노래〉입니다. 이 노래 속 민들레처럼, 우리가 위대한 성취를 이루지 못했어도 괜찮습니다. 힘겨운 삶을 이어 갈 뿐이어도 괜찮습니다. 초라하고 하찮아 보여도 괜찮습니다. 고단한 삶의 아픔과 슬픔조차도 길이 될 수 있습니다.

예수님께서는 우리를 있는 모습 그대로 세상의 소금이요 빛이라 말씀하십니다. 예수님을 따르는 우리는 이미 세상의 소금이요 세상의 빛입니다. 소금과 빛이 되어야 한다고 말씀하시지 않았습니다. 소금과 빛은 우리를 향한 지향적 목표가 아닌 존재론적 목적입니다. 너무 빨리 지향적 목표에 스스로를 노출시키지 말아야 합니다.

있는 모습 그대로인 우리를 통해서 하나님께서 하고자 하시는 일을 나타내실 것입니다. 우리의 있는 모습 그대로가 하나

님의 목적입니다. 특별한 성취와 성숙을 이루지 못해도 괜찮습
니다. 세상의 소금과 빛으로 산다는 것은 자기 자리에서 자기
몫을 다하는 삶을 사는 것으로 족합니다. 우리를 이곳에 이런
모습으로 두신 하나님의 목적을 따라 소금과 빛으로 녹아지고
살라지는 것이면 충분합니다.

우리가 이곳에서 자기 몫을 다하는 소금과 빛으로 살아갈
때 세상은 조금 더 맛나고 환하게 될 것입니다. 우리가 소금으
로 녹아지고 빛으로 살라질 때 세상은 하늘에 계신 아버지께
영광을 돌리게 될 것입니다.

✿

산상수훈 3 생명

화목함에 깃드는 풍성

마태복음 5:17~26

"율법의 시대는 이제 지나갔습니다. 지금은 은혜의 시대입니다. 그러므로 그리스도인은 율법을 지켜야 할 어떤 의무도 없습니다. 십자가와 부활의 복음이 오기 전까지 율법은 유용했지만, 예수 그리스도의 복음 안에서 율법은 더 이상 필요하지 않습니다."

오랜 시간 신앙생활을 해 온 사람이라면 누구든 한 번쯤 이런 식의 가르침을 받거나 들어 본 적 있을 것입니다. 그렇다면 과연 이런 가르침이 성경의 메시지에 어느 정도나 부합한다고 생각합니까?

예수님께서는 갈릴리 호수 서편 언덕에 모여든 이들에게 자신이 온 것은 율법과 선지자를 폐하려는 것이 아니라 완전하게 하려 함이라고 말씀하셨습니다. 하나님의 복음으로 세상에 오신 예수님께서는 율법의 파괴자가 아닌 성취자이십니다. 예수 그리스도의 복음과 은혜 안에서 율법은 완전하게 되었습니다.

בְּרֵאשִׁית בָּרָא אֱלֹהִים אֵת הַשָּׁמַיִם וְאֵת הָאָרֶץ

창세기 1장 1절 히브리어 원문입니다. 오른쪽에서 왼쪽으로 읽어 가야 합니다. 문자인지 그림인지 잘 모르겠지 않습니까? 예수 시대 이스라엘은 문맹률이 97% 정도 되었다고 합니다. 더구나 당시 일상 언어로 사용하던 아람어가 아닌 성경 히브리어는 극소수의 서기관이나 종교인들이 아니면 읽고 쓸 수 없었을 것입니다.

율법은 온전히 지켜져야 합니다. "천지가 없어지기 전에는 율법의 일점일획도 결코 없어지지 아니하고"(마 5:18) 다 이루어질 것입니다. 율법의 계명들 가운데 가장 작은 것 하나라도 어기고 또 그렇게 가르치는 사람이 있다면 그는 천국에서 가장 작은 사람으로 불릴 것입니다. 반대로 누구든지 율법을 그대로 실행하고 가르치는 사람은 천국에서 큰사람이라 일컬음을 받을 것입니다.

내가 너희에게 이르노니 너희 의가 서기관과 바리새인보다 더 낫지 못하면 결코 천국에 들어가지 못하리라 마 5:20

율법을 지키는 데 있어서 우리의 '의(義)'가 서기관과 바리새인보다 더 낫지 못하면 천국에 들어가지 못한다는 예수님 말씀은 이신칭의(以信稱義)의 관점에서 보면 당혹스럽게 들릴 수 있습니다. 그런데 이 말씀을 바리새인들이 외친 것이 아니라 예수님께서 제자들에게 선포하셨습니다. 복 있는 사람이요, 세상의 소금과 빛인 제자는 '의'에 있어서 그 어떤 사람들보다 더 나아야 한다는 말씀입니다.

혹시 부지중에 복음과 은혜를 빌미로 율법을 하찮게 여기고 있지 않습니까? 율법의 계명을 따라 살아야 하는 삶을 무시하는 무율법주의의 함정에 빠져 있지 않습니까? 그저 하나님의 은혜만 받으면 아무렇게나 살아도 괜찮다는 구원파와 같은 이단적 신앙에 젖어 있지 않습니까? 예수님만 믿으면 자기 마음대로 하고 싶은 대로 살아도 천국은 갈 수 있다는 착각에 매몰되어 있지 않습니까?

예수님께서는 옛사람의 율법을 폐하는 것이 아니라 완전하게 하시는 분입니다. 그러므로 예수님을 믿고 따르는 복음의 사람은 율법을 무시하는 것이 아니라 율법의 의를 뛰어넘는 삶을 살아 내야 합니다. 하나님 나라 백성이 보여 주는 삶의 가치는 율법이 표상하는 가치 그 이상이어야만 합니다. 예수님의 제자는 서기관과 바리새인보다 더 옳고, 더 의롭게 살아야 합니다.

물론 율법의 어떤 부분은 예수님의 십자가와 부활 안에서 이미 완성되었습니다. 더 이상 하나님께 나아가기 위해 제사해야 할 이유가 없습니다. 하나님께 드리기 위해 양이나 염소를 잡고 제단에 올려 불태우지 않아도 됩니다. 레위기 음식 규례를 따라 음식을 가려서 먹거나 안식일 법을 따라 안식일을 지킬 필요도 없습니다. 이미 예수님의 십자가 죽음과 부활 안에서 율법이 성취되었기 때문입니다.

그러나 예수님 안에서 성취된 율법이 예수의 영을 덧입은 그리스도인의 삶에서 재해석되고 완전하게 이루어져야 할 부분은 아직 남아 있습니다. 십계명으로 대표되는 삶의 지침으로서의 율법은 우리가 삶으로 이루어야 할 계명입니다(롬 3:31, 13:8). 이 율법이 그리스도인에게서 서기관이나 바리새인들이 이루고자 했던 수준보다 더 높고 더 깊게 성취되어야 합니다. 우리의 의로움은 그들보다 높고 완전해야 합니다.

옛사람은 "살인하지 말라 누구든지 살인하면 심판을 받게 되리라"라고 가르쳤습니다. 복음 안에 있는 우리는 이 말씀을 어떤 차원으로 받아들여야 합니까? "살인하지 말라"라는 율법의 계명은 우리에게 어떻게 재해석되어야 합니까? "살인하지 말라"라는 율법을 완전하게 하는 삶은 어떤 삶입니까?

하나님의 생명적 가치

옛사람의 가르침은 형사법적인 계명이 아닌 율법의 기본 가치인 생명 존중을 역설하는 말씀입니다. 십계명의 6계명인 "살인하지 말라"라는 율법에 "누구든지 살인하면 심판을 받게 되리라"라는 부연 설명이 추가된 말씀입니다.

살인자는 무조건 죽여야 하고 죽여도 되는 게 아닙니다. 살인자도 재판을 통해 살인의 의도성을 판단받을 권리가 있습니다. 의도적인 살인인지, 아니면 우발적인 살인 곧 과실치사인지에 따라 형벌이 달라져야 합니다. 아무리 살인자라도 그 생명은 여전히 존중받아야 하기에 재판받을 권리는 보장되어야 합니다.

창세기에 등장하는 인류 최초의 살인은 형제 사이에서 벌어졌습니다. 종교적인 문제로 인해 형이 동생을 살해한 사건입니다. 이 사건에서 인상적인 것은 억울한 죽음을 당해야 했던 피해자 곧 살해당한 동생의 호소를 하나님께서 들으신다는 점입니다.

> 이르시되 네가 무엇을 하였느냐 네 아우의 핏소리가 땅에서부터 내게 호소하느니라 **창 4:10**

생명을 창조하신 하나님께서는 무죄한 자의 죽음을 신원(伸冤)하시는 분입니다. 하나님께서는 억울한 주검의 핏소리를 들으시는 분입니다.

노아 홍수 사건 이후 하나님께서는 인류에게 육식을 허용하셨습니다. 다만 고기를 그 생명 되는 피가 있는 채로 먹어서는 안 된다고 하셨습니다(창 9:3~4). 이는 하나님께서 자신의 형상으로 창조한 사람만이 아니라 다른 모든 동물의 생명까지도 존중하심을 보여 줍니다. 이 땅의 모든 생명은 하나님의 생명적 가치로 존중받아야 합니다. 나아가 하나님의 형상으로 지음받은 사람은 그 어떤 생명적 가치보다 우선합니다. 사람의 생명은 하나님의 생명으로부터 온 것이기에 살인은 하나님의 생명을 부정하는 행위입니다. 살인은 하나님의 생명을 살해하는 것과 같습니다.

> 다른 사람의 피를 흘리면 그 사람의 피도 흘릴 것이니 이는 하나님이 자기 형상대로 사람을 지으셨음이니라 **창 9:6**

신학대학원 재학 중인 전도사와 창세기 1장을 두고 긴 대화를 나누었습니다. 창세기 1장이 그려 주는 창조 이야기를 청소년들에게 어떻게 가르쳐야 할지 고민이 깊었습니다. 문자주의적 해석을 따라 24시간 6일 창조를 가르쳐야 할지, 아니면 현대 과학의 세례를 받고 자란 청소년들에게 과학의 발견을 수용하면서 성경적 창조와 창조주 하나님을 가르쳐야 할지 깊은 씨름을 하고 있었습니다.

성경은 과학을 담고 있지만, 과학책이 아닙니다. 성경은 과학의 언어가 아닌 일상의 언어로 인류 창조의 이야기를 알려 줍니다. 창세기 1장의 메시지는 창조의 방법론을 과학적으로 논증하는 데 있지 않습니다. 온 세계의 창조주인 여호와 하나님을 계시하는 데 있습니다.

하나님께서는 온 세계의 창조주이십니다. 온 세계 모든 생명은 하나님께서 창조하신 피조물입니다. 과학은 과학적 방법론을 따라 과학의 언어로 하나님의 피조 세계를 논증합니다. 그러나 성경은 창조의 방법론을 과학의 언어로 논증하지 않습니다. 성경은 창조의 하나님을 성경 시대를 살던 고대인의 세계관을 배경으로 선포할 뿐입니다.

창세기는 고대 이집트에 살았던 이스라엘 백성에게 처음 주어진 말씀입니다. 이집트에서는 자연의 여러 가지 것들이 신(神)으로 여겨지고 숭배되었습니다. 태양도 신이었고, 달과 별들도 다 신이었습니다. 천체의 모든 것들이 신이었고, 자연의 여러 동물도 신으로 여겨졌습니다. 절대 권력의 통치자 파라오와 그의 아들도 신으로 추앙되었습니다.

고대 이집트에 살았던 이스라엘 백성은 신들의 세계 속에서 신을 섬기는 노예적 존재였습니다. 그들은 피라미드 사회의 최하층으로 살면서 짐승만도 못한 삶을 연명해야 했습니다. 하루하루 중노동에 시달려야 했습니다. 남자 아기가 태어나면 나일강에 던지라는 패륜적인 명령이 버젓이 공포되는 땅에서 살아야 했습니다(출 1:15~22). 그 땅을 살았던 이스라엘 백성의 노예적 삶은 사는 게 사는 게 아닌 고통 그 자체였습니다. 그들의 생명은 생명이 아니었습니다.

하나님이 자기 형상 곧 하나님의 형상대로 사람을 창조하시되 남자와 여자를 창조하시고 **창 1:27**

하나님께서는 구약성경 창세기를 통해 이스라엘 백성에게 이렇게 말씀하셨습니다. 그들이 이집트 땅에서 신으로 섬기던 모든 것을 하나님께서 창조하셨습니다. 천체의 모든 것들과 자연의 모든 동식물이 다 여호와 하나님의 피조물입니다. 그리고 창조의 주인공인 사람은 하나님의 형상으로 지음받은 하나님 같은 존재입니다.

구약신학자 민경구 박사는 『태초에 인권이 있었다』에서 이렇게 말합니다.

> 창세기의 창조 이야기는 '인간' 창조를 이야기한다. 고대 근동에서 왕/통치자는 '신의 형상'을 닮은 자로 해석되었고, 이것은 왕의 지배적 우월권을 보여 줌으로써 그의 통치를 정당화했다. 하지만 창세기는 '인간'이 신의 모양과 형상을 닮았음을 선언하며 고대 근동에 편만해 있던 왕에 대한 이해를 상대화시킨다. 모든 인간이 신의 모양과 형상으로 만들어졌다는 성서의 서술은 독특한 인간 이해를 보여 주며, 만민 평등을 피력할 뿐 아니라 모든 인간이 신 앞에서 동등한 권리가 있음을 명시한다. 즉 창세기는 '인권이 태초부터' 주어졌음을 선언한다. [8]

그렇습니다. 하나님의 형상으로 지음받은 사람은 하나님의 생명을 품은 하나님 같은 존재입니다. 하나님의 형상인 사람은 하나님께서 창조하신 세계를 다스리고 정복해야 할 하나님의 대리자입니다. 이 땅의 피조물은 다 하나님의 형상인 사람을 위해 주어진 하나님의 선물입니다. 성별과 인종과 빈부귀천에 상관없이 모든 사람은 하나님의 형상으로 지음받은 신적 존재입니다.

그러므로 하나님의 형상인 사람을 살해해서는 안 됩니다. 사람의 생명을 빼앗는 것은 하나님의 생명을 살해하는 것과 같습니다. 살인은 하나님의 형상을 파괴하는 반역입니다. 모든 사람은 하나님의 생명으로 창조되었습니다. 하나님의 생명적 가치로 모든 생명은 존중받아야 합니다.

물리적 폭력 & 언어적 폭력

예수님께서는 살인하지 말라는 계명을 단순히 사람의 목숨을 빼앗지 않으면 된다는 물리적 수준에 가두시지 않았습니다. 한 걸음 더 나아가 노하지 말라고 가르치시며, 심지어 "형제를 대하여 라가라 하는 자는 공회에 잡혀가게 되고 미련한 놈이라 하는 자는 지옥 불에 들어가게 되리라"(마 5:22)라고 하셨습니다. 아람어 '라가'는 지능적 결함에 대한 경멸(바보, 골 빈 놈)을 뜻하고, 미련한 놈이란 마음과 성격에 대한 윤리적 결핍을 경멸하는 표현입니다.

우리는 경멸의 언어 곧 혐오 표현만으로도 얼마든지 사람을 죽일 수 있습니다. 예수님께서는 사람을 하나님의 생명적 가치로 존중해야 한다는 "살인하지 말라"라는 계명을 폭력적 살인을 넘어 경멸의 언어 영역으로까지 확장하십니다. 하나님의 형상인 사람을 살인하지 말아야 하는 것처럼 경멸의 언어도 사용하지 않아야 합니다. 경멸의 언어는 폭력적 살인의 또 다른 변형일 뿐입니다.

기독교 변증가이자 철학자인 달라스 윌라드(Dallas Willard)는 『하나님의 모략』에서 단순한 분노와 경멸의 차이를 이렇게 구별합니다.

> 분노는 상대방이 상처를 입기를 바라는 행동이다. 경멸은 상대방이 상처를 입든 말든 신경 쓰지 않는 행동이다. 최소한, 신경 쓰지 않는다고 말하는 것이다. '너 따위는 안중에도 없어'라고 말하는 것이다. 상대방에게 분노하면서도 그의 가치는 부인하지 않을 수 있다. 하지만 상대방을 경멸하면 그에게 상처나 모욕을 주기가 쉬워진다. [9]

자기 안에 있는 분노를 표출함으로 다른 사람의 영혼을 상하게 하려는 것보다 더 무서운 게 경멸입니다. 별생각 없이 무심코 던진 "바보 같은 놈, 너는 왜 그 모양이야"라는 경멸이 누군가의 심장에는 비수처럼 꽂혀 지워지지 않는 깊은 상처를 남길 수 있습니다. 나아가 바보, 멍청이, 얼간이, 골 빈 놈 등의 혐오 표현과 배제의 언어는 이내 잔혹한 폭력으로 이어지고 자의적 정당성을 부여하기까지 합니다.

유럽과 미국의 백인들은 오랫동안 아프리카 흑인을 저주받은 함의 자손으로 경멸했습니다. 백인에게 '껌둥이' 흑인은 짐승만도 못한 존재들이었고, 이런 흑백 차별의 잔상은 지금까지 이어지고 있습니다. 세계대전 당시 게르만 민족주의 우월성을 믿는 독일인들은 유대인을 사라져야 할 열등한 민족으로 여겼습니다. 그들이 가스실로 향하는 유대인을 바라보며 어떠한 양심적 고뇌도 느끼지 않을 수 있었던 것은 그 내면이 이미 혐오와 경멸로 가득했기 때문입니다. 또 조선 사람을 자신들이 개화시켜야 할 미개인으로 여긴 일본인들은 '조센징'을 철저한 착취와 지배의 대상으로 취급했습니다.

이것이 그저 지나간 옛날이야기에 불과합니까? 오늘날에도 팔레스타인 가자(Gaza)에서는 홀로코스트의 피해자였던 유대인이 팔레스타인인을 향하여 경멸의 언어와 함께 남녀노소를 불문한 무차별적 살상을 자행하고 있습니다. 어제의 피해자였던 그들이 혐오적 경멸과 함께 집단적 학살의 가해자가 되어버린 비극을 봅니다. 이렇듯 혐오와 배제의 언어는 잔혹한 폭력에 끝없는 자의적 정당성을 부여합니다.

우리 주변에서도 이런 일이 벌어지지 않습니까? 경멸의 언어와 함께 다양한 혐오와 배제가 자행되고 있지 않습니까? 온라인 공간에서 쏟아지는 경멸의 언어는 이내 잔혹한 사이버 폭력으로 이어지고 있지 않습니까? 대형 재난 사고의 억울한 피해자를 향한 경멸의 언어는 패륜적 비아냥과 조롱으로 이어지고 있지 않습니까? 여성과 소수자를 향한 경멸의 언어는 딥페

이크(Deepfake) 영상과 같은 성폭력과 집단적 배제로까지 이어지고 있지 않습니까? 특히 신앙적 '정체성'을 강하게 내세우는 집단일수록 신앙과 생각의 다양성을 존중하기보다 집단적 혐오와 증오를 쏟아 내고 있지 않습니까?

'투명 인간 취급'이라는 표현이 있습니다. 있는 사람을 마치 없는 사람처럼 소외시킨다는 뜻입니다. 누군가를 투명 인간 취급하는 것은 육체의 생명을 빼앗는 직접적 살인과 다를 바 없는 은밀한 살인 행위입니다.

우리는 모든 생명을 충분히 존중하고 있습니까? 어떤 사람이든 함부로 경멸해도 괜찮은 사람은 없다는 것을 실천적으로 보여 주고 있습니까? 우리의 입술에서 경멸의 언어는 흔적조차 사라졌습니까? 특정인을 혐오하는 누군가의 모습이 혹 우리의 모습 아닙니까? 혹 하나님의 공동체로 모인 교회 가운데 누군가를 배제하고 투명 인간 취급하는 은밀한 살인이 자행되고 있지 않습니까?

형제에게 분노하는 자, 형제에게 욕하는 자, 형제를 공공연하게 헐뜯고 경멸하는 자가 곧 살인자입니다. 이런 자는 하나님 앞에 설 곳이 없습니다. 지옥은 안식일을 지키지 않고 십일조를 내지 않는 사람이 가는 곳이 아닙니다. 하나님께서 자신의 생명적 가치로 존중하시는 작은 생명 하나를 망가트린 사람을 위해 예비된 곳이 지옥입니다(마 5:22). 형제에게서 떨어져 나간 사람은 하나님께로부터 떨어져 나간 사람입니다. 경멸의 언어는 폭력적 살인의 또 다른 변형입니다. 형제를 하나님의 생명으로 존중한다면 경멸의 언어부터 그쳐야 합니다.

|

공동체적 존재로 살라

형제 아벨을 살해한 가인에게 하나님께서 "네 아우 아벨이 어디 있느냐"라고 물으셨습니다. 그러자 가인은 퉁명스럽게 대답합니다. "내가 알지 못하나이다 내가 내 아우를 지키는 자니이까"(창 4:9)

하나님께서는 가인에게 네 아우 아벨을 왜 지키지 않았느냐고 묻지 않으셨습니다. 그저 아벨이 어디 있는지 물으셨을 뿐입니다. 그러자 가인은 알지 못한다는 거짓말과 함께 내가 내 아우를 지키는 자냐고 반문합니다. 누구도 그에게 '형제는 서로를 지키는 사이'라고 말하지 않았습니다. 그러나 그는 이미 알고 있었습니다. 하나님의 형상으로 지음받은 사람의 본성 안에는 '형제를 지키는 자'라는 공동체성이 담겨 있기 때문입니다. 아무도 가르쳐 주지 않아도 사람은 알고 있습니다. 형제는 서로를 지키는 자입니다. 하나님의 형상인 우리는 서로를 지키는 형제입니다.

우리는 형제를 사랑함으로 사망에서 옮겨 생명으로 들어간 줄을 알거니와 사랑하지 아니하는 자는 사망에 머물러 있느니라 그 형제를 미워하는 자마다 살인하는 자니 살인하는 자마다 영생이 그

속에 거하지 아니하는 것을 너희가 아는 바라 요일 3:14~15

　우리는 형제와 사랑 안에서 함께해야 합니다. 서로를 지키는 자가 되어야 합니다. 형제와 화목한 그곳에 하나님의 나라가 충만하게 임할 것입니다. 형제를 미워하는 것이 살인입니다. 형제를 사랑하지 않고 미워하는 자는 영생에 들어갈 수 없습니다. 그래서 살인하지 말라는 계명은 생명 존중의 가치를 넘어 형제 화목을 역설하는 말씀입니다. 형제가 서로 연합하고 화목한 생명 공동체를 이루는 것이 하나님의 형상의 온전한 회복입니다.

　창세기 1장은 사람이 하나님 형상으로 지음받았다고 말씀합니다. 그리고 창세기 2장은 하나님의 형상으로 지음받은 사람이 공동체로 살아가는 모습을 그려 줍니다. 사람이 자연과 함께하며, 동물들의 이름을 지어 줍니다. 하나님께서는 사람이 혼자 사는 게 좋지 않아 짝을 지어 주십니다. 남자와 여자가 더불어 살아가는 가정을 이루게 하십니다. 성부와 성자와 성령 하나님이 구별되지만 하나인 것처럼 하나님의 형상인 사람은 '나와 네가 우리'로 살아가는 공동체적인 존재입니다.

　형제가 서로를 지켜 주는 게 사람다운 삶입니다. 형제가 서로를 사랑으로 돌보는 게 하나님의 형상을 회복하는 삶입니다. 하나님의 형상인 사람을 살인하는 것은 서로를 지켜 가면서 함께 살아야 할 사람의 근원적 존재성을 부정하는 거역입니다. 모든 살인은 관계성을 무너뜨리는 공동체 파괴 행위입니다.

그러므로 "살인하지 말라"라는 율법은 생명 존중의 의미를 넘어 형제 화목의 적극적 의미를 담고 있는 것입니다. 이 율법의 적극적 의미를 알지 못하면 예수님께서 살인에 대해 말씀하시는 중에 '형제 화목'을 언급하시는 이유를 결코 이해할 수 없습니다.

그러므로 예물을 제단에 드리려다가 거기서 네 형제에게 원망 들을 만한 일이 있는 것이 생각나거든 예물을 제단 앞에 두고 먼저 가서 형제와 화목하고 그 후에 와서 예물을 드리라 마 5:23~24

예수님께서는 예물을 드리다가 형제에게 원망 들을 만한 일이 생각나면, 예물을 그대로 놔두고 먼저 가서 형제와 화목한 뒤 다시 와서 예물을 드리라고 말씀하십니다. 길에서 자신을 고발하려는 사람을 만나면 빨리 그 사람과 화해해야 합니다. 용서를 구할 일이면 용서를 구하고, 손해를 배상할 일이면 배상해서 재판에까지 이르지 않도록 수습해야 합니다. 그렇지 않으면 더 큰 어려움을 겪게 될 것입니다(마 5:25~26).

형제와 화목한 것은 제사로 대표되는 종교 행위보다 우선합니다. 고의적인 살인의 경우 제단에서라도 잡아 내려 죽이라고 했습니다(출 21:14). 하나님의 제단에서 제사하는 것보다 살인에 대한 책임을 묻는 게 먼저입니다. 하나님을 향한 종교적 행위보다 형제와 화목한 것이 먼저입니다. 형제와 화목한 것은 예물을 제단 앞에 두고 먼저 가서 해결해야 할 만큼 시급한 우선

순위입니다.

신문지 크기의 은혜만으로도

이때 놓치지 말아야 할 게 형제 화목에 대한 산상수훈은 피해자가 아닌 가해자에게 주는 말씀이라는 것입니다. "원망 들을 만한 일이 있는 것이 생각나거든"(마 5:23) "고발하는 자와 함께 길에 있을 때에"(마 5:25) "남김이 없이 다 갚기 전에는"(마 5:26) 등의 표현들은 이 말씀이 피해자가 아닌 가해자를 향한 교훈임을 잘 보여 줍니다. 하나님께 예물을 드리는 일보다 형제와 화목하는 일이 우선이라는 말씀은 가해자를 향한 명령이지 피해자를 향한 말씀이 아닙니다.

형제와 화목하는 게 먼저라는 예수님의 말씀을 피해자에게 화해를 강요하는 말씀으로 오독(誤讀)해서는 안 됩니다. 예수님의 말씀은 가해자에게 하나님의 용서를 구하기 전에 먼저 형제와 화목하라는 명령입니다. 하나님께 예물을 드려 죄를 용서받는 것보다 우선되어야 하는 게 피해자를 찾아가 죄를 고백하고 용서를 구하는 것입니다. 가해자로서 배상할 것을 배상함으로 피해자의 원한을 풀어 줄 책임을 다하는 게 먼저입니다.

"난 갈 수 있거든? 난 너한테 한 짓 다 회개하고 구원받았어."
2022년에 나온 넷플릭스 드라마 〈더 글로리〉에서 17년 만에 만난 학교 폭력 가해자가 "넌 천국에 못 간다"라는 피해자의 말을 되받아치면서 하는 말입니다. 드라마 장면이기에 일부 과장된 면이 있다 할지라도 이런 모습은 비성경적 태도의 전형입니다.

성경은 가해자에게 하나님께만 용서받으면 된다고 가르치지 않습니다. 예수님께서는 가해자에게 하나님께 드리려던 예물을 놓아두고 피해자를 찾아가라고 말씀하십니다. 피해자를 찾아가 그의 감정을 풀어 주고, 그에게 합당한 배상을 먼저 해야 합니다. 가해자로서 피해자를 찾는 것보다 시급하고 우선된 일은 없습니다. 가해자는 피해자인 형제를 찾아 용서를 구하고 화목에 이르러야 합니다. 형제와 화목하는 것은 그 어떤 종교적 행위보다 우선합니다.

물론 화해의 과정은 그리 쉽지 않습니다. 그래도 끊임없이 찾아가고 또 찾아가야 합니다. 우리 때문에 상처받고 화난 사람과 다시 화목하게 지내는 것이 얼마나 어려운 일인지 모릅니다. 그 일은 견고한 성을 빼앗는 것만큼 어렵습니다. 화목의 씨름은 산성 문빗장을 여는 것만큼 힘겨운 일입니다(잠 18:19). 그래도 포기하지 않아야 합니다. 가해자는 피해자의 마음이 녹아질 때까지 화해의 노력을 멈추지 않아야 합니다.

"내가 잘못했다고 했잖아. 내가 잘못했다고 했으면 마음 풀어야지. 내가 이만큼 미안하다고 했으면 용서해야지."

아니요. 그렇지 않습니다. 피해자에게 용서를 강요하는 것은 또 다른 가해적 폭력입니다. 마음을 풀고 용서하는 것은 전적으로 피해자의 자발적 선택에 달려 있을 뿐입니다. 가해자는 가해자로서 화목을 위한 자기 몫을 다해야 합니다. 그저 잘못을 고백하며 끊임없이 화목을 구해야 합니다.

1970년 12월 7일 폴란드를 방문 중이던 빌리 브란트(Willy Brandt) 서독 총리가 바르샤바에 있는 유대인 희생자 추모비 앞에 무릎을 꿇고 사죄했습니다. 비로 젖은 바닥에 무릎을 꿇고 홀로코스트의 지난 범죄를 사죄했습니다. 그러나 그것으로 끝이 아닙니다. 50여 년이 지난 지금도 독일 총리가 취임식을 하거나 국제적인 관계를 맺을 때면 또다시 홀로코스트 희생자를 향한 용서를 구하고 또 구합니다. 피해자의 마음이 녹아지고 풀어질 때까지 무릎을 꿇고 또 꿇는 것은 가해자의 몫입니다.

왜 그렇게 해야 합니까? 피해자와 화목하는 것이 하나님의 형상으로 지음받은 생명을 회복하는 일이기 때문입니다. 피해자의 깨어진 하나님의 형상을 회복하는 일은 하나님께 드리는 예물이 아닌 가해자의 진정한 사과와 배상을 통해서 이룰 수 있습니다.

> 아무에게도 악을 악으로 갚지 말고 모든 사람 앞에서 선한 일을 도모하라 할 수 있거든 너희로서는 모든 사람과 더불어 화목하라
>
> 롬 12:17~18

이 말씀은 산상수훈과 달리 피해자에게 주는 말씀입니다. 피해자에게 원수를 갚지 말고 하나님의 진노하심에 맡기라고

말씀합니다(롬 12:19). 피해자에게도 모든 사람 특히 가해자와 화목해야 할 몫이 있습니다. 그러나 피해자에게는 "할 수 있거든"이라는 제한이 붙어 있습니다. 가해자의 화목은 될 때까지입니다. 그러나 피해자의 화목은 가해자의 돌이킴 곧 죄 고백과 배상이 선행되어야 하기에 "할 수 있거든"입니다. 가해자의 화목은 한계가 없지만, 피해자의 화목은 한계가 있습니다.

가해자로서 화목을 위한 노력과 피해자로서 화목을 위한 노력의 한계를 혼동하지 않아야 합니다. 가해자는 끝까지 화목을 위해 피해자를 찾아 용서를 구해야 합니다. 그것이 하나님께 용서받는 것보다 먼저입니다. 피해자 또한 형제와 화목해야 합니다. 그러나 피해자의 화목은 할 수 있는 데까지입니다.

하나님의 형상인 우리는 형제를 지키는 자임을 알고 있습니까? 형제를 지키지 못한 일을 통탄해하고 있습니까? 가해자로서 원망 들을 만한 일이 있을 때 하나님께 용서를 구하기보다 먼저 피해자를 찾고 있습니까? 피해자의 마음이 녹아지고 풀어질 때까지 충분히 잘못을 고백하며 용서를 구하고 있습니까? 할 수 있는 모든 것을 동원하여 피해자의 고통을 배상하고 있습니까?

때로 피해자가 되었을 때도 기꺼이 용서하고 화목하는 길을 찾고 있습니까? 한계가 있지만, 가해자를 받아 주려고 애쓰고 있습니까? 하나님의 형상으로 지음받은 우리는 서로를 지키는 형제입니다. 우리는 형제와 화목해야 합니다.

신영복 선생은 2015년 펴낸 『담론』에서 사형수가 됐을 때 자살하지 않은 이유는 햇볕 때문이었다고 했습니다.

겨울 독방에서 만나는 햇볕은 길어야 두 시간이었고 가장 클 때가 신문지 크기였다. 신문지 크기의 햇볕만으로도 세상에 태어난 것은 손해가 아니었다. 태어나지 않았더라면 받지 못했을 선물이었다.[10]

살인하지 말라는 율법을 따라 생명을 존중하고 경멸의 언어를 그치며 형제와 화목하게 사는 것은 그리 녹록하지 않습니다. 마음먹은 대로 잘되지 않습니다. 온갖 혐오와 경멸의 언어로 소란한 폭력적인 사회를 살아 내는 것도, 가해자나 피해자로 누군가를 만나는 것도 너무나 힘겹고 버겁습니다.

그러나 우리에겐 십자가의 은혜가 있습니다. 사형수로 감옥을 살면서도 살아야 할 이유가 되었던 신문지 크기만 한 햇볕처럼 십자가의 은혜가 우리를 비추고 있습니다. 모든 생명을 살리기 위해 십자가에서 죽임당하신 예수님께서 우리 안에 작은 햇볕이 되셔서 우리로 진정한 생명 존중과 형제 화목의 깊은 차원에 머물게 할 것입니다. 신문지 크기의 은혜만으로도 충분합니다.

한 몸 됨으로 드러나는 영광

마태복음 5:27~32

　건축가 유현준 교수는 도시를 인문적 시선으로 바라본 『도시는 무엇으로 사는가』에서 '소돔'을 이렇게 소개합니다.

　이 도시는 당시 황금처럼 취급되던 소금을 팔던 곳이다. 상업에 근거를 둔 경제 구조이니 땅이 필요 없고, 당연히 고밀화된 도시가 만들어지는 것이다. 고밀화가 되면서 우리가 알고 있는 '죄악의 도시'인 소돔이 탄생한 것이다. 인구 밀도가 낮은 시골에서 태어나 거기서만 계속 산다면 새로운 이성을 만날 기회도 적다. 따라서 성적인 자극이 덜하기 때문에 도시보다 성범죄율이 낮다. 하지만 상업으로 인해 상대적으로 밀도가 높게 형성되었던 소돔은 성범죄율이 높을 수밖에 없었던 것이다. 현대는 당시의 소돔보다 더 고밀화된 도시에 살고 있다. 지금의 서울이 성적 욕망이

라는 면에서는 소돔보다 더 자극적인 도시일 것이다.[11]

그는 노아 홍수 이후 하나님께서는 노아에게 지면에 흩어져서 살라고 명령하셨는데(창 9:1), 농사를 짓던 시절에는 먹고살기 위해서 흩어질 수밖에 없었다고 합니다. 그런데 농업이 아닌 상업으로 돈을 벌던 사람들은 밀도가 더 높은 도시를 형성하며 살게 되었습니다. 이렇게 형성된 상업 도시의 전형이 바로 죄악으로 가득한 욕망의 도시 소돔입니다.

소돔은 아브라함의 조카 롯이 갈등 가운데 떠나는 이야기에 등장합니다. 롯의 눈에 비친 소돔이 속한 요단 지역은 물이 넉넉해서 여호와의 동산 같고 애굽 땅과 같았습니다. 롯은 요단 온 지역을 택해 동쪽으로 떠났고, 아브라함은 가나안 땅에 머물렀습니다. 요단 지역의 도시에 머무르던 롯은 장막을 옮겨 소돔에까지 이르렀습니다. 소돔 사람은 여호와 앞에 악하며 큰 죄인이었습니다(창 13:10~13).

여호와 앞을 떠나 에덴의 동쪽으로 간 가인의 불안함이 쌓아 올린 도시가 '에녹'입니다(창 4:16~17). 여호와를 대적하는 니므롯이 동방으로 옮기다가 시날 평지에 쌓은 혼돈의 도시가 '바벨'입니다(창 10:8~10, 11:2). 그리고 롯이 넉넉함을 따라 동쪽으로 떠나 선택한 욕망의 도시가 '소돔'입니다. 롯은 소돔의 감추어진 죄악을 보지 못한 채 눈에 보이는 넉넉함에 끌려 그곳에 거주했습니다. 그가 욕망을 따라 선택한 도시 소돔은 하나님의 심판을 견디지 못하고 멸망하고 말았습니다(창 19:24~25).

음란한 도시를 대표하는 소돔에서 유래한 영어 단어 'Sod-omy'는 남성 간에 이루어지는 성적 일탈을 의미하는 말이 되었습니다. 고대 근동에서는 종교 의식의 하나로 동성 성행위나 수간(獸姦)이 벌어지기도 했습니다. 창세기 19장에서 소돔 사람들이 롯이 환대한 두 천사를 찾은 것은 낯선 남자들을 제물 삼으려던 것으로, 즉 낯선 자에 대한 집단 성폭행으로 표출될 뻔했던 것일 수 있습니다.

소돔의 죄는 자신의 두 딸을 집단 성폭행의 대상으로 내던지는 롯의 범죄적 행위를 통해 더욱 적나라하게 드러납니다. 낯선 손님을 환대한다면서 정작 어린 두 딸에 대한 인격 유린과 살인 행위를 서슴지 않는 모습이 가히 충격적입니다.

'소돔의 죄는 동성애'라고 단선적으로 규정짓는 것은 성경에 대한 피상적 이해에 불과합니다. 동성애는 물론 동성 성폭행을 넘어서 집단적인 성폭행이 용인되고 조장되는 음란한 욕망으로 가득한 도시가 소돔입니다(창 19:1~11). 여기에 더해 상업 속에 일군 풍족함과 태평함 속에서도 가난하고 궁핍한 자를 도와주지 않았던 무정함과 교만함이 소돔의 큰 죄악입니다(겔 16:49).

그렇다면 이런 소돔 같은, 아니 소돔보다 더한 죄악의 욕망으로 가득한 오늘의 도시를 사는 그리스도인은 간음하지 말라는 계명을 어떻게 들어야 합니까? 우리가 사는 도시의 화려함 뒤에 숨은 음란하고 폭력적인 세계를 직시하는 그리스도인은 어떻게 음란을 이겨 내야 합니까? 경제적 풍요 속에 소돔보다 더한 음란으로 가득한 현대 도시에서 간음하지 말라는 말씀을 어떤 수준으로 살아 내야 합니까?

마음을 지켜야 한다

"간음하지 말라"는 십계명의 7계명입니다. 이 말씀을 고대 이스라엘 백성의 관점에서 살펴보면 현대 교회가 생각하는 '간음'과 미묘한 차이가 있는 것을 발견할 수 있습니다.

기독교 철학자 강영안 교수의 『강영안 교수의 십계명 강의』에 따르면 구약 시대 이스라엘 백성들은 7계명을 이웃의 권리 곧 결혼의 순결과 혈족의 순수성이 보호받을 권리를 존중하라는 의미로 이해했습니다. 그래서인지 현대적 시각으로 보면 이상하지만, 구약성경에서는 남자가 창녀를 찾는 것이 별문제가 되지 않는 듯합니다. 유다가 창녀로 가장한 며느리 다말과 관계를 맺는다든지, 삼손이 창녀에게 드나드는 일이 당시 사회에서는 큰 비난의 대상이 되지 않았던 것으로 보입니다(창 38장, 삿 16장).

그렇다면 구약성경의 관점에서 볼 때 누가 간음한 사람입니까? 그것은 남의 아내와 성관계를 가진 사람입니다. 구약 율법이 간음의 문제를 다룰 때면 상대방이 결혼이나 약혼한 상태인지를 중요하게 고려하는 것을 볼 수 있습니다(레 20:10, 신 22:23~24).

일부다처제가 원칙적으로 허용되던 고대 이스라엘 사회에서 간음하지 말라는 계명은 이미 결혼한 남의 아내나 약혼한 여자와 신체적, 성적 관계를 갖지 말라는 의미로 해석되었던 것입니다. 결혼에 대한 그 사람의 소유권을 침해하여 남의 결혼 관계를 깨뜨리는 일이므로 그렇게 해서는 안 된다는 것입니다.

예수님께서는 이 간음하지 말라는 계명을 모든 음란한 행위를 넘어 음란한 마음의 문제로까지 확장하십니다. 간음을 소유권 침해의 문제가 아닌 다층적인 성적 관계의 문제로 보십니다. 예수님께서는 "간음하지 말라"라는 십계명의 7계명을 "네 이웃의 아내를 탐내지 말지니라"라는 10계명과 하나로 묶어서 이해하신 것입니다.

> 나는 너희에게 이르노니 음욕을 품고 여자를 보는 자마다 마음에 이미 간음하였느니라 마 5:28

예수님께서는 음욕을 품고 여자를 보는 것 자체가 이미 간음한 것이라고 말씀하십니다. 간음을 단지 소유권 침해로 본다면 음란한 마음을 품는 수준은 큰 문제가 아닐 것입니다. 실제로 훔치지는 않고, 단지 훔치고 싶다고 생각하는 것만으로는 범죄 요건이 충족되지 않기 때문입니다. 그런데 예수님께서는 음욕을 품고 보는 것 자체가 이미 간음한 것이라고 말씀하십니다. 여자의 외모나 차림새를 문제 삼지 않으시고 여자를 바라보는 남자의 음란한 마음 곧 탐욕적 욕망을 문제 삼으십니다.

예수님의 말씀은 성관계에 이르지 않았어도 음란한 눈으로 보는 것이 간음이고, 불건전한 신체 접촉을 갖는 것만으로도 간음이라는 의미입니다. 왜냐하면 간음의 뿌리는 마음에 품은 음란한 탐욕이기 때문입니다. 그러므로 간음에 넘어지지 않고 순결하기 위해서는 마음에서 일어나는 탐욕적 욕망부터 다스려야 합니다.

간음의 문제를 다룰 때 빼놓을 수 없는 이야기가 다윗이 저지른 권력형 성범죄 사건입니다. 다윗은 신실한 부하 장군 우리아의 아내를 탐했습니다. 그는 우리아의 아내를 빼앗아 간음했고, 우리아를 사지로 내몰아 죽음에 이르게 했습니다. 사악한 권력자가 저지른 간음과 살인 사건의 발단은 보는 것에서부터 시작되었습니다.

> 저녁때에 다윗이 그의 침상에서 일어나 왕궁 옥상에서 거닐다가 그곳에서 보니 한 여인이 목욕을 하는데 심히 아름다워 보이는지라 **삼하 11:2**

당시 다윗이 살던 성은 대략 2만 5천 평 규모로, 2천 명 정도가 살던 도시였습니다. 왕궁은 기드론 골짜기의 높은 언덕에 있어 주변이 한눈에 보였습니다. 아마도 헷 사람 우리아의 집은 그 왕궁 아래, 그러니까 기드론 골짜기의 비탈 일반 주거 지역 어딘가에 있었을 것입니다.

최근까지 진행된 발굴 작업에 따르면 당시 가옥은 작은 크기의 방 하나에 창 하나를 갖춘 단층 구조의 단칸방이 일반적이었습니다. 창은 담벼락과 지붕 사이의 틈새 공간을 말하는 들창으로 환기구의 기능이 강했습니다. 또한 물이 귀한 시절 목욕은 일상적이지 않았습니다. 욕조에 몸을 담그는 목욕 문화가 없었고, 물을 축여서 몸을 씻는 것조차 자주 하지 않던 문화였습니다. 환절기인 봄철(삼하 11:1, 왕들이 출전할 때)에, 그것도 일교차가 큰 저녁(삼하 11:2, 오후 9~12시)에 야외에서 목욕했다는 것은 지나친 상상입니다.

왕궁을 기준으로 남동 방향의 가파른 경사지에 지어진 우리아의 집은 당연하게도 출입구가 남쪽(아래쪽)을 향해 있었을 것입니다. 날이 저문 저녁에, 가로등이 없던 시절에, 고작 방 안을 어둡게 비추던 등잔불밖에 없던 시절에 누군가가 집 안에서 몸을 씻는다 한들 그것을 밖에서, 그것도 높은 곳에서 볼 수는 없었을 것입니다. 더구나 얼굴을 보고 누군지 알아보기까지 한다는 것은 어불성설입니다.[12]

그런데도 성경은 다윗이 볼 수 없는 그것을 보았다고 말씀합니다. 다윗은 목욕하는 여인을 보았고, 그 여인은 심히 아름다웠습니다. 목욕하는 여인을 다윗이 어떻게 보게 된 것인지 알 길이 없습니다. 그러나 의도를 가지고 보면 보이는 법입니다. 음란한 마음을 품고 보면 보이지 않는 것도 보입니다. 뒤틀린 탐욕적 욕망에 꿈틀거리던 권력자의 마음은 보이지 않는 것을 보게 합니다. 마음에 가득한 욕망은 실재이든 상상이든 보이지 않는 것을 보게 합니다. 그리고 그 음욕이 눈과 입을 지나 온몸을 움직이게 합니다.

결국 모든 간음의 뿌리는 음란한 마음입니다. 마음에 품은 탐욕적 욕망이 간음의 근원입니다. 간음, 음행, 음란은 사회적, 문화적, 환경적 문제이기 이전에 마음의 문제입니다. 간음하지 말라는 계명을 성취하기 위해서는 마음에 품은 음욕부터 다스려야 합니다. 탐욕적 욕망으로부터 마음을 지켜야 합니다. 마음을 지키지 못하면 결코 간음을 이길 수 없습니다. 중요한 것은 마음입니다. 음욕을 품고 바라보게 하는 음란한 마음부터 다스려야 합니다.

마음과 행위의 연관성

만일 네 오른눈이 너로 실족하게 하거든 빼어 내버리라 네 백체 중 하나가 없어지고 온몸이 지옥에 던져지지 않는 것이 유익하며 또한 만일 네 오른손이 너로 실족하게 하거든 찍어 내버리라 네 백체 중 하나가 없어지고 온몸이 지옥에 던져지지 않는 것이 유익하니라 마 5:29~30

마음에 품은 음욕으로부터 비롯된 간음의 결과는 지옥에 던져지는 것입니다. 그래서 간음으로 넘어지게 하는 눈을 빼어 버리거나 손을 찍어 버리라고까지 말씀하십니다. 그런데 간음을 행위의 문제가 아닌 마음의 문제라고 하신 예수님께서는 왜 눈을 빼어 버리고 손을 찍어 버리라고 하실까요?

최초의 신학자라고 불리는 3세기 북아프리카 알렉산드리아의 교부 오리겐(Origen)이 있습니다. 초기 기독교에 큰 영향을 끼친 학자입니다. 그는 평생 금욕주의적인 삶을 살았습니다. 유세비우스(Eusebius)에 의하면 그는 젊음의 정욕을 끊어 버린 자였습니다. 낮에는 엄숙한 모습을 보이고 대부분의 밤은 성경 연구와 기도로 지새웠습니다. 그는 마룻바닥에서 잠을 자며 자주 금식했습니다. 천국을 위해 스스로 성기를 거세하면서까지 음욕을 끊어 내고자 했습니다.

눈을 빼어 버리고 손을 찍어 버리라는 말씀이 우리도 오리겐처럼 살아야 한다는 뜻일까요? 그렇지 않습니다. 그랬다면 성한 눈과 손을 가진 사람이 어디 있겠습니까? 눈이 백 개라도 모자라고, 손이 천 개라도 감당이 안 될 것입니다.

예수님께서는 지금 눈과 마음 그리고 행동의 연관성에 주목하고 계십니다. 눈으로 먼저 익힌 다음 마음이 움직이고 직접적인 행동으로 옮겨집니다. 문제는 마음입니다. 그러나 마음은 아무것도 없이 움직이지 않습니다. 보거나 듣거나 만지거나 하는 감각적인 것들이 마음을 움직이게 합니다. 일반적으로 남자는 시각에, 여자는 청각에 더 민감하게 자극된다고 합니다. 예수님께서는 간음으로 넘어지지 않기 위해 음란한 마음이 생기는 통로를 차단하라고 말씀하신 것입니다.

마음에서 일어나는 성적인 욕망은 자연스러운 인간의 본성입니다. 부부의 성적 결합은 한 몸 된 온전한 연합에 이르는 은혜의 통로입니다. 그러나 부부 밖 이성(異性)을 향한 탐욕적 욕망은 분명한 죄악입니다. 그럼에도 타락한 인간의 죄성은 순간적으로 이성을 향한 음란한 생각을 떠올리게 합니다.

마음에 떠오른 음란한 생각을 품을 때 그것이 탐욕적 욕망으로 자라 음란한 행위에 이르게 됩니다. 마음에 떠오른 음란한 생각을 품는 결정적인 통로가 눈으로 보고 귀로 듣고 손으로 만지는 감각적 자극입니다. 탐욕적 욕망은 눈으로 보고 귀로 듣고 손으로 만질 때 더욱 증폭됩니다. 보고 듣고 만지는 외적인 자극을 통해 마음에 품은 음란한 욕망은 결국 통제할 수 없는 자리로 몰려가게 됩니다.

특히 현대 사회는 그 어느 시대보다 시각적인 문화가 발달된 사회입니다. 노골적인 성적 표현을 담은 영상물들이 여과 없이 우리 눈앞에 펼쳐집니다. 음란한 영상물을 보는 것은 단지 보는 것에 그치지 않고 본 대로 해도 된다는 음란한 마음을 품게 합니다. 그래서 음란물에 많이 노출되면 될수록 음란한 생각을 더 많이 하게 됩니다.

음란한 생각을 더 많이 하게 되면 될수록 음란한 행위에 빠질 가능성은 더 커집니다. 그래서 예수님께서 눈을 빼어 버리고 손을 찍어 내버리라고까지 하신 것입니다. 음란한 마음을 다스리기 위해 끝없이 탐욕적 욕망을 자극하는 감각적 통로를 차단하라는 말씀입니다.

유혹이 너희의 눈(너희가 보는 대상들)을 통해 너희에게 오기 때문에 너희로 죄를 짓게 한다면, 너희의 눈을 빼 버리라. 즉 보지 말라! 마치 너희가 실제로 너희 눈을 빼서 내버린 것처럼, 그래서 지금은 소경이 되었고 그래서 전에 너희로 죄를 짓도록 만들었던 대상들을 볼 수 없게 된 것처럼 행동하라.

또 유혹이 너희의 손(너희가 하는 일) 혹은 너희의 발(너희가 방문하는 곳)을 통해 오기 때문에 너희의 손이나 발이 너희로 죄를 짓게 한다면, 그것을 잘라 내버리라. 즉 그것을 하지 말라! 가지 말라! 너희가 실제로 손과 발을 잘라 버린 것처럼, 그리고 그것을 내던진 것처럼, 그래서 지금은 불구자가 되어서 전에 너희로 죄를 짓게 하였던 일이나 그 장소에 갈 수 없게 된 것처럼 행동하라.[13]

존 스토트(John Stott)는 『존 스토트의 산상수훈』에서 예수님의 말씀을 이렇게 풀어 주었습니다. 간음의 뿌리는 음란한 마음입니다. 간음으로 넘어지지 않으려면 적극적으로 '음란한 마음'을 품게 하는 감각적 통로를 차단해야 합니다. 음란한 마음을 다스리기 위해서 보고 듣고 만지는 감각적 자극부터 통제해야 합니다.

사람을 수단화하는 완악함

또 일렀으되 누구든지 아내를 버리려거든 이혼 증서를 줄 것이라

하였으나 나는 너희에게 이르노니 누구든지 음행한 이유 없이 아
내를 버리면 이는 그로 간음하게 함이요 또 누구든지 버림받은 여
자에게 장가드는 자도 간음함이니라 마 5:31~32

예수님께서는 간음의 문제를 외적 행위 이전에 마음의 문제
로 보십니다. 간음의 뿌리인 음란한 마음을 다스리기 위해 외
적 자극을 통제해야 한다고 말씀하십니다. 여기서 예수님의 가
르침은 이혼과 간음의 문제로 옮겨 갑니다. 특히 아내를 버릴
때 이혼 증서를 주라는 율법에 주목하십니다. 예수님께서는 아
내를 버리려거든 이혼 증서를 주라는 율법을 재해석하며 음행
한 이유 없이 아내를 버리면 그로 간음하게 하는 것이고 버림
받은 여자에게 장가드는 것도 간음이라고 말씀하십니다.

이것은 이혼을 조건적으로 허용하신 말씀입니까? 아니면
이혼과 재혼을 적극적으로 부정하신 말씀입니까? 간음과 음행
의 문제는 이혼의 문제와 어떤 식으로 이어지는 것입니까?

여짜오되 그러면 어찌하여 모세는 이혼 증서를 주어서 버리라 명
하였나이까 예수께서 이르시되 모세가 너희 마음의 완악함 때문
에 아내 버림을 허락하였거니와 본래는 그렇지 아니하니라 내가
너희에게 말하노니 누구든지 음행한 이유 외에 아내를 버리고 다
른 데 장가드는 자는 간음함이니라 마 19:7~9

어느 날 바리새인들이 예수님을 찾아와 이혼을 할 수 있는

지 물었습니다. 그들은 예수님을 올무에 빠뜨리려 했습니다. 당시 갈릴리와 베레아 일대를 다스리던 분봉 왕 헤롯 안티파스는 동생의 아내 헤로디아와 재혼을 했습니다. 그 여자와 결혼하기 위해 이혼했습니다. 동생을 억지로 이혼하게 하고, 그 여자를 빼앗았습니다. 그 잘못을 세례 요한이 지적했다가 참수형을 당했습니다. 이 대화는 시기적으로 그 직후에 있었습니다.

만약 예수님께서 이혼해도 된다고 말씀하시면 세례 요한보다 부도덕한 사람으로 매도당할 것입니다. 반대로 이혼하지 말아야 한다고 말씀하시면 이혼 증서를 써 주라는 율법을 어겼다고 비판받을 것입니다. 어떤 대답을 해도 매도당할 수밖에 없는 상황입니다.

그때 예수님께서는 창세기 2장 말씀으로 대답하십니다. “사람을 지으신 이가 본래 그들을 남자와 여자로 지으시고 말씀하시기를 그러므로 사람이 그 부모를 떠나서 아내에게 합하여 그 둘이 한 몸이 될지니라 하신 것을 읽지 못하였느냐 그런즉 이제 둘이 아니요 한 몸이니 그러므로 하나님이 짝지어 주신 것을 사람이 나누지 못할지니라”(마 19:4~6) 예수님의 말씀은 결혼은 남자와 여자가 하는 것이지만, 결혼의 주체는 하나님이시라는 것입니다. 하나님께서 짝지어 주신 것을 사람이 임의로 나누지 못합니다. 예수님께서는 원칙적인 답변을 하신 것입니다.

그랬더니 바리새인들이 “율법에 분명히 이혼 증서를 써 주고 내보내라고 되어 있는데 왜 율법을 어깁니까”라며 예수님을 공박합니다. 이때 예수님께서는 모세가 그렇게 말한 것은 마음의 완악함 때문이라고 하십니다(마 19:7~8). 아내를 버리는 일은 본래부터 허락된 것이 아닙니다. 하나님께서는 부부를 언약적 관계로 맺어 주셨습니다. 하나님께서 언약적 관계로 짝지어 주신 부부는 사람이 나눌 수 없습니다. 다만 언약적 관계로 맺어진 부부의 언약을 스스로 깨뜨린 음행의 경우에만 예외적으로 이혼할 수 있을 뿐입니다(마 19:9).

모세가 이혼할 때 이혼 증서를 써 주라고 한 것은 하나님의 본의가 아니었습니다. 이혼할 때 이혼 증서라도 써 주라는 것은 이혼당한 여자를 위한 최소한의 안전장치였습니다. 이혼 증서는 마음이 완악한 남자들로 인해 버림받은 여자를 보호하기 위한 최소한의 궁여지책이었습니다.

고대 이스라엘 사회에서 버림받고 이혼당한 여자들의 삶은 참으로 비참했습니다. 일상적으로 저질러지던 이혼으로 인해 경제적 최약자가 된 이들이 복음서에 등장하는 창녀와 죄인인 여자들입니다. 버려진 여자들은 공동체의 손가락질과 사회적 소외 가운데 또 다른 남자들에 의해 짓밟혀졌습니다. 버려진 여자들은 생존을 위해 거리의 여인이 되어야 했습니다. 누군가의 노리갯감이 되어서라도 살아남아야 하는 비참한 존재들이었습니다. 아마도 복음서에 등장하는 사마리아 우물가의 여인(요 4:1~19)이나 간음하다 현장에 붙잡혀 온 여자(요 8:1~11)는 손쉬운 이혼 관행의 희생자였을 것입니다.

이런 사회 문화적 배경 속에서 하나님께서는 "과부의 재판장"(시 68:5)이 되어 주셨습니다. 버려진 여자들의 비참한 처지를 배경으로 이혼 증서에 대한 율법이 등장한 것입니다. 아내를 버리더라도 최소한 이혼 증서를 써 주어서 합당한 절차를 거쳐 재혼할 수 있는 길을 열어 주려는 배려입니다. 버려진 여인이 적어도 스스로 집을 나온 음란한 여자가 아니라는 것이라도 증명해 주라는 애잔한 호소입니다. 이런 것이 무슨 소용이 있을까 싶지만 그래도 그거라도 해 주라는 부탁입니다. 이렇듯 남자들의 완악함 때문에 버려지는 여자들을 그대로 두고 볼 수 없어 이혼 증서라도 써 주라는 율법을 주신 것입니다.

여기서 예수님께서 말씀하신 마음의 완악함이란 구체적으로 어떤 마음입니까? 아내를 버리지 말라고 해도 자기 마음대로 버리는 마음입니까? 남자들의 마음에 품은 완악함이란 무엇입니까?

사람이 아내를 맞이하여 데려온 후에 그에게 수치되는 일이 있음을 발견하고 그를 기뻐하지 아니하면 이혼 증서를 써서 그의 손에 주고 그를 자기 집에서 내보낼 것이요 **신 24:1**

신명기 24장에 의하면 남자는 아내에게서 수치되는 일을 발견하면 이혼 증서를 써서 손에 쥐여 주고 자기 집으로 돌려보낼 수 있습니다. 여기서 "수치되는 일"이란 음행으로 해석되기도 하고, "그를 기뻐하지 아니하면"이라는 언급과 함께 결혼 생활에서의 광범위한 불만족으로 해석되기도 합니다. 빵을 태우거나 빨래를 잘못하는 것 같은 이유도 포함되었습니다.

1~2세기에 활동한 랍비 아키바(Akiva)는 남편이 자기 아내보다 더 아름다운 여인을 발견하면 아내와 이혼할 수 있다고 보았습니다. 남편에게 불순종했다거나 다른 남자와 대화를 나누었다는 등 어떤 이유로도 남편이 아내와 이혼할 수 있게 했습니다.[14] 이렇듯 남자들의 주관적인 판단이 이혼의 주된 이유일 수밖에 없었습니다. 이 지점에 마음의 완악함, 남자들의 완악함이 자리했습니다.

고대 동양의 관습법에도 남편의 일방적인 의사 표시로 아내를 버릴 수 있는 일곱 가지 사항을 말하는 칠거지악(七去之惡)이 있었습니다. "부인에게는 일곱 가지 내쫓을 사항이 있으니, 시부모에게 순종하지 않으면 내쫓고, 아들이 없으면 내쫓고, 음탕하면 내쫓고, 질투하면 내쫓고, 나쁜 병이 있으면 내쫓고, 말이 많으면 내쫓으며, 도둑질하면 내쫓는다." 이는 얼마든지 남자들의 편리에 의해 악용될 수 있는 악습 아닙니까?

고대 동양에서나 예수 시대 이스라엘에서나 이혼의 근저에는 남자들의 완악함 곧 자기중심적 이기심이 자리하고 있었습니다. 하나님께서 언약적 관계인 부부 관계를 깨뜨리는 이혼을 수동적이지만 허락하신 이유는 이런 마음의 완악함 때문입니다. 하나님께서도 어찌할 수 없었던 마음의 완악함이란 사람을 자기만족의 수단으로 삼으려는 자기중심적 이기심입니다.

마음이 완악한 사람은 결혼을 자기 욕구와 원함을 충족시켜 주는 수단으로 생각합니다. 그에게 배우자는 자기만족을 위한 수단일 뿐입니다. 그러니 수단이 마음에 들지 않으면 얼마든지 버리고 바꿀 수 있는 것입니다. 자신의 재정적 사회적 육체적 욕구를 충분히 만족시키지 못하는 배우자를 버리고, 다른 상대를 맞이하기 위해 온갖 이유를 붙입니다. 심지어 결혼 관계 밖 다른 상대를 찾아 나서는 데 어떤 거리낌도 없습니다. 모든 것이 배우자 탓이라고, 자기를 만족시켜 주지 못했기 때문에 그렇게 했다고 합리화합니다. 이런 완악함이 음란한 마음의 뿌리에서 자라난 간음의 줄기입니다.

결혼 관계 밖에서 책임 없는 성적 관계를 즐기려는 마음이 완악함입니다. 온갖 사랑스러운 미사여구가 남발되는 그 만남은 자기만족을 위해 일시적 수단인 완악한 이들의 만남일 뿐입니다. 돈으로 하룻밤의 쾌락을 위한 성적 상대를 사는 것 또한 자기만족을 위한 완악함입니다. 적당한 거래를 위한 접대와 로비로 주고받는 성적 관계는 완악함의 극치입니다. 다윗처럼 권력과 재물을 가진 '갑'의 힘을 이용해 연약한 '을'을 성적으로 짓밟는 갑질 또한 변명의 여지가 없는 완악함입니다.

사람을 자기만족을 위한 수단으로 삼으려는 완악함이 극단으로 나타나는 것이 살인과 간음입니다. 살인은 자기만족을 위해 그 사람을 없애 버리는 것이고, 간음은 자기만족을 위해 그 사람을 수단화하는 것입니다. 하나님의 형상을 자기 욕구를 충족시키기 위한 수단으로 전락시키는 완악함이 간음의 줄기입니다. 사람을 하나님의 형상으로 존중하지 않고 자기만족을 위한 도구로 수단화하는 죄악이 간음입니다. 마음에서부터 사람을 수단화하려는 완악함을 돌이키지 않으면 간음은 끊어질 수 없습니다.

온전한 한 몸 됨을 구하라

예수님께서는 간음하지 말라는 계명을 재해석하면서 음행한 이유 없이 아내를 버리거나, 버림받은 여자에게 장가드는 것도 간음이라고 말씀하십니다. 이것이 왜 간음입니까?

예수님께서 말씀하시는 초점은 재혼을 제한하려는 데 있지 않습니다. 예수님께서는 이혼 사유로서 음행의 중요성을 강조하신 것입니다. 음행은 그냥 여러 죄 가운데 하나의 죄가 아닙니다. 음행은 결혼 관계에 있어서 치명적인 죄악입니다. 하나님의 언약 관계를 반영한 부부의 결혼 언약을 깨뜨리는 파괴 행위가 음행입니다.

> 음행을 피하라 사람이 범하는 죄마다 몸 밖에 있거니와 음행하는 자는 자기 몸에 죄를 범하느니라 고전 6:18

음행은 다른 죄와 달리 자기 몸에 죄를 범하는 것입니다. 음행은 자기 몸을 더럽히는 죄악입니다. 이것은 육체적인 순결성을 잃었다는 의미의 더럽힘을 말하는 것이 아닙니다. 이것은 한 몸 된 부부의 연합을 깨뜨렸다는 의미입니다. 음행은 부부의 연합을 깨뜨린 악입니다. 그리스도와 연합된 한 몸을 깨뜨리는 죄악입니다. 성령의 전인 그리스도의 몸을 파괴하는 치명적인 범죄입니다.

> 너희 몸이 그리스도의 지체인 줄을 알지 못하느냐 내가 그리스도의 지체를 가지고 창녀의 지체를 만들겠느냐 결코 그럴 수 없느니라 창녀와 합하는 자는 그와 한 몸인 줄을 알지 못하느냐 일렀으되 둘이 한 육체가 된다 하셨나니 **고전 6:15~16**

간음은 그리스도의 지체인 우리 몸을 창녀의 지체로 만드는 것입니다. 결혼 밖에서 이루어진 다른 사람과의 성적 결합은 영혼의 끈(Soul tie)으로 서로를 묶어 혼잡한 묶임을 형성합니다. 이렇게 맺어진 혼잡한 묶임은 결코 하나님과의 언약 관계를 반영하는 정결한 관계를 설정할 수 없습니다.

배우자가 아닌 사람과 영혼의 끈을 형성하는 것은 하나님의 뜻에서 벗어난 것일 뿐 아니라 사탄에게 끊임없이 공격할 빌미를 만들어 주는 악행입니다(삼하 12:14). 음행으로 맺어진 관계는 거미줄처럼 관계가 끝이 난 후에도 오랜 시간이 지나도록 달라붙은 것을 벗겨 내야만 하는 치명적인 묶임입니다.

그러므로 우리는 단호한 결단과 함께 음행을 피해야 합니다. 음행을 통해 혼잡한 묶임에 묶이는 일이 없도록 깨어 있어야 합니다. 음란한 마음의 통로를 차단하고 완악한 마음에서 돌이킴으로 배우자가 아닌 사람과 영혼의 끈이 형성되지 않도록 경계해야 합니다. 그리고 이전보다 더 적극적으로 한 몸 된 부부의 연합을 힘써 이루어야 합니다. 간음하지 말라는 율법을 가장 적극적으로 이루는 길은 남편과 아내가 연합하는 한 몸 됨을 온전히 이루는 것입니다.

> 우리는 그 몸의 지체임이라 그러므로 사람이 부모를 떠나 그의 아내와 합하여 그 둘이 한 육체가 될지니 이 비밀이 크도다 나는 그리스도와 교회에 대하여 말하노라 그러나 너희도 각각 자기의 아내 사랑하기를 자신같이 하고 아내도 자기 남편을 존경하라 **엡 5:30~33**

성부 성자 성령 삼위일체 하나님께서는 서로 구별되지만 한 하나님이십니다. 서로 구별되는 인격으로서 각각의 위(位)를 가졌지만 한 하나님이십니다. 이것이 신비요 비밀입니다. 이런 삼위일체 하나님의 형상으로 창조된 사람은 남자와 여자로 지음받아 부부로 연합하여 한 몸을 이루어야 합니다. 남편과 아내는 각각 온전한 하나님의 형상인 동시에 서로 벌거벗었으나 부끄럽지 않은 한 몸입니다. 결혼은 삼위일체 하나님의 연합을 반영한 한 몸 됨을 이루는 영광입니다. 이것이 비밀입니다.

교회는 분명 사람들의 모임입니다. 그런데 그 모임을 그리스도의 몸이라고 말씀합니다. 교회를 사랑하는 것이 그리스도를 사랑하는 것이요, 교회를 분열시키는 것이 그리스도의 몸을 더럽히는 것입니다. 이것 또한 신비입니다. 한 몸 된 부부의 연합은 그리스도와 교회의 한 몸 된 연합을 담은 비밀입니다. 남편은 그리스도가 교회를 사랑하시고 그 교회를 위하여 자신을 주심같이 아내를 사랑해야 합니다. 아내는 교회가 그리스도에게 하듯 범사에 남편을 존경하고 복종해야 합니다.

남편이 아내를 그리스도께서 하시듯 사랑하는 것은 그리스도를 통해 배운 자기 부인의 십자가 사랑입니다. 아내가 남편을 교회가 하듯 존경하고 순종하는 것은 교회를 통해 배운 자기 부인의 십자가 순종입니다. 남편은 그리스도처럼 사랑하고, 아내는 교회처럼 존경하고 순종함으로 한 몸 됨의 연합을 이루는 것이 하나님의 비밀이요 신비입니다.

'결혼의 목적은 행복이 아니라 거룩'이라는 말은 결혼이 자기 부인의 십자가임을 역설하는 것입니다. 둘이 편합니까? 혼자가 편합니까? 살아 보면 분명 혼자가 편합니다. 그러나 둘이 좋습니까? 혼자가 좋습니까? 살면 살수록 깨닫는 것은 둘이 좋습니다. 자기 부인의 여정을 통해 둘이 하나가 될 때 좋은 것을 넘어 편하기까지 합니다.

자기 부인의 십자가를 짊어지는 남편과 아내는 시간 속에서 말이 통하고 마음이 통하고 영이 통하는 부부의 한 몸 됨을 이루게 됩니다. 삼위일체 하나님의 형상으로 창조된 부부, 그리스도와 교회의 연합 안에 살아가는 부부는 한 몸 됨의 영광에 이르게 될 것입니다. 사랑하고 존경함으로 부부가 그리스도와 교회의 한 몸 됨을 온전히 담아낼 때 하나님의 신비가 영광으로 빛날 것입니다.

생각도 생활도 단순하게

1949년 경기도 파주군 봉일천국민학교에서 수십 명의 학생
이 국기배례 거부로 인해 퇴학당하는 사건이 벌어졌습니다. 해
방 이후 한동안은 국기에 대해 예를 갖출 때 일제 강점기 방식
대로 허리를 숙여 배례했습니다. 그런데 봉일천 지역 교회에서
는 이것을 일종의 우상숭배로 여겨 국기배례를 거부했던 것입
니다. 이것이 결국 국가 전체적으로 문제가 되어 기독교 대표
들이 이승만 대통령을 찾아가 시정을 요구하기에 이르렀습니
다. 그 결과 국기배례를 폐지하고 이를 대체하여 현재와 같이
오른손을 왼쪽 심장 위에 대고 국기를 바라보는 주목례 방식으
로 바뀌게 되었습니다.[15]

그런데 배례 곧 '절'만 하지 않으면 괜찮은 것일까요? 가슴
에 손을 얹고 '나는 자랑스러운 태극기 앞에 자유롭고 정의로운

대한민국의 무궁한 영광을 위하여 충성을 다할 것을 굳게 다짐합니다'라고 맹세하는 건 별문제 없는 일일까요? 법정이나 청문회 현장에서 요구되는 선서나, 결혼식 가운데 신랑과 신부에게 요구되는 서약은 거리낌이 없이 해도 괜찮은 것일까요?

갈릴리 호수 서편 어느 언덕에서 선포된 예수님의 산상수훈은 살인과 간음의 문제를 지나 맹세의 문제 곧 진실에 대한 문제로 이어집니다. 예수님께서는 "헛맹세를 하지 말고 네 맹세한 것을 주께 지키라"라는 옛사람의 교훈을 "도무지 맹세하지 말지니"(마 5:34)라는 가르침으로 재해석하셨습니다.

이 말씀에 담긴 속뜻은 무엇입니까? 예수님께서는 왜 구약 율법에서 제한적이지만 허용된 맹세를 도무지 하지 말라고 하신 것입니까? 거짓을 넘어 진실한 삶을 살려면 어떻게 해야 합니까?

맹세 속에 숨은 악

도무지 맹세하지 말라는 예수님의 말씀에 대한 해석은 매우 다양합니다. 가벼운 서약까지도 죄로 보고 거부하는 극단적인 태도부터 경솔한 맹세나 거짓 증거 같은 것만을 금지하는 온건한 해석에 이르기까지 초대 교회 이래 천차만별입니다.

맹세에 대한 예수님의 말씀에 주목하는 퀘이커 교도들은 법정에서마저도 맹세를 거부합니다. 반면 종교개혁자들은 법정의 선서는 예수님의 말씀과 무관한 것으로 여겼습니다. 그 이유는 구약성경이 맹세를 허용하고 있고, 예수님 자신도 법정에서 맹세하셨으며(마 26:63~64), 바울도 여러 번 맹세와 유사한 표현 양식을 사용하고 있기 때문입니다(롬 9:1~2, 고후 1:23).

너희는 내 이름으로 거짓 맹세함으로 네 하나님의 이름을 욕되게 하지 말라 나는 여호와이니라 레 19:12

사람이 여호와께 서원하였거나 결심하고 서약하였으면 깨뜨리지 말고 그가 입으로 말한 대로 다 이행할 것이니라 민 30:2

네 하나님 여호와께 서원하거든 갚기를 더디 하지 말라 네 하나님 여호와께서 반드시 그것을 네게 요구하시리니 더디면 그것이 네게 죄가 될 것이라 신 23:21

율법에 따르면 헛(거짓)맹세를 하지 말고 맹세한 것은 반드시 지키라고 교훈합니다. 함부로 맹세나 서원을 하지 않는 것이 좋지만 맹세나 서원을 했다면 반드시 지켜야 합니다.

그러나 예수님 당시 바리새인들은 하나님께 맹세한 것이 있으면 반드시 지켜야 하지만 하나님의 이름으로 하지 않거나 사람에게 한 맹세는 반드시 지키려고 노력할 필요가 없는 것으로 보았습니다. 그래서 사람들은 하나님의 이름으로 맹세하지 않고 다른 것으로 맹세하기 시작했습니다. '하늘'로, '땅'으로, '예루살렘'으로, '성전'으로, '제단'으로 맹세했습니다. 당시 랍비들은 맹세를 절대적인 구속력이 있는 맹세, 보통 구속력이 있는 맹세, 전혀 구속력이 없는 맹세로 나누어 놓기도 했습니다.

디트리히 본회퍼(Dietrich Bonhoeffer)는 "맹세란 지난 일이나 현재 또는 미래에 대하여 자신을 주장할 때 하나님을 증인처럼 불러 대는 일"이라고 했습니다. 다시 말해서 맹세란 사람의 위선과 거짓을 잘 아시는 하나님께 누군가의 기만을 보복해 달라는 요청인 것입니다.[16]

예수님께서는 이런 맹세를 금하시며 모든 맹세가 악으로부터 나오는 것이라고 말씀하십니다(마 5:37). 예수님께서 구약 율법에서 허락된 맹세가 악으로부터 나온다고 말씀하시는 이유가 무엇입니까?

맹세는 십계명의 3계명인 "네 하나님 여호와의 이름을 망령되이 일컫지 말라"와 이어져 있습니다. 거짓 맹세뿐 아니라 모든 맹세는 그 자체로 하나님의 이름을 욕되게 하는 것입니다. 맹세는 사람이 맹세 뒤에 숨어서 자기를 주장하는 일에 하나님의 이름을 이용하려는 악입니다.

하늘은 하나님의 보좌요, 땅은 하나님의 발등상(발판)입니다. 예루살렘은 큰 임금의 성입니다. 하늘이나 땅이나 예루살렘으로 하는 맹세는 모두 하나님의 이름을 욕되게 하는 일입니다. 사람의 머리로 하는 맹세 또한 머리카락 한 터럭도 희고 검게 할 수 없는 자기 한계를 모르고 저지르는 어리석은 교만일 뿐입니다.

나아가 맹세는 십계명의 9계명인 "네 이웃에 대하여 거짓 증거하지 말라"와 좀 더 긴밀하게 이어져 있습니다. 맹세는 그 자체로 세상에 속임이 있음을 반증합니다. 사람이 속고 속이는 일이 없다면 맹세는 불필요할 것입니다. 사람들에게 맹세는 속임을 막는 최후의 보루로 여겨졌습니다. 그러나 예수님께서는 이미 세상에 속임이 있음을 알고 도무지 맹세하지 말라는 말씀으로 맹세 뒤에 숨은 거짓된 자기 합리화 곧 자기기만의 악을 폭로하신 것입니다.

사람들은 맹세를 통해 자신의 진실을 보장하려고 하지만 오히려 맹세는 거짓의 숨은 거처가 될 뿐입니다. 율법은 맹세를 통해 속고 속이는 거짓을 막으려 했지만, 예수님께서는 맹세를 금지함으로써 맹세 뒤에 숨어 있으려는 속고 속이는 거짓을 끊어 내고자 하신 것입니다. 진실을 솔직히 말하지 않는 자기기만은 악으로부터 나는 것일 뿐입니다.

거짓의 자기기만

정신과 의사이며 신학자인 스캇 펙(Scott Peck)은 『거짓의 사람들』에서 악한 사람의 전형적인 특징이 '거짓됨'임을 밝힙니다. 그는 인간 내면의 악을 가장 본질적으로 파고드는 개념으로 ‘자기기만’에 주목합니다. 악은 거창한 범죄나 잔인한 행동에만 깃드는 것이 아닙니다. 오히려 일상적이며 평범한 사람의 언어와 태도 속에 그리고 무엇보다 ‘나는 선하다’라는 확신 속에 숨어 있습니다.

스캇 펙은 “악한 사람은 자신이 악하다는 사실을 절대 인정하지 않는다”라고 말합니다.[17] 악은 결코 자기 잘못을 인정하지 않기에 수많은 자기 합리화를 만들어 냅니다. “나는 그런 의도가 아니었어” “어쩔 수 없는 상황이었어” “널 진심으로 사랑하기 때문이야” 등의 합리화는 맹세라는 외피를 입고 자신과 다른 사람을 교묘히 진실로부터 멀어지게 만드는 것입니다.

그렇게 악은 우리가 진실을 외면하도록 만들고, 그 외면의 반복은 한결같이 타인에게 상처를 주는 방식으로 표출됩니다. 아이를 억압하는 부모, 연인을 조종하는 애인, 직장에서 책임을 회피하는 동료, 타인에게 끊임없이 상처를 주는 친구, 그들은 모두 스스로 ‘문제없는 사람’이라 믿고 있습니다. 하지만 사실은 그들 자신조차 알지 못하는 방식으로 누군가를 파괴하고 있는 것입니다.

악의 가장 큰 무서움은 스스로 선하다고 믿게 만든다는 것입니다. 누군가의 인생을 조종하면서도 “이건 다 너를 위한 일이야”라고 말하는 사람들, 맹렬한 분노를 휘두르며 “난 정의를 지킬 뿐이야”라고 말하는 사람들, 그들은 자기기만과 자기 합리화라는 렌즈를 통해 세상을 왜곡된 방식으로 볼 뿐입니다. 마침내 자신들이 뿜어내는 ‘악’마저 ‘사랑’이나 ‘정당한 의무’로

포장하기에 이릅니다.

이러한 악에서 벗어나는 길은 오직 하나뿐입니다. 자기기만과 합리화 뒤에 숨은 거짓을 직시하고 진실 앞에 서는 용기를 갖는 것입니다. 진실은 때로 불편하고, 수치스럽고, 견디기 어려울 수도 있습니다. 그러나 그 고통을 통과하지 않고는 진정한 자유, 진정한 선의 가능성에 도달할 수 없습니다. 자기기만은 결국 자기 자신을 고립시키고 다른 사람을 해치는 악일 뿐입니다.

"악한 사람은 자기 자신의 죄를 직면하지 않기 위해 엄청난 에너지를 쏟는다"라는 스캇 펙의 말처럼 거짓은 단순한 거짓말을 넘어 진실을 회피하기 위해 자신에게조차 끊임없이 거짓을 반복합니다. 이를 통해 다른 사람을 조작하려는 병적인 성향으로 발전하기도 합니다. 우리는 흔히 악을 뉴스 속 극단적인 범죄자나 역사 속 폭군에게서만 찾으려 하지만, 악은 일상적 인간관계 속에도 거짓과 함께 조용히 그러나 분명히 존재하고 있습니다. 단순한 "옳다 옳다, 아니라 아니라"(마 5:37)를 넘어서는 맹세는 자기기만의 악으로부터 말미암은 것입니다.

진실한 삶은 맹세의 숨은 악을 직시하고 자기기만의 합리화를 끊어 내는 것에서부터 시작해야 합니다. 도무지 맹세하지 말라는 예수님의 가르침은 삶에서 진실하지 못한 부분을 끊어 내라는 말씀입니다. 예수님께서는 맹세의 숨은 거짓을 폭로함으로 거짓 없는 진실한 삶의 자리로 우리를 초대하십니다. 맹세의 숨은 악을 직시하는 진실함이 "네 이웃에 대하여 거짓 증거하지 말라"라는 십계명의 9계명을 온전히 이루게 합니다.

남을 속이는 죄 vs 남에게 속는 죄

윌리엄 셰익스피어(William Shakespeare)는 〈햄릿〉〈오셀로〉〈리어 왕〉〈맥베스〉라는 4대 비극을 남겼습니다. 이 비극들의 내용은 전부 거짓말과 의심으로 일어난 돌이킬 수 없는 사건을 다루고 있습니다. 그중에 하나인 〈오셀로〉의 스토리는 이렇습니다.

베니스의 귀족 오셀로는 '데스데모나'라는 아름답고 착한 여자와 사랑에 빠졌습니다. 주위의 반대에도 불구하고 두 사람은 결혼하여 행복하게 살았습니다. 그런 오셀로에게는 신임이 두터운 '이아고'라는 부하가 있었습니다. 교활하고 야망이 넘치는 이아고는 오셀로의 출세와 행복을 시기하여 마침내 무서운 계략을 꾸미게 됩니다. 그는 오셀로의 아내인 데스데모나와 오셀로의 부관 캐시오가 서로 밀애를 나누는 사이인 것처럼 꾸몄습니다.

속임수에 쉽게 넘어간 오셀로는 아내의 순결을 의심하게 되었습니다. 의처증 증세가 점점 심해지면서 마침내 그는 사랑하는 아내를 목 졸라 죽이게 됩니다. 뒤늦게 이 모든 것이 이아고의 치밀한 계략인 것을 알아차린 오셀로는 극심한 죄책감에 사로잡혀 스스로 목숨을 끊고 말았습니다.

속은 오셀로와 속인 이아고 가운데 누가 더 큰 죄인입니까? 사람들은 속은 사람이나 속인 사람이나 다 잘못이지만, 그래도 속인 사람이 더 큰 죄인이라고 생각합니다. 속이려고 작정하고 다가오면 누구도 감당할 수 없다며 속인 사람은 정죄하고 속은 사람은 측은하게 여깁니다. 그래서 속은 사람은 속인 사람의 악함 뒤에 숨어 속은 자신의 죄를 책임 전가하기에 바쁩니다.

성경은 속은 사람의 죄를 속인 사람의 죄만큼이나 중요하게 다룹니다. 간교한 옛 뱀 곧 사탄은 거짓된 말로 첫 사람 아담과 하와를 속여 하나님을 거역하게 했습니다. 그러나 사탄의 거짓말을 듣고 속은 아담과 하와 또한 저주받고 에덴에서 쫓겨나야 했습니다(창 3:1~24, 계 12:9). 두려움 때문에 아내 사라를 누이동생이라고 속인 아브라함은 비겁했습니다.

그러나 아브라함의 거짓에 속아 사라를 취하려던 바로도 하나님의 책망에 혼쭐나야 했습니다(창 12:10~20). 팥죽 한 그릇으로 형 에서를 속이고, 염소 털로 아버지 이삭을 속인 야곱의 기만은 끝이 없었습니다. 그러나 속은 에서의 망령됨 또한 두고두고 회자되는 심각한 잘못이었습니다(창 27:1~45, 히 12:16).

속인 마귀는 하나님의 저주 아래 심판받았습니다. 속인 아브라함은 수치를 당해야 했고, 속인 야곱은 자신이 속인 그대로 자식들에게 속임당하는 아픔을 겪어야 했습니다. 그러나 속은 아담과 하와도 저주받아 죽을 수밖에 없게 되었습니다. 속은 바로의 집에 하나님의 재앙이 내렸습니다. 속은 에서도 비탄에 젖어 목 놓아 울어야 했습니다.

분명 누군가를 속인 죄는 큰 죄입니다. 그러나 속은 죄 또한 비교할 수 없이 큰 죄입니다. 왜냐하면 속은 사람의 내면에 감추어져 있던 숨은 욕심이 속임을 당하게 하기 때문입니다. 겉으로 드러나는 모습은 속이는 자가 작정하고 치밀하게 속였기 때문에 억울하게 속은 것 같습니다. 그러나 그것이 전부가 아닙니다. 더 깊은 차원을 들여다보면 속은 사람 또한 자기 욕심에 끌려 미혹된 것입니다.

> 오직 각 사람이 시험을 받는 것은 자기 욕심에 끌려 미혹됨이니 욕심이 잉태한즉 죄를 낳고 죄가 장성한즉 사망을 낳느니라 내 사랑하는 형제들아 속지 말라 약 1:14~16

속은 것도 죄입니다. 속인 죄만큼이나 속은 죄도 큰 죄임을 인정하고 철저하게 돌이켜야 합니다. 속인 죄보다 속은 죄가 더 심각한 문제가 되는 이유는 속은 사람은 속은 자신이 얼마나 큰 죄를 지었는지 잘 모르기 때문입니다. 자신의 숨은 욕심에 끌려 미혹된 것을 제대로 깨닫지 못하기 때문입니다.

그래서 속인 사람은 깨닫고 돌이킬 기회가 있지만, 속은 사람은 돌이킬 기회조차 없이 핑계와 변명으로 일관하는 것을 봅니다. 우리는 분명하게 깨닫고 알아야 합니다. 속은 것도 죄입니다. 미혹에 끌려 속은 죄가 때로 속인 죄보다 더 큰 죄악입니다.

출애굽 이야기에 나오는 이스라엘 백성들은 광야에서 '만나'만 먹었습니까? 그렇지 않습니다. '만나'도 먹었을 뿐입니다. 소박하지만 그곳에도 일상이 존재했습니다. 그들도 일상을 살았다는 증거를 성경은 충분히 보여 주고 있습니다. 그런데도 출애굽을 경험한 당사자인 그들이 가짜 뉴스에 노출되고 동원되어 항의하는 모습을 볼 수 있습니다.

우리가 애굽에 있을 때에는 값없이 생선과 오이와 참외와 부추와 파와 마늘들을 먹은 것이 생각나거늘 이제는 우리의 기력이 다하여 이 만나 외에는 보이는 것이 아무것도 없도다 하니 _민 11:5~6_

그들은 고대 이집트에서 정말 값없이 생선을 먹었습니까? 오이, 참외, 부추, 파, 마늘을 정말 값없이 먹었습니까? 그렇지 않습니다. 그들이 값없이 먹었다고 말하는 것들은 하나같이 고대 이집트를 사는 서민들에게 그림의 떡이었습니다. 언감생심 거들떠보기도 힘든 식재료들이었습니다. 그러나 그 무언가가 그들의 과거를 재구성하고 있었습니다. 무언가에 의해 그들의 기억은 조작되었습니다. 아무튼 그들은 거짓을 진실이라고 믿기에 이른 것입니다.

분명 출애굽 광야에서도 다양한 음식이 존재했습니다. 모든 이들에게 풍족히 주어지진 않았겠지만 출애굽 때 함께 나온 가축들, 특히 양과 염소가 제공하는 다양한 먹거리가 있었습니다. 멀지 않은 거리의 홍해에서 어렵지 않게 잡을 수 있는 생선도 있었고, 일용할 '만나'도 있었습니다. 그런데 그들은 마치 만나 외에는 아무것도 없는 것처럼, 현실을 왜곡합니다. 만나만 생각합니다. 그들의 불평 가득한 외침에 가짜 뉴스가 존재했습니다.

조작된 기억으로 왜곡된 현실에 불평하는 출애굽 백성들의 모습을 보며 성경을 읽는 우리까지도 쉽게 속아 넘어갑니다. 우리는 누군가의 불평과 불만, 이의 제기를 액면 그대로 받아들이는 경우가 흔합니다. 누군가를 신뢰할 때 그의 말을 의심 없이 받아들입니다. 누군가를 믿고 싶을 때 그의 말을 분별없이 받아들입니다.

성경 속 인물들도 뻔한 거짓말을 합니다. 따라서 그들의 말을 글자 그대로 받아들이는 것이 아니라 앞뒤 맥락을 확인해야 합니다. 실제로 그들이 살았던 현장 검증을 통해 사실관계를 분별해야 합니다.

코로나 팬데믹과 비상계엄, 현직 대통령 탄핵 등 혼란한 시국을 거치면서 한국 사회에 온갖 음모론이 휘몰아치는 것을 봅니다. 특히 종교계가 혼탁한데, 그중에서도 한국 교회의 상당수가 그러한 혼란스러움에 동참하는 듯한 모습이 심히 우려스럽습니다. 정치적 성향을 떠나 현대인이 접하는 많은 정보는 미디어를 통한 거친 정보입니다. 그렇다면 어떤 정보도 100% 진실이라고 확신할 수 없는, 반드시 검증이 필요한 정보일 수 있습니다.

아일랜드 물리학자인 데이비드 로버트 그라임스(David Robert Grimes)는 과학적으로 소통하는 데 가장 큰 걸림돌이 '이데올로기적 편견'이라고 했습니다. 그는 음모론적 신념의 실행 가능성을 주제로 논문을 쓰기도 했습니다. 그의 책『페이크와 팩트: 왜 합리적 인류는 때때로 멍청해지는가』를 보면 과학적 논문을 인용하면서 이야기해도 사람들이 그냥 믿거나 반대한다고 합니다. 그 논증의 출처를 찾아보는 수고를 통해 진실을 확인하려는 이들이 거의 없다고 합니다.

역사학자 E. H. 카(E. H. Carr)는『역사란 무엇인가』에서 "모든 역사는 사실이 아니라 역사가의 해석이다"라고 했습니다. 하물며 우리가 미디어에서 접하는 거친 정보는 어떻겠습니까? 모든 미디어가 제공하는 정보는 작성자 혹은 제작자에 의해 주관적으로 해석된 것이지 객관적 사실이 아닙니다. 현대 과학 문명의 결실을 비판적으로 활용하려면 다양한 미디어에서 쏟아지는 정보를 그냥 믿어서는 안 됩니다.

정보의 출처를 세밀하게 파악하려는 노력을 그치지 않아야 합니다. 이야기를 전하는 사람이 그렇게 이야기하는 여러 이유를 좀 더 면밀하게 파헤쳐야 합니다. "대중은 작은 거짓말보다 큰 거짓말을 더 빨리 믿는다. 충분히 반복하면 조만간 믿게 된다"라는 아돌프 히틀러(Adolf Hitler)의 주장이 힘을 잃도록, 우리는 속지 않고 속이지 않기 위한 수고를 아끼지 않아야 합니다. 비판적으로 듣고 선택적으로 수용하며 진실을 향한 수고를 다해야 합니다.

우리가 속지 않고 속이지 않기 위한 비판적 수고를 마다하는 사이 거짓은 진실이 되어 버립니다. 속지 않고 속이지 않으려는 번거로운 수고가 없으면 어느새 거짓이 진실인 양 사람들의 생각 속에 자리 잡게 됩니다. 그렇게 분별력을 잃어버리면 진실한 공동체를 이루어야 할 하나님의 백성들이 가짜 뉴스의 온상이 되고, 음모론의 전위대로 전락하고 말 것입니다. 우리는 속지 않고 속이지 않기 위한 수고를 아끼지 않고 다해야 합니다.

모든 말을 들으시는 하나님

예수님께서는 맹세한 것은 반드시 지키라는 율법을 "도무지 맹세하지 말지니"라는 말씀으로 확장하십니다. 헛맹세만이 아닌 맹세 자체를 금하신 것입니다. 이것은 맹세에 숨어서 자기를 주장하거나 맹세 자체가 속이는 일이 되는 현실을 폭로하신 것입니다. 그리스도인은 진실하지 못함이 없어야 합니다. 말 한 마디 한 마디 하나님 앞에서 하지 않음이 없기에, 맹세가 필요 없는 삶을 살아야 합니다.

오직 너희 말은 옳다 옳다, 아니라 아니라 하라 이에서 지나는 것은 악으로부터 나느니라 마 5:37

내 형제들아 무엇보다도 맹세하지 말지니 하늘로나 땅으로나 아
무 다른 것으로도 맹세하지 말고 오직 너희가 그렇다고 생각하는
것은 그렇다 하고 아니라고 생각하는 것은 아니라 하여 정죄받음
을 면하라 **약 5:12**

그리스도인의 말은 하나님 앞에서 하지 않음이 없습니다.
하나님 앞에서 하지 않은 말이 사실일 수 없기에 맹세할 필요
가 없습니다. 어떤 말에 대해서만 맹세하는 것은 다른 모든 말
이 거짓임을 반증하는 결과가 됩니다.

그러므로 맹세는 "악으로부터" 온 것입니다. 도무지 맹세하
지 말라는 예수님의 말씀이 갖는 속뜻은 꾸미지 않은 솔직함으
로 진실을 말하는 삶을 살아 내라는 것입니다. 단순하고 솔직하
게 말하고, 말한 대로 사는 삶이 참된 그리스도인의 삶입니다.

베드로가 대답하여 이르되 모두 주를 버릴지라도 나는 결코 버리
지 않겠나이다 예수께서 이르시되 내가 진실로 네게 이르노니 오
늘 밤 닭 울기 전에 네가 세 번 나를 부인하리라 베드로가 이르되
내가 주와 함께 죽을지언정 주를 부인하지 않겠나이다 하고 모든
제자도 그와 같이 말하니라 **마 26:33~35**

주께서 잡히시기 전날 밤 예수님을 향해 맹세를 외치던 베
드로를 떠올려 봅니다. 제자들과 둘러앉아 떡을 떼던 그 밤에
베드로는 예수님께 맹세했습니다.

"모두 주를 버릴지라도 나는 결코 버리지 않겠나이다." 이 맹세에는 다른 사람에 대한 비교와 비난이 숨어 있습니다. 다른 사람은 다 주를 버릴지라도 나는 배신하지 않겠다는 말 속에 이미 비판과 정죄가 숨어 있습니다.

그는 다른 사람의 의지는 과소평가하고, 자신의 의지는 과대평가합니다. 그는 자기 혼자 잘난 사람, 자기 자신을 최고로 여기는 사람, 그래서 누군가가 알아주고 인정해 주기를 바라는 마음이 가득한 사람입니다. 대개 이런 사람은 자존감이 부족하고, 못난 사람인 경우가 많습니다.

베드로의 맹세에는 하나님의 일하심과 자신의 능력에 대한 무지가 숨어 있습니다. "오늘 밤 닭 울기 전에 네가 세 번 나를 부인하리라"라는 예수님의 경고에도 아랑곳하지 않았습니다. 도리어 자기가 주님과 함께 죽을지언정 주님을 부인하지 않겠다고 큰소리쳤습니다.

베드로는 예수님의 십자가 사명에 담긴 깊은 의미를 제대로 알지 못했습니다. 예수님의 부르심은 십자가의 길을 통해 이루는 것이라는 사실도 피상적으로 알았을 뿐입니다. 베드로는 자기 의지를 신뢰했습니다. 자신 있었습니다. 마음만 먹으면 무엇이든 할 수 있다는 자신감으로 넘쳤습니다.

하지만 실제로 자신이 가진 능력이 그 수준에 미치지 못한다는 것을 제대로 깨닫지 못했습니다. 예수님께서 할 수 없다고 하시는데도 그렇지 않다고 큰소리쳤습니다. 자기는 그렇게 되지 않을 것이라고 맹세했습니다.

그러나 베드로는 그 맹세를 지키지 못했습니다. 맹세를 지킬 의지가 아무리 굳건하다 할지라도 맹세를 지킬 능력이 부족했습니다. 그는 스스로를 속이고 스스로도 속았던 것입니다. 맹세에는 속임의 거짓이 숨어 있습니다.

우리는 도무지 맹세하지 말아야 합니다. 다만 솔직한 진실을 말하고 실천하는 그리스도인이 되어야 합니다.

그렇게 맹세의 속임에 처절하게 넘어졌던 베드로는 단순하고 솔직한 진실의 사람으로 다시 일어서게 됩니다.

이른 아침 디베랴 앞 호숫가에서 부활의 예수님과 베드로가 다시 마주했습니다(요 21:1~23). 로마를 닮은 작은 로마 디베랴 성에서 흘러나오는 불빛이 호수 건너편 골란고원에서 밝아 오는 먼동과 햇살 덕분에 사라져 갔습니다. 호수는 붉은빛으로 번져 가고, 세상은 잠시 붉은 물결 그 자체였습니다.

부활하신 예수님께서 빵을 굽고 생선을 구워 놓으셨습니다. 베드로 일행이 막 잡은 생선도 더 구웠습니다. 예수님과 제자들은 빵과 생선을 함께 먹었습니다. 아침 식사를 마친 후 예수님과 베드로 사이에 대화가 이어졌습니다.

"요한의 아들 시몬아! 네가 이 사람들보다 나를 더 사랑하느냐?"

예수님께서 세 번이나 물으실 때마다 베드로는 복받치듯 사무치는 사랑에 온몸이 붉게 타올랐습니다. 그리고 베드로의 입술에서 "주님 그러하나이다 내가 주님을 사랑하는 줄 주님께서 아시나이다"(요 21:15)라는 뜨거운 사랑의 고백이 흘러나왔습니다. 굳건한 맹세의 외침이 아닌 타오르는 숯불처럼 자신을 다 불태울 때까지 어둠을 밝히는 빛이 되겠노라는 뜨거운 사랑을 고백했습니다. 사랑을 지킬 힘이 없어도 예수님을 뜨겁게 사랑한 베드로의 온몸은 뜨겁게 타올랐습니다.

"내 어린 양을 먹이라. 내 양을 치라. 내 양을 먹이라."

예수님의 숨결을 느끼고, 예수님의 사랑으로 뜨거워진 베드로에게 예수님의 양을 먹이고 돌보라고 새로운 사명이 주어졌습니다. 예수님과 함께 거닐던 갈릴리 호숫가를 떠나 양들이 거니는 삶의 자리로 가라는 부르심이었습니다.

"나를 따르라."

베드로는 어떤 맹세도 없이 묵묵히 주님을 따라갔습니다. 오랜 세월이 지나 예수님을 뜨겁게 사랑하는 그 제자는 작은 로마 디베랴에서 나눈 사랑을 따라 진짜 로마에 이르렀습니다. 그리고 그곳에서 복음을 전하던 제자는 그 사랑을 따라 인생의 마지막 매듭을 지었습니다.

그는 맹세가 아닌 사랑을 따라 살았습니다. 전승에 의하면 베드로는 십자가에 거꾸로 매달리기까지 맹세가 아닌 사랑을 따라 진실한 삶을 살았습니다. 오늘 우리에게 필요한 것은 헛맹세나 찐맹세가 아닌 '찐삶'입니다.

누구나 실수를 할 수 있지만, 누구나 솔직할 수 있는 것은 아니다.

진실한 사람의 멋은 그 무엇과도 비할 수 없다. 솔직함은 겸손이고, 두려움 없는 용기이다. 잘못으로 부서진 것을, 솔직함으로 건설한다면 어떤 폭풍에도 견뎌 낼 수 있는 강인함이 생겨난다.[18]

수도사 테클라 메를로(Tecla Merlo)의 말입니다. 거짓 없는 진실함이 우리를 어떤 폭풍에서도 견뎌 낼 수 있는 강인함으로 이끌 것입니다. 도무지 맹세하지 말라는 말씀은 맹세가 필요 없는 진실한 삶을 살아가라는 거룩한 부르심입니다. 그리스도인은 '믿는 사람'이라는 뜻의 신자를 넘어서서 '믿을 만한 사람'이라는 뜻의 신자(信者)가 되어야 합니다.

우리는 맹세 뒤에 숨은 거짓과 자기기만의 악을 직시해야 합니다. 우리는 거짓에 속지 않고 속이지 않아야 합니다. 맹세를 그치고 단순하고 솔직하게 말하는 진실한 사람이 주님 앞에 믿는 신자요, 믿을 만한 신자입니다.

 저항

끝까지 살아남아 사랑하기

한국인 최초, 동양인 여성 최초로 소설가 한강이 2024년 노벨 문학상을 수상했습니다. 이에 대한 스웨덴 한림원의 평가는 이렇습니다.

역사적 트라우마에 맞서고 인간 삶의 연약함을 폭로한 강렬한 시적 산문을 남긴 한국 작가 한강(Han Kang)에게 노벨 문학상을 수여한다. 한강은 자신의 작품에서 역사적 트라우마와 보이지 않는 규칙에 맞서고, 인간 삶의 연약함을 폭로했다. [19]

1970년에 출생한 한강은 알베르 카뮈(Albert Camus) 이후 노벨 문학상을 수상한 가장 젊은 작가가 아닐까 싶습니다. 그는 한림원의 평가처럼 역사적 트라우마에 맞서며 다양한 폭력의 현장에서 인간의 연약함을 폭로합니다. 또한 여러 작품에서 사랑으로 상처를 감싸고 있습니다.

조금은 난해하게 읽히지만, 한강을 세계적인 작가로 발돋움하게 했던 작품이 『채식주의자』입니다. 주인공 영혜를 통해 어릴 적 아버지로부터 각인된 폭력의 상처가 뒤늦게 발현되어 삶이 일그러진 이야기를 풀어냅니다. 또 다른 작품인 『소년이 온다』는 동호라는 중학교 3학년 친구를 통해 1980년 5월의 광주를 이야기합니다. 다양한 화자를 통해 입체적으로 사건을 재현하며 국가 폭력의 잔혹함과 개인의 양심, 죄책감을 섬세하게 드러냅니다.

그리고 최근 작품 『작별하지 않는다』는 인선 어머니를 통해 해방 공간 속에 벌어진 1947년 제주의 비극을 이야기합니다. 1980년 광주에서는 시민군이라도 만들어 권력의 폭력에 저항할 수 있었지만, 좌우 이데올로기가 극심하게 대립하던 해방 공간 제주에서는 변변한 저항도 없이 한 마을이 불태워지고 수많은 사람이 무참히 학살당해야 했습니다. 한강은 이데올로기에 경도된 권력의 횡포가 안겨 준 지워지지 않는 폭력의 상처를 기억하고 치유하는 과정을 밀도 있게 그려 줍니다.

대한민국 현대사를 덮고 있는 거대한 폭력의 이야기, 그리고 한 가정에서 일어난 은밀한 폭력의 이야기 속에서 작가 한강은 묻고 있는 듯합니다. 다양한 폭력의 현장에서 연약한 사람은 어떻게 살아야 할까요? 폭력의 현장에서 사람다운 사람으로 산다는 것은 어떤 삶일까요?

거대한 폭력의 이야기는 과거의 이야기만이 아닌 현재진행형의 이야기입니다. 은밀한 폭력의 이야기도 소설 속 이야기만이 아닌 당면한 현실 속 이야기입니다.

서울 시내를 뒤덮은 화려한 불꽃이 요란한 시간, 지구 저편 우크라이나에서는 학살의 로켓 불꽃이 쏟아지고 있습니다. 수백만 명이 한강 변에 모여 불꽃 축제에 열광하는 시간, 지구 한쪽에서는 수많은 사람이 살육당하는 로켓 불꽃이 피를 튀깁니다. 성경의 땅 팔레스타인 가자에서는 인종 청소에 가까운 학살이 신의 이름으로 자행되고 있습니다. 그리고 은밀하고 어두운 그림자가 드리운 우리 사회 구석구석에서도 가족과 친구와 동료라는 이름 뒤에 감춰진 폭력이 일상적으로 일어나고 있습니다.

지나간 폭력 그리고 여전한 폭력의 트라우마가 가득한 세상에서 하늘 아버지의 자녀는 어떻게 살아야 합니까? 만연한 폭력의 현장에서 그리스도인은 어떻게 저항해야 합니까?

하늘 아버지의 자녀는 "눈은 눈으로, 이는 이로 갚으라"라는 말씀을 어떻게 실천해야 합니까? "네 오른편 뺨을 치거든 왼편도 돌려 대며"라는 말씀은 또 어떻게 받아들여야 합니까? "네 이웃을 사랑하고 네 원수를 미워하라"라는 율법을 "너희 원수를 사랑하며"라는 말씀으로 확장하신 예수님의 뜻을 어떻게 받아들이고 어떻게 살아 내야 합니까? 잔혹한 폭력으로 몸서리치게 하는 세상에서 보복하지 말고 사랑하라는 말씀은 어떻게 이루어야 합니까?

폭력 없는 저항으로

사람들은 종종 "눈은 눈으로, 이는 이로 갚으라"라는 율법을 피해자에 의한 보복적 폭력을 정당화하는 말씀으로 여깁니다. 그런데 예수님께서 인용하신 레위기 율법이 정말 보복적 폭력을 정당화하는 말씀입니까?

사람이 만일 그의 이웃에게 상해를 입혔으면 그가 행한 대로 그에게 행할 것이니 상처에는 상처로, 눈에는 눈으로, 이에는 이로 갚을지라 남에게 상해를 입힌 그대로 그에게 그렇게 할 것이며

레 24:19~20

레위기 19장 18절 말씀은 원수 갚는 것을 금하고 있습니다. "원수를 갚지 말며 동포를 원망하지 말며 네 이웃 사랑하기를 네 자신과 같이 사랑하라 나는 여호와이니라"라고 말씀하신 하나님께서 레위기 24장에 와서 갑작스레 보복적 폭력을 명령하셨다는 것이 자연스럽지 않습니다.

레위기 24장 본문을 조금만 자세히 살펴보면 이 말씀이 피해자에게 주는 말씀이 아닌 가해자를 향한 말씀인 것을 알 수 있습니다. "이웃에게 상해를 입혔으면" "남에게 상해를 입힌 그대로"라는 표현은 피해자의 보복을 정당화하는 것이 아닌 가해자의 책임성을 강조하는 말씀임을 알려 줍니다.

하나님께서는 가해자에게 자기가 피해를 준 만큼 피해자에게 배상할 것을 명령하신 것입니다. 나아가 가해자에게 그가 저지른 잘못 이상의 과도한 배상을 요구하지 못하도록 하신 것입니다. 하나님께서는 이런 균형 장치를 통해 가해자로 하여금 자기가 저지른 잘못만큼의 책임만 지게 하셨습니다. 일반적인 배상 기준은 20%의 가산금을 추가하는 수준입니다(민 5:7). 아무리 가해자라도 그가 저지른 잘못 이상의 과도한 책임을 지게 하는 것은 또 다른 폭력에 지나지 않는다는 것이 성경적 원리입니다.

창세기 27장을 보면 에서는 아버지를 속이고 자신의 복을 빼앗은 동생 야곱에게 분노합니다. 그에게서 분노는 '보복적 폭력의 내적 행동(Inner behavior)'으로 나타납니다. 에서는 분노했을 때 야곱을 죽여 한을 풀려 했습니다(창 27:41~42). "너를 죽여 그 한을 풀려 하니"를 NIV는 "너를 죽이려는 생각으로 에서가 자신을 위로하고 있다"라고 번역합니다. 야곱에게 분노한 에서는 야곱을 죽일 생각으로 자신을 위로했던 것입니다.

에서는 계속 분노를 품음으로 야곱을 죽이려는 생각에서 벗어나지 못했습니다. 살인을 계획하고 상상하는 것이 에서의 내적 행동이었습니다. 아버지 이삭이 죽고 나면 야곱을 죽이려는 구체적인 방법과 장소까지 물색하고, 그를 죽이는 장면을 상상하면서 자신의 분노를 달랬던 것입니다.

다행히도 에서의 분노는 후일 야곱과 재회하며 누그러졌습니다. 그런데 이런 보복적 폭력을 상상하는 것에 그치지 않고 집단적 학살로 실행에 옮긴 이들이 있습니다. 바로 창세기 34장에 나오는 야곱의 아들들 특히 시므온과 레위입니다.

어느 날 야곱과 레아 사이에서 태어난 딸 디나가 세겜 성읍의 딸들을 보기 위해 나갔습니다. 딸이 딸들을 보기 위해 나갔다는 것이 어떤 뜻일지 묘한 추측을 낳게 합니다. 그런데 그 땅에는 디나를 보고 있는 아들이 있었습니다. 히위 족속 하몰의 아들, 그 땅의 추장 세겜입니다. 세겜은 디나를 끌어들여 강간했습니다. 자기 맘대로 자기 욕정대로 짓밟았습니다.

디나에게 연연하던 그는 여러 말로 그녀의 마음을 위로했고, 아버지 하몰에게 청혼을 부탁했습니다. 그러나 디나를 향한 그의 마음은 사랑이 아닌 집착일 뿐입니다. 가부장적 남성의 폭력적 지배욕에 지나지 않았습니다.

이때 딸의 아버지 야곱은 어떻게 해야 했을까요? 그리고 오빠들은 어떻게 해야 했을까요? 폭력에 의해 짓밟힌 딸과 누이를 둔 아버지와 오빠가 바로 우리라면 어떻게 행동했을 것 같은가요?

아버지 야곱은 아무런 감정이 없는 듯 조용하기만 했습니다. 어린 시절 부모의 편애를 받고, 형 에서와 끊임없이 경쟁하며 자란 탓일까요? 자기감정을 충분히 느끼고 적절하게 표현하는 법을 배우지 못했기 때문일까요? 야곱은 딸이 강간당한 비참한 현실 앞에서도 잠잠하기만 했습니다(창 34:5). 끝없는 침묵 속에 야곱은 분노를 회피할 뿐이었습니다. 강간당하고 짓밟힌 딸의 울부짖음을 전혀 알지 못하는 이웃집 아저씨처럼 마땅히 분노해야 하지만 회피로 일관했습니다.

이런 아버지 야곱의 태도는 아들들, 특히 시므온과 레위를 더욱 분노하게 했을 것입니다. 그들은 디나와의 결혼을 빌미로 세겜과 하몰을 속였습니다. 언약 백성의 표징인 할례를 이용해서 강간당한 동생의 복수를 계획하고 실행에 옮겼습니다. 끓어오르는 분노를 다스리지 못했던 시므온과 레위는 세겜 성읍의 모든 남자를 죽였고, 다른 아들들은 노략질했습니다(창 34:25~29). 보복적 폭력에 의한 집단적 학살이 벌어진 것입니다.

야곱의 아들들은 분노했습니다. "이는 세겜이 야곱의 딸을 강간하여 이스라엘에게 부끄러운 일 곧 행하지 못할 일을 행하였음이더라"(창 34:7)라는 성경의 평가처럼, 세겜은 행하지 못할 일을 했습니다. 해서는 안 될 일의 피해자가 되었을 때 분노하는 것은 마땅합니다. 우리는 잔혹한 폭력 앞에 반드시 분노해야 합니다. 야곱의 아들들의 분노는 정당한 분노였습니다.

그러나 분노의 정당성이 폭력을 정당화하지는 못합니다. "그가 우리 누이를 창녀같이 대우함이 옳으니이까"(창 34:31)라는 말에서 그들은 자신들을 분노하게 한 동기가 정당하기에 자신들이 행한 보복적 폭력 또한 정당하다고 항변하고 있음을 봅니다.

제2차 세계대전 당시 나치에 저항하는 레지스탕스에 참여

했으며 세계인권선언문 초안 작성에도 참여했던 스테판 에셀 (Stephane Hessel)은 『분노하라』에서 '분노'의 중요성을 역설합니다. 그는 21세기의 다양한 사회적 불의와 어둠에 대해 분노하라고 도전합니다. 그러나 동시에 분노하더라도 비폭력으로 '저항'해야 함을 강조합니다.

옳지 못한 일에 대해 분노하는 것은 정당합니다. 그러나 그 분노가 폭력이 되는 순간 우리는 또 다른 폭력의 가해자가 될 수 있습니다. 우리의 분노가 끝까지 정당한 것이 되기 위해서 우리는 폭력이 아닌 저항을 선택해야 합니다.

억울한 일을 당한 아픔이 보복적 폭력으로 이어지는 순간 사람들은 자신의 분노가 정당하기에 폭력도 정당하다고 착각합니다. 그렇지 않습니다. 아무리 분노가 정당해도 증오와 폭력으로 표출된 분노는 사악한 것이며, 마귀의 올무에 빠진 것일 뿐입니다. 그러므로 어떠한 보복적 폭력도 정당화될 수 없습니다. 하늘 아버지의 자녀는 어떠한 경우에도 폭력의 도구로 자신을 내어 주는 일이 없어야 합니다.

> 시므온과 레위는 형제요 그들의 칼은 폭력의 도구로다 내 혼아 그들의 모의에 상관하지 말지어다 내 영광아 그들의 집회에 참여하지 말지어다 그들이 그들의 분노대로 사람을 죽이고 그들의 혈기대로 소의 발목 힘줄을 끊었음이로다 그 노여움이 혹독하니 저주를 받을 것이요 분기가 맹렬하니 저주를 받을 것이라 내가 그들을 야곱 중에서 나누며 이스라엘 중에서 흩으리로다 **창 49:5~7**

끝까지 버티고 견디는 삶

고대 바빌로니아 함무라비 법전에도 등장하는 "눈은 눈으로, 이는 이로 갚으라"라는 동해복수법(同害復讐法)은 사회적 정의 실현을 위한 도구로 무제한의 복수를 막고 형벌의 균형을 맞추기 위한 법입니다. 그런데 예수님 당시 바리새인들이 가해자에게 요구된 정의 실현법을 피해자의 개인적인 보복과 분풀이를 정당화하는 법으로 뒤틀어 놓았습니다.

예수님의 산상수훈은 바리새인의 이 뒤틀린 해석을 바탕으로 피해자의 관점에서 재해석된 말씀입니다.

나는 너희에게 이르노니 악한 자를 대적하지 말라 누구든지 네 오른편 뺨을 치거든 왼편도 돌려 대며 또 너를 고발하여 속옷을 가지고자 하는 자에게 겉옷까지도 가지게 하며 또 누구든지 너로 억지로 오 리를 가게 하거든 그 사람과 십 리를 동행하고 네게 구하는 자에게 주며 네게 꾸고자 하는 자에게 거절하지 말라 마 5:39~42

예수님의 말씀은 어떤 불의와 악에 대해서도 저항하지 말라는 뜻일까요? 어떤 악한 사람에게도 저항하지 말고, 적당히 타협하며 순응하라는 의미일까요? 불의한 세상에서 생존형 현실론자가 되어 불의한 자의 앞잡이 노릇이라도 하라는 말일까요? 아니면 "네 오른편 뺨을 치거든 왼편도 돌려 대며"라는 말씀이 돌이킬 줄 모르는 가해자를 향한 역설적 사랑을 실천하라는 명령일까요?

만일 예수님의 말씀이 어떤 악한 사람에게도 저항하지 말라는 뜻이라면 불의에 저항하고 타협하지 말라는 선지서를 비롯한 성경의 수많은 가르침에 반하는 것이 되지 않겠습니까? 예수님의 말씀이 가해자를 향한 역설적 사랑을 촉구하는 것이라면 실현 가능성 없는 탁상공론식 말장난에 불과하지 않겠습니까?

예수님께서 말씀하신 속뜻을 제대로 알고자 한다면, 갈릴리 호수 서편 언덕에 모인 이들의 삶 속으로 들어가 일상적 감각으로 말씀을 찬찬히 다시 들어야 합니다.

그날 그곳에 모여든 이들은 로마 제국의 폭정 아래 근근이 살아가던 식민지 치하의 고통받는 백성들이었습니다. 예수님의 말씀은 불의에 저항할 작은 힘마저도 다 빼앗긴 채 숨죽이고 살 수밖에 없는 처연한 민초들을 향한 하늘 아버지의 애절한 호소와도 같습니다.

예수님께서는 "누구든지 네 오른편 뺨을 치거든 왼편도 돌려 대며"라고 말씀하십니다. 오른편 뺨을 치는 상황은 당시로서는 일반적이지 않습니다. 오른편 뺨을 치려면 왼손을 사용해야 하는데, 당시는 왼손으로 뒷일을 처리하던 시절입니다. 아니면 오른 손등으로 오른편 뺨을 치거나 뒤에서 다가와 오른편 뺨을 쳐야 합니다.

이런 상황 하나하나가 다 치욕과 수치를 안겨 주는 행위입니다. 뺨을 맞는 것 자체만으로도 서러운데 더러운 왼손이나 손등으로 치거나 뒤에서 친다면 얼마나 치욕스럽겠습니까? 예수님께서는 그런 치욕과 수치를 묵묵히 견디며 왼편도 돌려 대라고 말씀하십니다. 모멸감이 치밀어 오르는 순간에도 꾹 참고 견뎌 내라는 말씀입니다.

예수님께서는 "너를 고발하여 속옷을 가지고자 하는 자에게 겉옷까지도 가지게 하며"라고 말씀하십니다. 고발하려는 자는 힘 있는 사람일까요, 힘없는 사람일까요?

법은 정의의 편이라고들 말합니다. 그러나 정녕 법이 정의의 편에 서서 약자를 보호했던 적이 얼마나 있습니까? 더욱이 식민지 치하 고단한 백성이 막무가내로 고발당한 상황을 어찌 이겨 낼 수 있겠습니까?

예수님께서는 정의를 가장한 법의 폭력 앞에 한없이 무력할 수밖에 없던 이들에게 법으로 속옷을 빼앗고자 우기면 겉옷까지도 벗어 주라고 말씀하십니다. 안 그러면 더 많은 것을 빼앗길 수 있기에 무력감에 치가 떨리는 순간에도 참고 견뎌 내라는 말씀입니다.

예수님께서는 "누구든지 너로 억지로 오 리를 가게 하거든 그 사람과 십 리를 동행하고"라고 말씀하십니다. 당시 로마 군인은 식민지의 민간인에게 2km(오 리)까지 짐을 지게 할 수 있는 법적 권한이 있었습니다. 행군하던 로마군이 민간인을 강제로 징집해서 군대 수화물을 운송할 수 있게 했던 것입니다.

아무런 사전 공지나 양해도 없이 억지로 로마군 수화물을 운송해야 하는 식민지 백성의 서러움과 당혹스러움이 느껴지십니까? 그런 상황에서 예수님께서는 억지로 오 리를 가게 하거든 그 두 배에 해당하는 십 리를 동행하라고 말씀하십니다. 안 그러면 더 큰 화를 당할 수 있기에 서러움에 눈물이 앞을 가리는 순간에도 참고 견뎌 내라는 말씀입니다.

그리고 "네게 구하는 자에게 주며 네게 꾸고자 하는 자에게 거절하지 말라"라고 말씀하십니다.

어려운 살림살이지만 내일을 위해 모으고 또 모았습니다. 아껴 쓰고 안 쓰며 작게나마 모았습니다. 그런데 돈 있고 힘 있는 사람이 찾아와 도와 달라고 합니다. 며칠만 몇 개월만 빌려 달라고 합니다. 말이 도와주고 빌려 달라는 것이지 강제로 빼앗으려는 것 아닙니까? 벼룩의 간을 빼먹는다고, 도와주고 꾸어 주는 모양새는 갖췄지만 힘 있는 자의 합법을 가장한 강탈 아닙니까?

예수님께서는 대적하지 말고 도와주고 꾸어 주라고 말씀하십니다. 거절하지 말라고 말씀하십니다. 어이가 없어 헛웃음밖에 나오지 않는 억울함에 치가 떨리는 순간에도 참고 견뎌 내라는 말씀입니다.

예수님께서 가르쳐 주신 말씀들의 속뜻은 불의에 항거하지 말고 침략과 약탈에 저항하지 말라는 게 아닙니다. 그저 현실에 순응하며 악한 자의 앞잡이 노릇이나 하며 살라는 것도 아닙니다. 황국 신민으로서 황제에게 충성하며 호가호위(狐假虎

威)하라는 것은 더더욱 아닙니다.

예수님의 말씀은 대적이 곧 죽음인 현실을 사는 이들에게 어찌하든지 살아남아야 한다는 호소입니다. 퇴로가 없는 현실을 살아가는 이들에게 수치스럽더라도 살아남아 달라는 부탁입니다. 한 번의 대단한 용기로 멋있게 죽는 것도 의미 있지만, 때로는 구차하더라도 살아남아 현실을 살아 내는 것도 충분히 의미 있는 삶이라는 말씀입니다.

예수님께서는 갈릴리 호수 서편 언덕에 모여든 하늘 아버지의 자녀들에게 구차하더라도 끝까지 살아남아야 한다고 호소하십니다. 감당하기 버거운 억압과 착취 속에서 보복할 힘도 기력도 잃어버린 처연한 백성들에게 살아남아 달라고 부탁하십니다. 모멸감과 무력감에 치가 떨리고, 서러움에 복받쳐 쓰러져 가는 이들에게 그래도 살아남아 달라고 애원하십니다.

살아남는 것보다 더 중요한 것은 없습니다. 어떤 고통 속에서도 살아남은 자에게는 그만큼의 희망이 남아 있기 때문입니다. 삶이 아무리 구차하더라도 끝까지 살아남는 것이 원수를 향한 멈추지 않는 저항입니다.

1980년 광주에서도, 해방 공간 제주에서도, 그리고 폭력으로 짓밟힌 사회와 가정에서도 살아남아야 합니다. 온갖 트라우마에 신음하더라도 살아남는 것보다 중요한 것은 없습니다. 구차하고 구질구질하더라도 살아남아야 언젠가 다시 일어설 수 있습니다.

삶이 너무 버거워 차라리 죽는 게 낫겠다 싶은 시절을 보내고 있습니까? 그래도 살아남아야 합니다. 살아 있어야 희망의 새날을 맞을 수 있습니다. 구차하게 자리를 연명하는 것이 무슨 의미가 있나 싶습니까? 그렇지 않습니다. 구차함을 감내하는 가장(家長)의 희생으로 말미암아 가족들이 오늘 하루를 살아갈 수 있습니다. 구질구질하게 변명하고 설명해야 하나 싶습니까? 그래도 살아남아야 합니다. 교회와 공동체를 위해 치욕을 견뎌 낼 때 반드시 새로운 날이 열릴 것입니다.

사랑으로 기도하라

하늘 아버지의 자녀는 단순히 연명만을 위해 살아남는 것이 아닙니다. 살아남아야 할 뿐 아니라 살아남아 사랑을 선택하는 비범함으로 저항해야 합니다. 하늘 아버지의 자녀이기에 하늘의 차원을 사는 비범함으로 사랑을 선택해야 합니다.

사실 구약성경 어디에도 "네 이웃을 사랑하고 네 원수를 미워하라"(마 5:43)라는 말씀은 없습니다. 다만 당시 바리새인들이 그렇게 가르치고 배웠을 뿐입니다. 내 이웃이나 형제는 사랑하지만, 나와 생각이 다르고 나를 괴롭게 하는 사람은 철저하게 미워하라고 배웠습니다. 그러나 예수님께서는 그런 원수를 사랑하라고 말씀하십니다.

우리를 아껴 주고 사랑해 주는 사람에게 그 사랑을 되돌려 주는 것은 누구나 할 수 있는 일입니다. 악한 사람도 그 정도는 합니다. 하나님이 없는 이들도 다 그렇게 하려고 합니다. 그러나 그리스도인 된 우리는 우리를 괴롭히는 원수마저 품에 안고, 그를 위하여 기도해야 합니다.

우리가 믿는 하나님께서는 어떤 분입니까? 그분이 사람을 차별하시는 분입니까? 말씀에 순종하는 사람들에게만 햇살을 비춰 주시고 비를 주십니까? 그렇지 않습니다. 하나님께서는 자신의 뜻을 거역하는 나쁜 사람들에게도 차별 없이 햇볕을 주시고, 비를 주셔서 이 땅을 살아갈 수 있게 하시는 분입니다. 하나님의 온전하심은 선인과 악인 모두에게 좋은 것을 베풀어 주시고, 의인과 죄인을 차별 없이 대하시는 것에서 잘 드러납니다(마 5:45).

만약 하나님께서 죄인을 거들떠보지도 않으시는 분이라면 우리는 하나님의 자녀가 될 가능성이 없었을 것입니다. 하나님께서는 우리 같은 사람을 자녀로 삼으셨습니다. 그런데 우리만이 하나님의 자녀가 아닙니다. 우리와 생각이든 행동이든 뭐 하나 일치하지 않는 그 사람도 똑같이 하나님의 형상을 품은 하나님의 자녀입니다. 우리와 다른 사람들, 심지어 우리를 괴롭히는 나쁜 사람들까지도 사랑으로 품고 그들을 위해 기도하는 것이 온전하신 하나님을 닮아 온전해지는 신비입니다.

노를 품는 자와 사귀지 말며 울분한 자와 동행하지 말지니 그의 행위를 본받아 네 영혼을 올무에 빠뜨릴까 두려움이니라

잠 22:24~25

누군가를 미워하며 사는 것은 스스로를 올무에 가두는 일입니다. 미움은 그 시작이 어디에 있든지 자기 영혼을 올무에 빠뜨릴 뿐입니다. 마땅히 미워할 만한 사람을 미워하는 것조차도 결국은 자기 자신만 무너지게 합니다.

우리를 괴롭히는 원수를 미워하는 것은 원수를 향한 마지막 몸부림입니다. 원수를 미워하지 않고 사랑한다는 것은 원수를 향한 마지막 몸부림마저 포기하는 것입니다. 원수를 향한 마지막 몸부림을 포기하고 사랑을 선택하는 것은 영원한 패배자로 전락하는 것으로 여겨집니다. 그러나 그렇지 않습니다. 원수를 미워하지 않고 사랑하는 것은 하늘 아버지의 자녀만 할 수 있는 비범한 선택입니다. 사랑을 선택하는 비범한 저항이 우리를 올무에 빠지지 않는 자유에 이르게 할 것입니다.

우리를 너무나 힘들게 하는 원수 같은 사람이 있지 않습니까? 원수 같은 그 사람을 떠올릴 때 느껴지는 마음의 무거움은 어느 정도입니까? 그 마음의 묶임에서 자유롭게 되는 길은 미움을 넘어서는 길뿐입니다. 영혼이 묶이지 않기 위한 비범한 저항으로 사랑을 선택해야 합니다. 트라우마 가득한 영혼을 치유하는 힘이 사랑입니다. 상처 가득한 그곳에서 사랑을 선택할 때 비범한 치유와 회복이 시작될 것입니다.

작가 한강은 『소년이 온다』를 쓰면서, 그리고 쓰고 나서도 지속적인 악몽에 시달렸다고 합니다. 1980년 5월의 트라우마가 한강의 온 영혼을 묶어 두었던 것입니다. 그러나 『작별하지 않는다』를 출간하고 나서 악몽이 사라지고, 고질적인 편두통 증세도 많이 좋아졌다고 합니다.

이런 치유와 회복의 힘은 어디서 온 것일까요? 아마도 『소년이 온다』에서 못다 한 이야기를 『작별하지 않는다』에서 사랑으로 매듭짓고 승화시키면서 자유하게 된 게 아닐까요? 사랑은 모든 고통과 죽음마저도 극복할 수 있는 빛이자 생명입니다.

"이 작품이 지극한 사랑에 대한 소설이기를 바란다"라는 한강의 소원대로 『작별하지 않는다』라는 제목은 작별하지 못한 채 남은 트라우마를 의미하는 동시에 끝까지 잊지 않고 기억하는 사랑을 의미합니다. 작품 속 경하는 친구 인선의 부탁으로 폭설을 뚫고 제주도를 찾았습니다. 제주도에서 앵무새를 돌보며 인선의 어머니 정심의 과거를 알게 되었습니다. 인선의 어머니는 해방 공간에서 벌어진 제주 4.3 사건 당시 오빠를 잃은 생존자로 가족의 비극을 간직한 인물입니다.

그 끔찍했던 역사의 한복판에서 인선의 어머니는 끝까지 포기하지 않았습니다. 오빠의 생존 여부, 차후에는 그의 유골의 위치를 알 수 있는 모든 방법을 동원하여 알아내려고 노력했습니다. 그러나 끝내 그 위치를 알 수 없다는 결론에 이르게 되면서 인선의 어머니는 정신 줄을 놓게 되어 치매에 걸리게 되었습니다.

폭력과 횡포, 아무도 도와주지 않는 어려움 가운데서도 인선의 어머니는 절대 포기하지 않았습니다. 끝내 작별하지 않고 기억하는 것은 트라우마를 치유하는 사랑입니다. 문학평론가

신형철 교수의 추천사처럼, 그녀의 삶은 고통을 넘어 죽음이라는 최후의 적이 존재함에도 결코 작별하지 않고, 작별할 수 없고, 대신 연약하지만 영원할 수밖에 없는 인간의 사랑을 의미합니다.[20] 사랑이 트라우마를 치유합니다. 사랑이 상처를 치유된 상흔으로 남게 합니다.

|

가장 비범한 저항

나아가 미워하는 사람을 사랑하는 비범한 저항은 그를 위하여 기도하는 것입니다. 공의로 심판하실 하나님을 믿고 맡기는 기도가 영혼을 참으로 자유하게 합니다. 예수님께서는 사랑을 위해 무엇인가를 더 해야 한다고 하시지 않았습니다. 용서를 위해 더 애쓰라고 하시지 않았습니다. 화해를 위해 더 힘쓰라고 하시지도 않았습니다. 다만 괴롭히는 그 사람을 위하여 기도하라고 하셨습니다.

하늘 아버지의 자녀는 역사의 심판자인 하나님, 원수를 갚는 보복자 하나님을 신뢰함으로 기도해야 합니다. 기도를 통한 하나님께 맡김은 원수를 향한 극단적인 저항입니다. 하나님의 다스림을 믿고 하나님께 맡김으로 기도할 때 하나님께서 심판하십니다.

그는 죄를 범하지 아니하시고 그 입에 거짓도 없으시며 욕을 당하시되 맞대어 욕하지 아니하시고 고난을 당하시되 위협하지 아니하시고 오직 공의로 심판하시는 이에게 부탁하시며 **벧전 2:22~23**

참혹한 폭력의 십자가 앞에 예수님께서는 치욕스럽고 고통스러웠지만 살아남아야 했습니다. 살아남아야 할 뿐 아니라 끝까지 사랑해야 했습니다. 그 사랑이 마지막 순간까지 예수님을 기도하게 했습니다.

감당할 수 없는 십자가를 앞둔 예수님께서는 겟세마네에서 심한 통곡과 눈물로 기도하셨습니다(히 5:7). 자기 사람을 끝까지 사랑하신 예수님께서는 사랑하는 제자들의 믿음이 떨어지지 않기를 기도하셨습니다(눅 22:32, 요 17:6~26). 그리고 부끄러움을 개의치 않으신 예수님께서는 십자가에 달린 채 자신을 박해하는 이들을 위해 기도하셨습니다.

아버지 저들을 사하여 주옵소서 자기들이 하는 것을 알지 못함이니이다 **눅 23:34**

사랑이 예수님처럼 기도하게 합니다. 기도 가운데 부어진 하나님의 사랑이 영혼을 참된 자유에 이르게 합니다. 기도할 때 부어진 사랑이 어떠한 아픔과 고통의 트라우마에도 묶이지 않게 합니다. 사랑이 자기 상처에 묶여 또 다른 폭력의 가해자로 떨어지지 않게 합니다. 지워지지 않는 트라우마로 인한 올무를 끊어 내는 힘은 오직 기도 속에 부어지는 하나님의 사랑밖에 없습니다.

원수를 사랑하라는 말씀은 윤리적이고 당위적인 명령이 아닌 원수를 위해 기도하라는 영적인 명령입니다. 우리에게는 원수를 미워하지 않을 힘이 없습니다. 미워라도 하는 것이 마지막 저항인 듯 미워하고 또 미워할 수밖에 없습니다. 영혼 깊이 새겨진 상처는 우리로 끊임없이 증오하게 합니다.

그러나 사랑의 한계 앞에 기도해야 합니다. 트라우마의 고통 앞에 기도해야 합니다. 기도의 자리에 부어진 하나님의 사랑이 트라우마를 끊어 내고 참으로 자유하게 합니다. 이것은 하늘 아버지의 자녀만이 아는 비범한 신비입니다.

"눈은 눈으로, 이는 이로 갚으라" "네 이웃을 사랑하고 네 원수를 미워하라"라는 계명을 "너희 원수를 사랑하며 너희를 박해하는 자를 위하여 기도하라"라는 말씀으로 확장하신 예수님께서는 하늘 아버지의 자녀들에게 구차하더라도 끝까지 살아남아 달라고 부탁하십니다. 악한 자를 대적하지 말고 오른편 뺨을 치거든 왼편도 돌려 대라는 예수님의 말씀은 어떤 치욕과 모멸감 속에서도 살아남아 달라는 하늘 아버지의 절절한 호소입니다. 하늘 아버지는 자녀들에게 이렇게 부탁하십니다.

"아버지가 곧 가서 해결해 줄 테니 조금만 기다려라. 아버지가 곧 가서 혼내 줄 테니 제발 포기하지 말아라. 아버지가 올 때까지 잠시만 견디고 버텨 내라. 구차하고 치욕스럽더라도 살아만 있어라. 아버지가 곧 갈게."

우리는 살아남은 그 자리에서 하나님을 닮은 온전함으로 기도해야 합니다. 미움으로 자기 영혼을 갉아먹지 말고, 미워할 수밖에 없는 아픈 마음을 붙들고 사랑으로 기도해야 합니다. 사랑으로 기도하는 비범함이 우리를 자유하게 합니다. 감당할 수 없는 폭력 앞에 끝까지 살아남아 사랑으로 기도하는 것이 원수를 향한 가장 강력한 저항입니다.

예수님에게는 상처의 흔적을 가진 40일이 있었습니다. 피 흘린 자국 상흔, 이미 다 치유되어 생긴 상흔, 이게 부활의 증거였습니다. 그런데 오늘날 우리 사회에서는 이 상흔을 가진 교회, 상흔을 가진 성직자, 상흔을 가진 신앙인을 보기가 참 드뭅니다.[21]

이어령 선생의 고백입니다. 상처가 치유되면 상흔이 생깁니다. 상처가 남긴 흔적이 상흔 곧 스티그마(Stigma)입니다. 상처만 있고 상흔이 없는 세상에서 하늘 아버지의 자녀는 사랑으로 트라우마를 치유한 예수의 흔적(Stigma)을 가진 예수의 사람입니다(갈 6:17). 원수를 미워하는 것이 아니라 비범한 사랑으로 원수를 위해 기도하는 하늘 아버지의 자녀에게 상처는 아물고 사랑의 증거인 상흔만 남을 것입니다.

산상수훈 7 진심

언제나 하나님 앞에서 행하는 삶

마태복음 6:1~18

“너나 잘하세요.” 영화 속 명대사로 손꼽히는 말입니다. 2005년 개봉한 박찬욱 감독의 영화 〈친절한 금자씨〉를 보면 교도소 문이 삐걱 열리고 13년 만에 주인공 금자가 풀려납니다. 금자는 교회 전도사가 다시는 죄를 짓지 말라며 건넨 두부를 ‘툭’ 하고 떨어뜨린 뒤 요란한 심벌즈 소리를 깨고 차갑게 말합니다. “너나 잘하세요.”

그리스도인의 내로남불식 위선을 향한 통렬한 꾸짖음입니다. 최근 드라마나 영화에 등장하는 그리스도인의 이미지는 대체로 소통이 불가한 ‘빌런’이거나 돈에 환장한 사기꾼 같은 모습입니다. 그래서인지 젊은 남성의 부모가 독실한 그리스도인일 경우 젊은 여성들이 첫 번째 결혼 기피 대상으로 간주한다는 말까지 들립니다. 외형은 신앙인이지만 그 어떤 신앙적 가치도 구현하지 못하는 위선적인 모습 때문일 것입니다.

예수님께서는 위선의 가면을 쓴 사람을 "외식하는 자"(마 6:5)라고 부르셨습니다. 배우가 무대에서 대꾸한다는 뜻을 가진 이 단어는 연극 분야 전문 용어 '휘포크리노마이(ὑποκρίνομαι)'에서 유래했습니다. 주전 4세기경 고대 그리스의 정치가 데모스테네스(Demosthenes)는 연극배우 출신의 정적 아이스키네스(Aeschines)를 조롱하기 위해 이 말을 사용했습니다. 아이스키네스의 정치가 꾸며 낸 연기 같다고, 즉 '위선자', '~인 척하는 사람'이라고 조롱하기 위해 사용한 것입니다.

물론 어원적으로만 보면 외식하는 자는 천의 얼굴을 가진 사람을 뜻합니다. 무대 위 공연을 위해 관객에게 보여지는 가면(Persona) 뒤에 본래의 자신을 감춘 사람을 의미합니다. 겉모습으로는 본래의 인격(Persona)을 전혀 알 수 없는 사람입니다. 예수님께서는 사람들에게 보여지는 것이 전부인 듯 살아가는 위선적인 이들을 보시면서 자연스럽게 원형극장을 오가던 연극배우를 떠올리셨던 것입니다.

예수님께서는 당시 일상에서 잘 쓰지 않던 연극 전문 용어를 사용하여 사람에게 보이려고 의를 행하는 이들을 경계하셨습니다. 하나님께 의로움이 되는 대표적인 신앙 행위인 구제와 기도 그리고 금식을 외식하는 자처럼 하지 말라고, 사람에게 보이려고 하지 말라고 가르치셨습니다. 우리 또한 하늘 아버지처럼 온전하려면 사람에게 보이려고 그들 앞에서 의를 행하지 않도록 주의해야 합니다.

무대 위에 선 배우에게 연기 잘한다는 말은 최고의 칭찬일 것입니다. 그러나 일상생활에서 누군가에게 "연기 잘하네"라는 말을 듣는다면 그 말은 결코 칭찬일 수 없습니다. 하늘 아버지의 신실한 자녀는 가면을 쓴 것처럼 연기하듯 위선적으로 사는 게 아닌 가면을 벗은 진심으로 살아야 합니다.

삶이 사람에게 보여 주기 위한 연기가 아닌 진심이 되려면 어떻게 해야 합니까? 외식하는 자의 위선에 함몰되지 않으려면 어떻게 해야 합니까? 위선의 가면을 벗고 진심으로 살아가려면 어떻게 살아야 합니까?

우직하고 은밀하게

외식하는 자의 위선에 함몰되지 않으려면 은밀한 중에 계신 하나님께 보이려고 모든 것을 은밀하게 해야 합니다. 신앙생활을 한다는 것은 하늘 아버지께서 자녀의 삶을 은밀한 중에 살피심을 믿는 믿음으로 사는 삶입니다. 신앙은 삶의 은밀한 부분까지도 아시는 하늘 아버지 앞에서 살아가는 여정입니다.

때때로 이 사실을 잊어버릴 때가 있습니다. 아버지께서 은밀한 중에 보신다는 믿음이 흐려질 때가 있습니다. 하나님을 의식하기보다 사람에게 보이려고 가면을 쓰게 될 때가 있습니다. 그렇게 너 나 할 것 없이 사람의 시선을 더 의식하며 살아가는 사이, 부지불식간에 외식하는 자가 되어 버릴 수 있습니다.

하늘 아버지의 자녀 된 우리의 신앙은 사람에게 보이려는 신앙입니까? 아니면 하나님께 보이려는 신앙입니까?

예수님께서는 사람에게 보이려고 그들 앞에서 의를 행하지 않도록 주의해야 할 세 가지 영역을 말씀하십니다. 그것은 구제와 기도 그리고 금식입니다.

먼저 구제입니다. 어려운 사람을 구제할 때는 회당이나 거리에서 하는 것같이 나팔을 불지 말아야 합니다. 나팔을 분다는 것은 종종 자랑하고 떠드는 것으로 해석됩니다. 자신이 베푼 선행을 사람에게 알리려고 사진을 찍어 뉴스거리로 삼고, SNS에 이미지를 공유하는 모습이 나팔을 부는 행위일 수 있습니다.

그러나 신약 시대 배경을 고려하면 조금 다른 느낌으로도 다가옵니다. 예루살렘 성전에는 열세 개의 나팔 모양 헌금함이 있었다고 합니다. 그중 하나가 가난한 이들을 지원하기 위한 자원 제물 모금함입니다. 나팔 모양 헌금함에 동전을 넣으면 아래로 떨어지면서 그 소리가 울려 퍼졌습니다. 무게와 크기가 다양한 금화, 은화, 두렙돈은 떨어질 때 서로 다른 소리가 났습니다. 그러므로 구제할 때 나팔을 불지 말라는 말씀은 구제를 위해 드린 재정의 규모를 은근한 드러냄으로 다른 사람에게 알리지 말라는 뜻으로도 읽힙니다.

아무튼 분명한 것은 누군가를 돕는 구제는 오른손이 하는 것을 왼손이 모르는 듯 은밀하게 해야 합니다. 구제는 도움이 필요한 사람에게 도움을 주는 그 자체가 유일한 목적이어야 합니다.

예수님을 찾아온 율법 교사는 "자기를 옳게 보이려고" 내 이웃이 누구인지를 물었습니다. 그의 질문에 예수님께서는 강도를 만난 자에게 자비를 베푼 사람 이야기를 하십니다. 그리고 이야기 끝에 "누가 강도 만난 자의 이웃이 되겠느냐"라고 물으십니다(눅 10:25~37). 율법 교사는 자기를 드러내려고 자신을 중심으로 내 이웃이 누구인지를 물었지만, 예수님께서는 도움이 필요한 사람 곧 강도 만난 그 사람을 중심으로 누가 이웃이 되겠는지를 물으셨습니다. 구제는 베푸는 사람이 아닌 베풂을 받는 사람을 중심으로 이루어져야 합니다.

대학 시절 보육원 봉사를 종종 다녀오곤 했습니다. 그때마다 원장님은 한 가지 부탁을 하셨습니다. "아이들이 사진 찍히는 것을 아주 싫어해요." 왜 그랬을까요? 보육원을 찾는 사람들이 사진을 찍기 위해 연기하듯 미소 짓는 모습을 보며 아이들은 싫었던 것입니다. 누군가를 돕고자 하는 구제가 도움을 받는 사람의 입장을 충분히 배려하지 못하고 돕는 사람만을 드러내려 한다면 그것은 외식이라는 또 다른 죄를 짓는 일로 전락하고 말 것입니다.

다음은 기도입니다. 하늘 아버지와 자녀 사이에서 이루어지는 비밀한 소통인 기도를 사람에게 보이려고 하지 않도록 주의해야 합니다. 신약 시대 유대인들은 주로 서서 기도했습니다(막 11:25, 눅 18:11~13). 그들은 오후 제사 시간에 나팔을 불면, 하던 일을 중단하고 기도를 해야 했습니다. 이 시간에 회당이나 큰 거리 어귀에 서서 기도하는 이들이 있었을 것입니다.

바리새인들은 사람들에게 보이기 위해 많은 사람이 오가는 곳에서 기도하는 것을 좋아했습니다. 그러나 참된 기도는 골방에 들어가 문을 닫고 은밀한 중에 계신 나의 아버지께 구하는 것입니다.

또한 기도할 때 이방인들처럼 중언부언하지 말아야 합니다. 이방인들은 기도하며 많은 신들의 이름을 불렀는데, 그중에 하나라도 효과가 있기를 기대했기 때문입니다. "중언부언하지 말라"라는 말씀은 단순히 이미 한 말을 되풀이하지 말라는 차원이 아닌 많은 신들의 이름을 부르거나 주문을 반복적으로 외우는 행위를 금한 것입니다.

더불어 어떤 사본에 따르면 바리새인들은 외식으로 길게 기도하기도 했습니다(참고, 마 23:14, 막 12:40). 그러나 기도는 말을 많이 해야 들으심을 얻을 것이라는 생각에서 출발하지 않습니다. 기도는 구하기 전에 있어야 할 것을 아시는 아버지를 믿는 믿음에서 출발해야 합니다.

그리고 금식입니다. 자기 부인과 자기 절제의 외적 표지인 금식은 철저하게 하나님 앞에서 이루어져야 합니다. 모세 이후로 이스라엘 백성들은 속죄일에 금식했습니다(레 16:29). 국가적으로 하나님 앞에 자신을 낮추는 금식일을 선포하기도 했습니다(삼상 7:5~6, 렘 14:12). 그리고 예수님 당시 바리새인들은 일주

일에 두 번 정기적으로 금식했습니다(눅 18:12).

금식할 때는 슬픈 기색을 보이지 말아야 합니다. 사람에게 보이려고 얼굴을 흉하게 해서도 안 됩니다. 오히려 머리에 기름을 바르고 얼굴을 씻어야 합니다. 머리에 기름을 바르는 것은 유대인들에게 일상적인 일이었습니다. 머리에 기름을 바르라는 것은 금식하는 티를 내지 말고 일상적인 모습을 보이라는 뜻입니다. 얼굴을 씻는 일 또한 일반적으로 식사를 위한 준비였습니다. 이것도 금식하는 티를 내지 말라는 의미입니다. 금식하는 자의 숨은 모습을 하늘 아버지께서 보고 아십니다.

"배부른 육체는 기도하기를 좋아하지 않으며, 주기적 봉사에 흥미를 가지지 않는다"라는 본회퍼의 말을 생각할 때 금식은 여전히 경건에 유익합니다. 육체의 욕망을 절제하고, 자기 부인을 훈련하는 데 유익합니다. 우리는 금식을 통해 우리의 도움이 오직 하늘 아버지밖에 없음을 진심으로 호소할 수 있습니다. 이런 금식은 온전히 하나님을 향한 것이어야 합니다. 금식은 사람에게 자기 경건을 자랑하거나 자기 공로를 드러내는 수단이 되어서는 안 됩니다.

아시시의 프란체스코(Francis of Assisi)에 얽힌 일화입니다.

하루는 프란체스코의 제자들이 스승과 함께 40일 금식을 하고 있었습니다. 마지막 하루를 남겨 놓은 39일째 되는 날, 어린 제자 하나가 맛있는 스프 냄새에 이끌려 자신도 모르게 한 숟가락 입에 떠 넣고 말았습니다. 그 순간 함께 금식하던 제자들은 눈을 부릅뜨고 그 제자를 노려보았습니다.

그 눈길에는 끝까지 절제하지 못한 불쌍한 영혼을 향한 애처로움이 아닌 분노에 찬 정죄의 따가움이 가득했습니다. 끝까지 절제했던 제자들은 절제하지 못하고 넘어진 어린 제자를 엄하게 꾸짖어 주기를 바라며 스승을 쳐다보았습니다.

그런데 프란체스코는 말없이 숟가락을 집어 들더니 어린 제자가 먹었던 스프를 천천히 떠먹기 시작했습니다. 경악스러운 눈길로 스승을 쳐다보는 제자들을 향해 프란체스코는 조용히 말했습니다.

"우리가 금식하며 기도하는 것은 예수님의 인격을 닮고 그분의 성품을 본받아 서로를 참으며 사랑하며 아끼기 위함이다. 저 어린 제자가 절제하지 못하고 스프를 떠먹은 것은 죄가 아니다. 하지만 그를 정죄하고 배척하는 너희야말로 큰 죄를 짓고 있는 것이다. 굶으면서 서로 미워하는 것보다는 실컷 먹고 사랑하는 것이 더 낫다."

경건에 유익한 구제와 기도와 금식이 사람에게 보이려는 것이 될 때 그것은 외식을 넘어 경건을 가장한 폭력이 될 수 있습니다. 39일 동안 금식하던 프란체스코의 제자들에게서 엄격한 경건과 돈독한 신앙이 오히려 형제를 짓밟고 자신의 영성마저 망가트리고 있음을 봅니다. 오직 우리의 경건은 사람이 아닌 중심으로 보시는 하나님으로부터 말미암아야 합니다.

심장으로 보시는 하나님

여호와께서 사무엘에게 이르시되 그의 용모와 키를 보지 말라 내
가 이미 그를 버렸노라 내가 보는 것은 사람과 같지 아니하니 사
람은 외모를 보거니와 나 여호와는 중심을 보느니라 하시더라

삼상 16:7

"사람은 외모를 보거니와 나 여호와는 중심을 보느니라"라
는 말씀은 종종 하나님의 기준이 겉으로 보이는 외모가 아니라
보이지 않는 중심 곧 마음이라는 것으로 이해됩니다. 그러나
사무엘상 16장을 자세히 살펴보면 이런 이해를 당혹스럽게 합
니다.

사무엘상 본문에는 하나님께서 본 다윗의 중심이 무엇이었
는지에 대한 어떤 힌트도 나타나지 않기 때문입니다. 다만 빛
이 붉고 눈이 빼어나고 얼굴이 아름답다는 그의 외모를 언급합
니다. 다윗은 베들레헴 사람 이새의 아들로 수금을 탈 줄 알고
용기와 무용과 구변이 있는 준수한 자 곧 잘생긴 남자라고 소
개합니다(삼상 16:12, 18). 성경은 다윗을 능력과 외모 등 모든 면
에서 출중한 사람으로 묘사할 뿐입니다.

이런 말씀에 비춰 볼 때 하나님께서는 외모가 아닌 중심을
보신다는 것이 어떤 의미인지 조금은 모호하게 느껴지지 않습
니까? 이런 모호함을 해소할 수 있는 실마리를 고전어학자 송

민원 박사의 『히브리어의 시간』에서 찾을 수 있습니다. 그는 사무엘상 16장 7절 하반절의 히브리어 평행법 문장을 여러 문법적 분석을 거쳐 새롭게 번역합니다.[22]

> 사람은 눈으로 보지만, 주님은 심장으로 보신다. 삼상 16:7下

사람은 사람의 감각기관인 두 눈으로 보지만, 하나님께서는 하나님의 감각기관인 심장으로 보십니다(참고, 전 1:16). 눈으로 보는 것과 심장으로 보는 것이 어떻게 다른지 정확히 알 수는 없습니다. 하지만 분명한 것은 하나님께서 보시는 방식과 사람이 보는 방식이 다르다는 것입니다. 하나님께서 보시는 것은 사람이 보는 것과 같지 않습니다.

하나님께서는 겉 사람은 볼품없으나 속사람이 훌륭하기 때문에 다윗을 선택하신 것이 아닙니다. 하나님의 '심장'으로 엘리압과 다윗을 보시고 그중 다윗을 선택하신 것입니다. 사람은 눈이라는 감각기관을 통해 사람을 보고 세상을 봅니다. 하지만 하나님께서는 그분의 심장으로 보십니다. 하나님께서는 우리가 보는 것과는 전혀 다른 차원으로 보시는 분입니다.

사람은 하나님처럼 심장으로 볼 수 없습니다. 사람이 다른 사람을 볼 수 있는 감각기관은 눈에 불과합니다. 그렇기 때문에 성경은 우리에게 눈에 보이는 것으로 사람을 판단하지 말 것을 경고합니다. 예수님께서도 자신의 한계를 깨닫지 못하고 눈에 보이는 대로 남을 판단하는 사람을 "외식하는 자"라고 부르셨습니다(마 7:5). 눈을 비롯한 감각기관에 의존하며 살아가는 한낱 사람에 불과한 우리가 신분이나 출신, 인종 등으로 다른 사람을 차별해서는 안 됩니다. 하나님께서 그분의 심장으로 어떻게 보실지를 알 수가 없는데 말입니다.

사람은 두 눈으로 보지만 하나님께서는 심장으로 보십니다. 사람에게 보여서 사람에게 영광을 받으려고 하는 신앙은 결국 사람의 시선에 묶일 수밖에 없습니다. 참된 신앙은 하나님의 바라보심을 의식하는 신앙입니다. 하늘 아버지의 자녀는 심장으로 보시는 하나님 앞에서 마음과 뜻과 정성 곧 심장을 다하며 살아야 합니다.

지난 30여 년 동안 한 교회를 담임 목회하면서 수없이 실수하며 깨닫고 또 깨달은 것이 있습니다. 그것은 하나님께서는 사람이 보는 것과 다르게 보신다는 진리입니다. 오고 가는 수많은 성도를 겪으면서 경험으로 알아지는 것들이 왜 없겠습니까? 그러나 목사의 눈으로 보고 경험으로 아는 모든 것이 은밀한 중에 심장으로 보시는 하나님의 시선 앞에 너무나 작아 한 줌도 안 된다는 것을 깨닫고 또 깨닫습니다.

하나님께서는 사람에 불과한 목사가 보지도 생각하지도 못한 것들까지 다 보고 아십니다. 하나님께서는 하나님이십니다. 하나님은 심장으로 보십니다. 하나님께서는 은밀한 중에 은밀한 것을 보는 하나님이십니다.

하나님의 상 주심을 소망

참된 신앙은 연기가 아닌 진심이어야 합니다. 위선적인 신앙의 틀을 깨뜨리기 위해서는 사람에게서 인정과 칭찬을 받으려는 기대를 버려야 합니다. 은밀한 중에 심장으로 보시는 하나님께서 자기 상으로 갚으실 것입니다. 하나님께서 하늘의 차원으로 보시고 하늘의 차원으로 갚으십니다.

믿음이 없이는 하나님을 기쁘시게 하지 못하나니 하나님께 나아가는 자는 반드시 그가 계신 것과 또한 그가 자기를 찾는 자들에게 상 주시는 이심을 믿어야 할지니라 히 11:6

하나님을 기쁘시게 하는 믿음은 하나님의 실존을 믿을 뿐 아니라 하나님께서 상 주시는 이심을 믿는 믿음입니다. 하나님의 상급을 기대하고 소망하는 것은 저급한 수준의 신앙이 아닙니다. 최고의 믿음은 인생의 궁극적 평가를 하나님께 구하는 삶입니다. 하나님의 상 주심을 바라는 신앙은 결코 사람에게 보이려는 외식하는 자의 위선에 함몰되지 않습니다. 은밀한 중에 보시는 하나님의 갚으심을 기다리며 세상을 하나님의 관점으로 살아가게 합니다.

너희는 스스로 삼가 우리가 일한 것을 잃지 말고 오직 온전한 상

오래전 존 비비어(John Bevere)의 『존중』이라는 책을 읽었습니다. 책의 부제목이 '형통한 그리스도인의 비밀'입니다. 형통한 그리스도인의 비밀이 무엇인지 궁금해하며 책의 표지를 넘겼습니다. 그때 눈에 들어온 말씀이 요한이서 1장 8절입니다. "우리가 일한 것을 잃어버리지 말아라. 자기가 수고하고 일한 상을 잃어버리지 말아라. 자신이 받아야 할 온전한 상을 받으라." 성경에 이런 말씀이 있었나 싶어 생경하면서도 깊은 여운을 안겨 주었습니다.

우리는 일한 것을 잃어버리지 말고 온전한 상을 받기 위해 스스로 삼가야 합니다. 예수님께서 "사람에게 보이려고 그들 앞에서 너희 의를 행하지 않도록 주의하라"(마 6:1)라고 하신 말씀을 마음에 새겨야 합니다. 스스로 삼가라는 것은 스스로 조심하고 주의하라는 뜻입니다.

누구보다 열심히 구제하고 기도하고 금식했지만, 하늘 아버지 앞에서는 아무런 상이 없을 수 있습니다. 일한 것이 많지만 온전히 받을 상이 없을 수 있습니다. 가면을 쓰고 외식하는 자로 구제하고 기도하고 금식한 모든 것에는 어떠한 상도 없기 때문입니다. 하나님이 아닌 사람에게 보이려고 행한 모든 것에 상이 없습니다.

예수님께서는 외식하는 자가 하늘에 계신 아버지께 상을 받지 못할 것이라고 명확하게 말씀하십니다. 사람에게서 인정과 칭찬을 받으려고 사람 앞에서 외식하는 자는 이미 자기 상을 받았기 때문입니다. 구제할 때 사람 앞에서 나팔을 부는 사람은 이미 자기 상을 받았습니다. 기도할 때 사람에게 보이려고 드러내 놓고 기도하는 사람은 이미 자기 상을 받았습니다. 금식할 때 사람에게 보이려고 얼굴을 흉하게 하는 사람은 이미 자기 상을 받았습니다. 외식하는 자는 이미 자기 상을 다 받았기에 하늘 아버지께 받을 상이 없습니다(마 6:1, 2, 5, 16).

그러나 사람이 보는 것과 다르게 보시는 하나님께서는 구제할 때 오른손이 하는 것을 왼손이 모르게 하듯 은밀히 행한 것을 보고 갚아 주십니다. 기도할 때 골방 은밀한 곳에서 기도한 사람에게 하늘의 상으로 갚아 주십니다. 금식할 때 사람에게 보이지 않고 오직 은밀한 중에 계신 하나님께 보인 사람에게 갚아 주십니다. 하나님께서 은밀한 중에 보시고 상상하지 못할 놀라운 하늘의 상으로 갚아 주십니다(마 6:4, 6, 18).

심장으로 보시는 하나님께서는 상 주시는 분입니다. 신앙은 사람이 주는 상이 아니라 하나님께서 주시는 상을 구하는 삶입니다. 하나님께서는 반드시 우리가 행한 대로 우리의 모든 삶을 기억하시고 상 주실 것입니다. 상 주시는 하나님께서는 자녀에게 좋은 것으로 주기를 기뻐하시는 하늘 아버지입니다.

마태복음 25장 31~46절에 등장하는 양과 염소 비유를 보면, 임금은 오른편에 있는 사람들을 축복하며 이렇게 말합니다. "내가 주릴 때에 너희가 먹을 것을 주었고 목마를 때에 마시게 하였고 나그네 되었을 때에 영접하였고 헐벗었을 때에 옷을 입했고 병들었을 때에 돌보았고 옥에 갇혔을 때에 와서 보았느니라” 그러자 그들이 반문합니다. “주여 우리가 어느 때에 주께서 주리신 것을 보고 음식을 대접하였으며 목마르신 것을 보고 마시게 하였나이까 어느 때에 나그네 되신 것을 보고 영접하였으며 헐벗으신 것을 보고 옷 입혔나이까 어느 때에 병드신 것이나 옥에 갇히신 것을 보고 가서 뵈었나이까”

반대로 임금은 왼편에 있는 사람들을 저주하며 말합니다. “내가 주릴 때에 너희가 먹을 것을 주지 아니하였고 목마를 때에 마시게 하지 아니하였고 나그네 되었을 때에 영접하지 아니하였고 헐벗었을 때에 옷 입히지 아니하였고 병들었을 때와 옥에 갇혔을 때에 돌보지 아니하였느니라” 그들 또한 동일하게 반문합니다. “주여 우리가 어느 때에 주께서 주리신 것이나 목마르신 것이나 나그네 되신 것이나 헐벗으신 것이나 병드신 것이나 옥에 갇히신 것을 보고 공양하지 아니하더이까”

복을 받는 오른편 사람들과 저주를 받는 왼편 사람의 공통점이 무엇입니까? 그것은 그들이 행한 일을 임금은 기억하는데 그들 자신은 기억하지 못한다는 것입니다. 임금은 말합니다. “내가 진실로 너희에게 이르노니 너희가 여기 내 형제 중에 지극히 작은 자 하나에게 한 것이 곧 내게 한 것이니라” “내가 진실로 너희에게 이르노니 이 지극히 작은 자 하나에게 하지 아니한 것이 곧 내게 하지 아니한 것이니라”

그렇습니다. 지극히 작은 자에게 한 것이 주님께 한 것이고, 지극히 작은 자에게 하지 않은 것이 주님께 하지 않은 것입니다. "지극히 작은 자 하나에게 한 것"은 그것을 행한 당사자도 기억하지 못하는 작은 일입니다. 하지 않고도 기억조차 나지 않는 일입니다. 자신이 하고도 기억하지 못할 만큼 하찮은 일입니다. 그런데 하늘 아버지께서는 누군가를 도와주고 도와준 기억조차 나지 않는 작은 일까지 기억하고 갚아 주십니다.

> 또 누구든지 제자의 이름으로 이 작은 자 중 하나에게 냉수 한 그릇이라도 주는 자는 내가 진실로 너희에게 이르노니 그 사람이 결단코 상을 잃지 아니하리라 하시니라 마 10:42

작은 자 중 하나에게 냉수 한 그릇 주는 일, 얼마나 사소하고 작아 보이는 섬김입니까? 그러나 하늘 아버지께서는 그렇게 보시지 않습니다. 은밀한 중에 계신 하나님께서는 심장으로 보시고 자기 상으로 갚아 주십니다. 하늘 아버지의 자녀는 사람들이 알아주지 않는 작은 일이라도 기억하시고 자기 상으로 갚으시는 하나님을 소망하며 신앙해야 합니다.

미안하다 그리고 고맙다

은밀한 중에 계신 하늘 아버지께서 우리를 보고 계십니다. 하늘 아버지 하나님께서 보시는 것은 사람이 보는 것과 같지 않습니다. 하나님께서는 심장으로 보십니다. 하늘 아버지께서는 은밀한 중에 보시고 좋은 것으로 갚아 주십니다.

가면을 쓰고 연기하듯 사는 것이 아닌 진심으로 살아야 합니다. 신앙생활이든 사회생활이든 가면을 쓴 외식하는 자가 아닌 진심 가득한 사람으로 살아야 합니다. 사람에게 보이려고 너무 애쓰지 않아도 괜찮습니다. 사람의 인정과 칭찬을 얻으려고 너무 힘들게 살지 않아도 괜찮습니다. 하나님께서 보시고 하나님께서 갚아 주십니다.

한국컴패션 대표 서정인 목사의 『"고맙다"』에 실린 배우 차인표 씨에 대한 일화입니다.

차인표 씨는 아내 신애라 씨 대신 동인도 비전 트립에 동행하게 되었습니다. 그곳에서 만난 부모들은 대부분 하루 16시간씩 일하면서 엄마 혼자 아이들을 키우고 있었습니다. 그가 낯설고 부담스러운 마음이 가득한 채 차에서 내려 아이들 앞으로 걸어가는데 머루처럼 새까만 눈동자를 가진 아이가 뜻밖에 먼저 손을 내밀었습니다. 그는 아이의 손을 잡았습니다. 그 순간 아찔한 현기증을 느꼈습니다. 또렷하게 '말씀'이 들려온 것입니다.

"인표야, 40년 동안 얼마나 힘들었니. 오느라고 수고했다. 나를 만나러 여기까지 왔으니 정말 고맙다. 나도 정말 너를 사랑한다."

생각지도 못한 장소에서 하나님의 음성을 들은 그는 아이의 눈동자를 통해 전해 오는 한없는 위로와 사랑을 받으며 말없이 아이를 안았습니다.

"신비로운 두루마리가 주르륵 펼쳐지는 느낌이었어요. 모태 신앙으로 40년 동안 교회를 다녔지만, 그동안 한 번도 예수님의 음성을 들어 본 적이 없었지요. 오늘 처음으로 제 안에 예수님을 뜨겁게 만났습니다."

이후 하나님께서 그의 삶을 이끌어 가시기 시작하면서 어린이들에게 사랑을 부어 주는 일이 차인표 씨의 삶에서 가장 가치 있고 중요해졌습니다. 하나님께서는 지극히 평범한 모태 신앙인으로 살던 그를 보고 계셨고 기다리셨던 것입니다.

하나님께서는 사람의 눈에 철인처럼 보이는 그를 단 한 명의 작고 연약한 어린아이를 통해 흔들어 놓으셨습니다. 전혀 기대하지 않았던 은밀한 곳에서 예기치 못한 음성으로 그를 찾아오셨습니다. 그리고 그의 인생을 새로운 부르심으로 이끌어 가셨습니다. 은밀한 중에 보시는 하나님께서는 늘 우리가 알지 못하지만 가장 좋은 것으로 갚아 주십니다.[23]

몇 년 전 교회 외부적인 문제로 힘겨운 시간을 보내야 했던 때가 있었습니다. 모든 것을 놓고 싶을 만큼 버거운 마음을 부여잡고 수양관 기도실에 엎드려 울부짖었습니다. 시간이 얼마나 지났을까요? 잔잔하게 들려오는 주님의 음성이 있었습니다.

"미안하다, 고맙다."

처음 교회를 시작할 때부터 몇 번 교회를 떠날 기회가 있을 때마다 결국 '한 사람'이 저를 붙들어 세웠습니다. 그 한 사람을 잃어버리지 않을 수 있다면 이 자리에 머물 이유가 충분했습니다. 그리고 원함과 달리 드림센터 건축에 나설 때도, 성향이나 기질과 달리 하나님의 신비를 받아들이는 목회를 이어 온 이유도 성도들을 살리고 돕기 위함이었습니다. 그런 동기가 의심받고 폄훼되는 시간을 견뎌 내기가 버거웠습니다. 성도들이 아닌 동료 목회자들이 쏟아 내는 날 선 말이 수치와 모멸감으로 다가올 땐 곤혹스러웠습니다.

그 순간에 "이런 고생시켜서 미안하다. 안 도망가고 버텨 줘서 고맙다"라고 말씀해 주신 것입니다. "미안하다, 고맙다"라는 말씀 한마디가 얼마나 큰 위로와 힘이 되었는지 모릅니다. 어떤 기적보다, 어떤 신비보다, 그저 그 말씀만으로 충분했습니다. 그리고 다시 모든 것을 넘어서서 일어설 수 있었습니다. 당당하고 담대하게 길을 걸어갈 수 있었습니다.

지금도 낯선 선교 현장에서, 눈물 쏟을 일만 많은 목회의 밑바닥에서, 신앙을 조롱하고 손가락질하는 세상 한복판에서, 불신 가족의 견디기 힘든 비난 속에서, 자기 십자가를 진 외롭고 아프고 고단한 자리에서 묵묵히 길을 가는 사람에게 하나님께서는 말씀하십니다.

"미안하다, 고맙다."

다 내려놓고 도망치고 싶을 때도, 포기하고 싶은 유혹과 두려움이 몰려올 때도, 은밀한 중에 보고 갚아 주시는 하늘 아버지를 끝끝내 사랑의 섬김으로 금식하며 울며 기도하는 모든 이들에게 하늘 아버지께서는 동일하게 말씀하십니다.

"사랑하는 자녀야, 미안하구나! 참으로 고맙구나!"

산상수훈 8 기도

아빠를 찾는 자녀의 마음

"목사님, 어머니 권사님은 정말 중심으로 기도하세요. 새벽마다 목사님과 교회를 위해 기도하실 때면 온 진액을 쏟아 눈물로 기도하세요."

연로한 제 어머니를 늘 곁에서 지켜보며 기도해 주시는 교회 사모님의 전언입니다. 초등학교도 제대로 나오지 못했지만 암기력이 탁월했던 어머니는 어린아이같이 순전하고 담백한 기도의 사람입니다. 고등학교 시절 내내 야간 자율 학습을 마치고 늦은 하굣길에 예배당을 들르면 지하 기도실에 웅크린 채 기도하며 아들을 기다리던 어머니의 모습이 지금도 눈에 선합니다. 인생길 고비마다 어머니의 기도는 아들을 다시 일으켜 세우는 능력이었습니다.

"어머니의 기도는 자녀를 살게 하네. 어머니의 기도는 기적을 일으키네."

라디오에서 흘러나오는 손경민 목사의 찬양 〈어머니의 기도〉처럼 어머니의 기도는 부족한 아들로 기적을 살게 했습니다. 어머니의 눈물로 뿌린 기도의 씨앗을 하나님께서는 기억하셨습니다. 어머니의 기도는 시들지 않는 꽃을 피우고 열매를 맺고 있습니다. 지병으로 서서히 기억을 잃어 가고 있지만, 지금도 어머니는 아들을 위한 기도의 짐을 놓지 않았습니다.

어머니의 기도는 소리 높여 부르짖는 '통성기도' 곧 코리안 스타일 프레이(Korean style pray)입니다. 한국 교회를 상징하는 기도인 통성기도는 다양한 삶의 문제를 해결받기까지 땀과 눈물을 쏟아부어 울부짖는 열정 가득한 기도입니다. 반면에 아들의 기도는 잔잔하게 읊조리는 기도입니다. 깊은 사색과 침묵 속에 친구와 이야기하듯 하나님과 마음을 나누는 대화식 기도입니다.

예수님의 기도는 잠잠히 듣고 말하는 대화일 때도 있고 더욱 힘쓰고 애쓰는 울부짖음일 때도 있었습니다(막 1:35, 눅 22:44). 예수님께서는 삶의 모든 순간에 기도하셨습니다. 공생애를 기도로 시작하셨고, 기도로 마치셨습니다. 광야에서 40일간 금식하며 공생애를 시작하셨고, 십자가에서 기도로 삶을 마감하셨습니다. 예수님께서 십자가에서 남기신 일곱 마디 말씀 가운데 세 개가 기도입니다.

예수님께서는 정신없이 바쁘고 피곤한 일상 가운데서도 새벽 일찍 일어나 기도하셨고, 저녁 늦게도 기도하셨습니다. 중요한 결정을 해야 할 때마다 기도하셨습니다. 십자가의 죽음을 앞두고는 겟세마네에서 땀이 땅에 떨어지는 핏방울같이 되도록 힘쓰고 애써 더욱 간절히 기도하셨습니다.

이렇게 기도하시는 예수님을 보면서 제자들도 예수님처럼 기도하고 싶은 소원을 품게 된 것 같습니다. 어느 날 제자들은 예수님께 기도를 가르쳐 달라고 했습니다.

예수께서 한 곳에서 기도하시고 마치시매 제자 중 하나가 여짜오되 주여 요한이 자기 제자들에게 기도를 가르친 것과 같이 우리에게도 가르쳐 주옵소서 **눅 11:1**

기도를 가르쳐 달라는 제자들의 요구에 부응하듯 예수님께서는 기도를 가르쳐 주셨습니다. "너희는 이렇게 기도하라"라는 말씀과 함께 일명 '주기도문(主祈禱文)'이라고 불리는 기도를 가르쳐 주셨습니다(마 6:9~13, 눅 11:2~4).

누군가의 말처럼 주기도문에서 '기도'를 빼면 '주문(呪文)'이 됩니다. 습관적으로 아무 생각 없이 주기도문을 외우다 보면 기도가 어느 순간 주문으로 전락하고 말 것입니다. 예수님께서 가르쳐 주신 기도는 비밀의 문을 여는 열쇠 같은 주문이 아니라 하늘 아버지와 교통의 문을 여는 신비입니다.

우리의 기도는 큰 소리로 부르짖는 통성기도입니까? 아니면 잔잔하게 이야기하는 대화식 기도입니까? 우리는 얼마나 어떻게 기도하고 있습니까? 우리는 기도를 예수님께 배웠으며 예

수님처럼 기도하고 있습니까? 예수님께서 가르쳐 주신 기도
는 어떤 기도입니까? 예수님께 배우는 기도의 본질은 무엇입니
까? 예수님께 기도를 배운 우리는 어떻게 기도해야 합니까?

자녀에게 주어진 최선의 방도

기도는 마음을 비우는 명상이 아닙니다. 기도는 무아(無我)
의 경지에 이르는 수도의 길이 아닙니다. 기도는 종교심을 드
러내고 사람에게 보이기 위해 회당이나 큰 거리 어귀에 서서
하는 시위가 아닙니다. 기도는 잠깐 자리를 비웠는지, 잠이 들
었는지, 알지 못하는 하나님을 많은 말로 깨우는 고행이 아닙
니다. 기도는 우리의 형편과 사정을 알지 못하는 하나님을 많
은 말로 설득하는 농성이 아닙니다. 기도는 우리의 원함을 관
철하기 위한 거래도 아닙니다.

예수님께서 가르쳐 주신 기도는 "하늘에 계신 우리 아버지
여"라는 부름으로 시작합니다. 기도는 사람이 아닌 하나님께
하는 것입니다. 기도는 자녀가 하늘 아버지를 찾는 것입니다.
기도는 자녀가 아버지를 찾아 아버지께 구하는 것입니다. 기도
는 자녀에게 있어야 할 모든 것을 아시는 아버지와의 교통입니
다. 기도는 자녀가 하늘 아버지를 찾음으로 사귐에 이르는 만
남입니다.

하늘에 계신 이가 웃으심이여 주께서 그들을 비웃으시리로다

시 2:4

우리가 기도 가운데 찾는 아버지께서는 하늘에서 세상을 내려다보며 웃으시는 하나님입니다. 이 세상에서 이루어지는 온갖 일들을 보고 웃으십니다. 서로가 힘세다고 뽐내며 전쟁하는 나라들과 전투를 벌인 시간보다 더 긴 시간을 승전의 축제로 보내는 권력자들을 보고 웃으십니다. 밀실에서 세상을 움직여 간다고 자만하는 인간 군상을 보고 웃으십니다. 자신들이 세운 도시가 다른 도시보다 더 크고 높다고 뽐내는 이들을 보고 웃으십니다.

하늘에 계신 우리 아버지께서 이 땅을 보며 웃으시는 이유는 세상 권세 아래 벌어지는 일들을 그리 심각하게 취급하지 않으시기 때문입니다. 하늘에 계신 아버지께 세상 권력의 수많은 일은 그리 대단하지 않은 작은 일에 불과할 뿐입니다.

하늘의 계신 우리 아버지를 불러 찾는 기도는 이 '하나님의 웃으심'에 동참하는 능력을 줍니다. 우리는 기도를 통해 하나님의 웃으심을 반복적으로 함께 나누어야 합니다. 기도를 통해 이 세상을 넉넉히 비웃을 수 있어야 합니다.

C. S. 루이스(C. S. Lewis)는 『스크루테이프의 편지』에서 마귀가 견딜 수 없어 하는 한 가지가 바로 누군가가 그를 향해 웃는 것이라고 했습니다. 이 세상과 마귀를 향해 넉넉하게 비웃을 뿐 아니라, 온갖 어려움과 위기 가운데서도 그치지 않는 웃음

을 웃는다는 것은 그리스도인의 가장 강력한 권세입니다. 기도
는 역사와 세계를 다스리시는 하늘에 계신 아버지의 웃으심과
함께 웃는 능력입니다.

예수님께서는 하나님을 "아빠(Abba)"라고 부르셨습니다. 신
을 아빠로 부르는 것은 가히 혁명적인 전환입니다. 원래 '아빠'
라는 아람어는 가정에서 어린아이가 자기 아버지를 친근하게
부르는 사적인 표현입니다. 중동 지역에서 어린아이가 가장 먼
저 배우는 단어가 아빠라고 합니다.

구약성경에 하나님을 아버지라고 부르는 경우는 총 12회 나
옵니다. 하지만 구약성경에서 하나님을 아버지로 부를 때는 항
상 칭호가 아닌 직유나 은유의 방식으로 사용됩니다. 아버지를
하나님의 칭호로 사용한 경우는 단 한 번도 없습니다. 그러나
예수님께서는 종종 하나님을 자신의 아버지로 부르셨습니다.

예수님께서 하나님을 '아빠'라는 호칭으로 부르신 것은 하
나님에 대한 존경심과 친밀한 관계성을 잘 보여 줍니다. 하나
님께서는 예수님의 아버지이시며, 예수님께서는 하나님의 독
생자이십니다. 예수님께서 세례 요한에게 세례를 받고 물에서
나오실 때 하늘에게 들려온 첫마디가 "이는 내 사랑하는 아들
이요"(마 3:17)라는 말씀입니다. 분명 예수님께서는 유일무이한
하나님의 아들로서 하나님을 "아빠"라고 부르셨습니다.

아빠 아버지여 아버지께는 모든 것이 가능하오니 이 잔을 내게서

옮기시옵소서 그러나 나의 원대로 마시옵고 아버지의 원대로 하
옵소서 **막 14:36**

십자가를 앞둔 그 밤에 예수님께서는 간절함과 절박함으로
아빠 아버지를 찾으셨습니다. 어린아이처럼 얼굴을 땅에 대고
엎드려 한없이 울부짖으셨습니다. 무릎을 꿇고 힘쓰고 애써 더
욱 간절히 아빠를 찾으셨습니다. 땀이 땅에 떨어지는 핏방울
같이 될 만큼 심한 통곡과 눈물로 기도하셨습니다(마 26:39, 눅
22:44, 히 5:7). 예수님의 기도는 '나의 아빠'를 찾아 삶의 절박함
을 아뢰는 절실한 찾음이었습니다. 우리의 기도 또한 예수님처
럼 나의 아빠를 찾음이 되어야 합니다.

예수님께서는 기도를 가르쳐 주시면서 우리 또한 하나님을
아빠로 부르게 하셨습니다. 우리는 전에 하나님을 아빠라고 부
를 수 없는 존재였습니다. 마치 허균이 쓴 〈홍길동전〉에 나오
는 길동이처럼, 아버지가 있어도 아버지라고 부를 수 없는 서
자와 같은 존재였습니다. 그러나 이제는 예수님 덕분에 하나님
을 아빠라고 부를 수 있게 되었습니다. 하늘 아버지의 사랑받
는 아들과 딸이 되었습니다.

너희는 다시 무서워하는 종의 영을 받지 아니하고 양자의 영을 받
았으므로 우리가 아빠 아버지라고 부르짖느니라 **롬 8:15**

너희가 아들이므로 하나님이 그 아들의 영을 우리 마음 가운데 보

이처럼 예수님으로 말미암아 하나님을 "아빠 아버지"라고 부르게 된 것은 우리가 하늘 아버지와 언약 관계 안에 들어간 것을 뜻합니다. 하나님께서 우리의 아버지가 되시고, 우리는 하나님의 자녀가 된 것입니다. 이 언약 관계 안에서 하나님께서는 우리의 아빠로서 자녀의 행복과 안전을 위해 최선을 다하는 의무를 짊어지십니다. 반면에 우리는 하나님의 자녀로서 아빠 되신 하나님께 순종하고 그분을 영원토록 즐거워해야 할 사명을 부여받았습니다.

우리는 하나님과 맺은 새로운 언약 관계를 통해 하늘에 계신 아빠 아버지의 모든 부요함과 충만함을 상속받게 되었습니다. 하나님께서 우리의 아버지가 되시고, 우리가 하나님의 자녀가 된 언약 관계의 권세가 자녀의 기도로 말미암아 누려지는 것입니다. 기도는 언약 관계를 근거로 자녀가 아버지를 찾음입니다. 우리가 어린아이의 울부짖음으로 기도할 때 하늘 아빠께서는 벗은 발로 뛰어나와 자녀 된 우리에게 귀 기울이십니다.

그러므로 아빠 아버지를 찾는 기도는 종교적 의무나 형식이 아닌 자녀의 영광스러운 특권입니다. 기도에는 어떤 종교적 조건이나 자격이 필요하지 않습니다. 기도에는 오직 한 가지, 예수님으로 말미암아 하나님께서 나의 아빠 아버지 되셨음을 믿는 믿음만 있으면 충분합니다. 나는 하늘 아버지의 자녀입니까? 그 사실을 믿고 있습니까? 그렇다면 어린아이의 울부짖음으로 엎드려 아빠를 부르며 기도해야 합니다.

한 아이가 무거운 짐을 옮기기 위해 안간힘을 쓰고 있었습니다. 하지만 짐이 너무 크고 무거워 연약한 아이의 힘으로는 도저히 역부족이었습니다. 그 옆에서 아이의 아빠가 아무 말 없이 물끄러미 그 모습을 지켜보고 있었습니다.

아이가 식은땀을 뻘뻘 흘리면서도 좀처럼 짐을 못 옮기는 것을 바라보던 아빠는 이윽고 한마디 꺼냈습니다.

"애야, 너 지금 최선을 다하고 있는 거니?"

아이는 그렇다고 답했습니다. 그러자 아빠가 아이의 얼굴을 사랑스러운 눈빛으로 바라보며 말했습니다.

"사랑하는 아이야, 너는 지금 최선을 다하고 있지 않단다. 왜 아빠에게 그 짐을 옆으로 옮겨 달라고 부탁하지 않는 거니?"

그렇습니다. 연약한 어린아이가 할 수 있는 최선은 아빠를 찾는 것입니다. 자녀의 최선은 부모에게 부탁하는 것입니다. 기도란 피조물인 우리가 하늘에 계신 초월적 창조자 하나님을 찾는 것입니다. 이 땅의 역사와 권세를 비웃으시는 하늘에 계신 아버지의 웃으심에 동참하는 것입니다. 아버지 되신 하나님으로부터 무한한 지혜와 능력을 마음껏 빌려다 쓸 수 있는 특권을 당당하게 행사하는 것입니다.

우리는 '하늘은 스스로 돕는 자를 돕는다'는 신념으로 사는 자연인이 아닙니다. 우리는 '하늘은 하늘의 아버지께 구하는 자녀를 돕는다’는 믿음으로 기도하는 신앙인입니다. 아빠 아버지를 울부짖음으로 찾는 자녀의 최선이 기도입니다.

왜 기도해야 하는가

예수님께서 가르쳐 주신 기도는 하나님의 이름을 부름과 송영을 사이에 두고, 세 개의 ‘당신(아버지)’ 청원과 세 개의 ‘우리’ 청원으로 이루어져 있습니다.

(아버지) 이름이 거룩히 여김을 받으시오며 (아버지) 나라가 임하시오며 (아버지) 뜻이 하늘에서 이루어진 것같이 땅에서도 이루어지이다

오늘 ‘우리’에게 일용할 양식을 주시옵고 ‘우리’가 우리에게 죄 지은 자를 사하여 준 것같이 우리 죄를 사하여 주시옵고 ‘우리’를 시험에 들게 하지 마시옵고 다만 악에서 구하시옵소서

예수님께서는 하늘 아버지의 이름과 나라와 뜻을 먼저 구하고, 그 후에 우리의 생존과 관계와 보호를 구하라고 가르쳐 주셨습니다. 예수님 당시 유대교의 기도는 먼저 자신의 필요를 잔뜩 나열한 후 맨 마지막에 형식적으로나마 하나님을 높여 드리는 기도문을 덧붙이는 것이 일반적이었습니다. 사실 우리도

그렇게 기도할 때가 많지 않습니까?

예수님께서는 주기도문을 통해 이러한 사람의 보편적 욕망을 전복시키는 기도를 가르쳐 주셨습니다. 그런데 이 기도를 찬찬히 곱씹다 보면 이런저런 의문이 생깁니다.

먼저 '우리가 굳이 아버지의 이름과 나라와 뜻을 위해 기도해야 할 필요가 있는가? 이런 것들이 우리가 기도할 제목으로 합당한가?'라는 의문이 듭니다.

예수님께서는 제자들에게 아버지의 이름을 거룩하게 하고, 아버지의 나라를 임하게 하고, 아버지의 뜻을 이루라고 말씀하시지 않았습니다. 제자들이 추구하는 바가 하나님의 이름과 나라와 뜻이 되어야 한다고 가르치시지도 않았습니다. 그냥 그렇게 되기를 기도하라고 하실 뿐입니다. 그렇다면 어떤 의미에서 이런 제목들은 기도할 필요가 없는 게 아닌가 싶습니다.

하늘 아버지께서 그냥 그렇게 하시면 되는 것 아닙니까? 하나님의 이름을 거룩하게 하는 일, 하나님께서 하시면 되는 것 아닙니까? 하나님의 나라가 임하는 것을 누가 막을 수 있습니까? 하나님께서 그냥 임하게 하시면 되는 것 아닙니까? 하나님의 뜻을 누가 감히 거역할 수 있습니까? 우리가 기도하든 기도하지 않든 결국 모든 것은 하나님의 뜻대로 되는 것 아닙니까? 하늘에 계신 아버지의 이름도 나라도 뜻도 다 하나님께서 이루시고 싶은 대로 이루시면 되는 것 아닙니까?

또한 '아버지의 이름과 나라와 뜻은 서로 어떻게 연결되는가? 이것은 아버지를 위한 서로 다른 세 가지 차원의 청원인가? 아니면 하나의 청원에 대한 반복적 강조인가?'라는 의문도 듭니다.

현대 신학의 풍성한 이해를 바탕으로 예수님께서 가르쳐 주신 기도를 살펴보면 분명 깊고 넓은 진리를 발견할 수 있습니다. 아버지의 이름이 거룩히 여김을 받으시는 것과 아버지의 나라가 임하고, 아버지의 뜻이 하늘에서 이루어진 것같이 땅에서도 이루어지는 것은 다양한 성경 신학적 차원을 갖고 있음을 알 수 있습니다. 아버지의 이름과 나라와 뜻, 각각을 따로 떼어 각각에 대한 깊은 묵상을 나눌 때 깊은 도전과 감동이 있음을 봅니다.

그러나 이 말씀의 현장에서도 그랬을까요? 갈릴리 호수 서편 언덕에 모여 있던 제자들에게 하늘 아버지의 이름과 나라와 뜻이 얼마나 다른 차원으로 들렸을까요?

R. C. 스프로울(R. C. Sproul)이 『어떻게 기도할까』에서 말하듯이 이것은 서로 뗄 수 없는 하나의 기도로 보입니다. 아버지의 이름이 거룩히 여김을 받아야 이 땅에 아버지의 나라가 이루어지며, 아버지의 나라가 임하는 것이 결국 아버지의 뜻이 이루어지는 것 아닙니까? 그날 "너희는 이렇게 기도하라"라는 말씀을 듣던 이들에게 예수님의 말씀은 심오한 신학적 메시지 이전에 담백하고 단순한 가르침으로 다가오지 않았을까요?

그리고 '세 개의 당신 청원과 세 개의 우리 청원은 완벽하게 분리된 기도의 여섯 가지 카테고리(Category)를 제시하는 것인가? 아니면 유기적으로 연결된 한 덩어리의 기도인가?'라는 의문도 생깁니다.

식민지 치하에서 고단한 삶을 이어 오던 이들에게 예수님의 여섯 가지 청원은 서로 다른 무엇이기보다 한 덩어리의 청원으로 다가왔을 개연성이 높아 보입니다. 하늘 아버지의 이름, 나라, 뜻을 구하는 것과 자녀의 생존, 관계, 보호를 구하는 것이 하나로 묶인 한 덩어리 기도로 들렸을 것입니다.

자녀의 일용할 양식이 공급되지 않는 형편에서 어떻게 아버지의 이름이 거룩히 여김을 받을 수 있습니까? 자녀가 용서할 수 없는 관계의 어려움을 안고 살아가는 곳에서 어떻게 아버지의 나라가 임했다고 할 수 있습니까? 자녀가 시험에 넘어지고 악에 빠져 있는 땅에서 어떻게 아버지의 뜻이 하늘에서처럼 이루어질 수 있습니까?

더구나 자녀가 찾는 하늘에 계신 아버지께서는 자녀에게 있어야 할 모든 것을 아시는 아버지 하나님이십니다(마 6:8). 그렇다면 굳이 기도할 이유가 무엇입니까? 다 아시는 하늘 아버지께서 해 주시면 되는 것 아닙니까? 그러나 그렇지 않습니다. 아버지께서는 다 아시지만, 예수님께서는 우리에게 "너희는 이렇게 기도하라"라고 기도를 가르쳐 주셨습니다. 아버지께서 기도를 통해 자녀를 만나고 싶어 하시기 때문입니다.

우리는 모든 것을 아시는 아버지께 예수님께서 가르쳐 주

신 대로 기도해야 합니다. 다 아시는, 하늘에 계신 아버지께서
는 우리의 기도를 통해 자녀와 함께 일하길 기뻐하십니다. 하
늘 아버지께서는 자신이 아는 대로 막무가내로 행하시는 분이
아닙니다. 하나님께서는 마음대로 모든 것을 이루시는 분이 아
닙니다. 하늘 아버지께서는 자녀의 기도를 듣고 그 기도에 응
답함으로 역사하시는 아버지 하나님이십니다. 그러므로 자녀
인 우리는 기도해야 합니다. 기도를 통해 아버지를 만나고, 땅
에서 하늘 아빠께 이야기해야 합니다.

땅과 하늘을 잇는 신비

기도는 이 땅을 사는 자녀를 향한 하늘에 계신 아버지의 사
랑입니다. 기도는 자녀가 땅에서 구하면 하늘에 계신 아버지께
서 귀 기울여 들으시고 자녀에게 대답하시는 소통입니다. 기도
는 자녀가 땅에서 하늘을 구할 때 하늘에서 듣고 땅에서 이루
게 하시는 사랑입니다. 땅에서 하늘의 응답을 누리는 특권이
기도입니다.

진실로 너희에게 이르노니 무엇이든지 너희가 땅에서 매면 하늘
에서도 매일 것이요 무엇이든지 땅에서 풀면 하늘에서도 풀리리
라 진실로 다시 너희에게 이르노니 너희 중의 두 사람이 땅에서
합심하여 무엇이든지 구하면 하늘에 계신 내 아버지께서 그들을

아버지의 이름이 욕되지 않고 거룩히 여김을 받으려면 자녀의 일용할 양식이 채워져야 합니다. 오늘 하루만큼의 필요한 양식을 구하는 것은 단순히 현실적 필요만을 위한 기도가 아닙니다. 광야에서 출애굽 백성을 매일의 만나로 먹이신 하늘 아버지는 자녀를 일용할 양식으로 먹이셔야만 합니다. 일용할 양식은 경제적 최저선입니다. 이에 모자라는 것은 악이요 불의입니다.

케네스 E. 베일리(Kenneth E. Bailey)가 『중동의 눈으로 본 예수』에서 지적한 것처럼 일용할 양식이란 오늘 자녀에게 떨어지지 않고 끊기지 않는 양식입니다. 자녀가 없어서 불안해하거나 내일을 두려워하지 않아도 될 만큼의 충분하고 만족할 만한 양식이 바로 우리에게 구하라 하신 일용할 양식입니다. 자녀의 생존을 위한 필요를 충분히 공급하시는 것이 아버지의 명예입니다. 그러므로 우리의 생존을 위한 필요를 구하는 것은 아버지의 명예 곧 이름이 걸린 기도입니다.[24]

이것을 너무나 잘 알았던 지혜자 아굴은 "나를 가난하게도 마옵시고 부하게도 마옵시고 오직 필요한 양식으로 나를 먹이시옵소서"(잠 30:8)라고 기도했습니다. 그가 이렇게 기도한 것은 자기 생존에 대한 두려움이 아닌 하나님의 명예에 대한 두려움 때문입니다. 양식이 너무 풍족해 하나님을 모른다고 하거나 양식이 너무 없어 도둑질하고 하나님의 이름을 욕되게 할까 두려워서 필요한 양식을 위해 기도한 것입니다.

하늘 아버지의 자녀는 예수님께서 가르쳐 주신 대로 일용할 양식을 위해 기도해야 합니다. 자기 생존에 대한 두려움 때문이 아니라 야곱처럼 아버지의 이름이 욕되지 않을까 싶어 아버지의 명예를 위해 기도해야 합니다. 자녀를 일용할 양식으로 먹이시고 돌보시는 것은 아버지의 명예입니다.

예수님 안에 임한 하나님 나라의 대표적인 표징으로 복음 전파, 치유, 축사와 함께 사죄를 빼놓을 수 없습니다. 예수님께서는 천국 복음을 전파하시고, 귀신을 쫓아내시며, 병든 자를 치유하심으로 하나님 나라의 실재를 나타내셨습니다. 그리고 오직 하나님만 하실 수 있는 죄 사함을 선포하심으로 예수님 자신이 하나님 나라의 주인이심을 드러내셨습니다(눅 5:20~24).

그런 예수님께서 우리에게 죄 용서를 기도하라고 하십니다. 우리가 우리에게 죄지은 자를 용서해 준 것같이 우리 죄를 용서해 달라고 기도해야 합니다. 우리는 살면서 매 순간 죄를 짓습니다. 이 죄는 하나님과 다른 사람에 대한 '빚(채무)'입니다. 죄가 하나님과 다른 사람에 대한 빚이라는 사실은 죄의 엄중함을 나타냅니다. 그것은 반드시 갚지 않으면 안 됩니다. 우리의 죄는 반드시 처리되고 용서받아야만 합니다.

"우리가 우리에게 죄지은 자(죄의 빚진 자)를 사하여 준 것같이 우리 죄를 사하여 주시옵고"라는 기도는 우리의 용서가 하나님의 용서를 유발하는 원인인 것처럼 오해될 수 있습니다.

그러나 그렇지 않습니다. 사실 하늘 아버지는 우리의 용서와 상관없이 복음 안에서 우리를 이미 용서하셨습니다. 우리의 죄 용서를 구하는 기도와 상관없이 십자가에서 우리의 죄를 이미 다 사하셨습니다.

그럼에도 우리가 용서를 구하는 것은 용서의 결단 때문입니다. "하나님, 우리의 죄를 용서하여 주심을 믿습니다. 그와 동시에 우리도 우리에게 죄의 빚진 자들을 용서하겠습니다"라고 결단하는 것입니다. 하늘 아버지의 자녀는 죄 용서를 믿음으로 받아들이는 동시에 죄 용서를 실천해야 합니다. 우리의 용서와 하나님의 용서는 하나인 듯 연결되어 있습니다(마 6:14~15).

나아가 용서를 결단하는 기도는 개인적인 죄 용서의 문제를 넘어 서로의 죄를 고백하고 병이 치유되는 고백 공동체의 관계를 위한 기도이기도 합니다(약 5:15~16). 사실 누군가를 용서하고 깨어진 관계를 회복하는 것이 우리의 힘으로는 불가능합니다. 죄가 사하여지고 상처와 아픔이 치유되는 것은 우리의 힘이 아닌 하나님의 전적인 은혜로만 가능합니다. 아버지의 나라 곧 하늘 아버지의 전적인 다스림이 임해야만 자녀 된 우리는 용서를 누리며 용서하는 자로 살아갈 수 있습니다.

그러므로 하나님의 나라가 임해야만 관계적인 치유와 회복이 일어납니다. 하나님 아버지의 통치가 우리의 죄를 용서할 뿐 아니라 우리를 용서하는 자로 살아가게 합니다. 우리가 용서받고 용서하며 살아가는 그곳이 아버지의 나라가 임한 땅입니다.

하나님의 뜻은 예수님 안에서 한 영혼도 잃어버리지 않고 마지막 날에 다시 살아나는 것입니다. 하나님의 뜻은 우리가 예수님 때문에 음란을 버리고 거룩함과 존귀함으로 남편과 아내를 대하는 것입니다. 그리스도 예수 안에서 우리를 향하신 하나님의 뜻은 우리가 범사에 감사하며 사는 것입니다(요 6:39, 살전 4:3~4, 5:18). 아버지 하나님께서는 자녀 된 우리가 생명을 얻고 더 풍성하게 누리며 살아가길 원하십니다.

예수님께서는 사탄의 유혹과 공격으로부터 보호받기를 구하라고 말씀하십니다. 우리는 시험에 넘어지지 않고 악에서 구원받기를 기도해야 합니다. 사탄이 첫 사람 아담을 미혹하여 죄짓게 했듯이 우리에게도 나쁜 짓을 하지 못하도록 지켜 달라고 기도해야 합니다.

에덴동산에서 사탄이 첫 사람을 미혹했던 사건의 핵심은 하나님과 다른 사람 앞에서 자기를 주장하도록 부추겼던 일입니다. 이것이 하나님을 인생의 주인으로 고백하는 대신 자기 스스로 하나님 노릇을 하며 살고자 하는 거역입니다. 다른 사람 위에서 하나님처럼 군림하려는 교만입니다. 다른 사람을 조종하고 통제하며 착취하고 억압하는 모든 태도가 악에서 비롯된 불법입니다. 사탄의 유혹에 넘어가 악에 빠지면 결국 이 땅을 지옥으로 만들게 되고, 자신과 다른 사람을 지옥에 살게 합니다.

하늘 아버지의 자녀는 이 땅을 지옥으로 만들고 지옥을 살지 않기 위해 미혹으로부터 보호받기를 기도해야 합니다. 아버지의 뜻이 하늘에서 이룬 것처럼 땅에서도 이루어지려면 반드시 자녀가 사탄의 유혹으로부터 안전하게 보호받아야 합니다.

우는 사자처럼 삼킬 자를 찾아다니는 사탄의 미혹으로부터 자녀가 보호받는 것이 아버지의 뜻입니다(벧전 5:8~10). 자녀가 실족하지 않고, 해방된 기쁨과 자유의 풍성함을 누리는 것이 아버지의 간절한 원함입니다. 그리고 마침내 마지막 날 하늘 아버지의 뜻이 땅에서 이루어질 때 하나님의 뜻을 거역하고 자녀를 미혹하던 옛 뱀 곧 사탄, 마귀는 그 권세를 잃고 영원한 지옥 가운데로 던져질 것입니다(계 12:1~12, 20:10, 14).

예수님께서 가르쳐 주신 기도는 자녀의 삶에 예수님으로 말미암은 은혜가 가득하길 꿈꾸며 기도하라는 호소입니다. 예수님 안에서 하늘 아버지의 이름이 거룩히 여김을 받고, 아버지의 나라가 임하고, 아버지의 뜻이 하늘에서처럼 이루어졌습니다. 그래서 예수님께서 머무시는 곳마다 풍성한 나눔의 잔치가 가득했고, 어떤 죄인도 용서하고 품어 주는 화해의 공동체가 이루어졌고, 귀신이 떠나가고 질병에서 놓여나는 해방의 자유가 넘쳤습니다.

자녀의 기도를 통해 하늘이 땅으로 이어질 때 땅에서 아버지의 이름과 나라와 뜻이 이루어질 것입니다. 기도로 땅에서 하늘을 움직일 때 자녀의 생존과 관계와 보호의 문제가 온전히 해결되는 신비를 누리게 될 것입니다. 기도는 땅을 사는 자녀와 하늘에 계신 아버지의 만남이요 교통입니다. 기도는 땅을 사는 자녀를 향한 하늘 아버지의 사랑입니다. 기도는 땅에서 하늘을 잇는 다리입니다.

자녀의 특권을 누려라

　오래전 청소년을 위한 미국 대학교 투어 프로그램을 운영하던 때의 일입니다. 지금은 대학 졸업반이 된 중학생 친구가 프로그램에 꼭 참석하고 싶어 했습니다. 그러나 재정적인 형편이 여의찮아 신청을 머뭇거리던 학생은 기도를 시작했습니다. 형편이 녹록하지 못했기에 부모에게 제대로 말도 못하고 기도했습니다.

　그런데 이 학생은 교회 기도실이 아닌 자기 집 거실에서 기도했습니다. 밤마다 거실에 엎드려 미국 대학교 투어 프로그램에 참석할 수 있도록 재정을 허락해 달라고 간절히 기도했습니다. 하나님께 기도하는 건지 부모에게 시위하는 건지 모를 상황에 숨죽이며 아들의 기도를 듣고 있던 부모는 난감하기만 했습니다.

　그런데 며칠이 지나지 않아 예기치 못한 일이 벌어졌습니다. 학생의 아버지가 근무하는 회사에서 예정에 없던 성과급이 지급된 것입니다. 몇 년 전에 지급되었어야 할 성과급이 그제야 지급된 것입니다. 정작 당사자인 아버지도 잊고 있던 성과급이 지급된 것입니다. 그리고 금액을 확인해 보니 정확하게 투어 프로그램 참가비만큼이었습니다. 그렇게 그 학생은 기도 응답의 기쁨과 함께 투어 프로그램에 즐겁게 참여할 수 있었습니다. 하늘 아버지께서 철부지 같은 어린 학생의 간절한 기도를 들어 주셨습니다. 어린아이의 울부짖음에 하늘 아버지께서 응답하신 것입니다.

그러나 그것이 전부가 아니었습니다. 진정 하나님께서 들으신 것은 밤마다 거실에 엎드려 부르짖는 아이의 기도만이 아닌 부모의 신음 어린 기도였습니다. 거실에 엎드려 울부짖는 자녀가 그렇게 가고 싶어 하는데 마음껏 보내 줄 수 없는 부모의 가슴 시린 기도를 하늘 아버지께서 들으신 것입니다. 이른 새벽 잠든 아들을 뒤로하고 예배당에 엎드려 능력 없는 부모의 한계를 넘어 하늘 아버지께 구하는 어머니의 눈물 어린 부르짖음에 응답하신 것입니다.

정말 뜨겁게 하나님 아버지를 부르짖어 본 적이 언제입니까? 간절한 소원을 붙들고 한없이 어린아이처럼 울부짖어 기도하고 있습니까? 아픈 가슴을 움키며 신음 가득한 기도를 쏟아 내고 있습니까?

하나님의 자녀는 아빠 아버지를 찾아 엎드린 예수님처럼 하늘 아버지를 찾아 울부짖어야 합니다. 자녀의 특권적 권세로 아빠 아버지를 찾아 부르짖어야 합니다. 하늘 아버지가 만나질 때까지, 하늘이 땅으로 이어질 때까지 구하고 또 구해야 합니다. 지금의 때는 어린아이의 울부짖음으로 땅에서 하늘을 구하는 간절한 기도가 절실한 때입니다.

산상수훈 9 믿음

염려와 신뢰 사이에서 눈을 뜨다

　　문학평론가이자 초대 문화부 장관을 지낸 이어령은 〈눈물 없이 먹을 수 없는 빵〉이라는 시를 통해 인생의 고단함을 노래했습니다.

　　내 눈물이 진주라면 내 손에 든 빵은 바다

　　거칠게 파도치고 때로는 해일처럼

　　효모균을 뿌린 것처럼 부풀어 오르지만

　　그 바다는 작은 진주알을 키운다

　　눈물 없이는 먹을 수 없는 빵

　　무슨 열매가 이리도 매워 고추 먹은 듯 뜨거운 입김

　　한 조각 빵을 먹기 위해

나는 유다처럼 사랑하는 사람을 판다

너를 찌르지 않고서는 내가 먹을 빵을 얻을 수 없다

이마에 땀이 흐르지 않으면

눈에서 눈물이 흐르지 않으면

야윈 정강이에 피가 흐르지 않으면

먹을 수 없는 빵

내 눈물이 진주라면 내 손에 든 빵은 바다. [25]

그렇습니다. 땀과 눈물과 피가 흐르지 않으면 먹을 수 없는 빵, 그것이 인생의 고단함입니다. 가난을 대물림하던 작은 마을에서 가난한 건설 노동자의 아들로 나고 자란 예수님, 아버지를 일찍 여의고 어머니를 도와 공사장 막노동꾼으로 집안 살림살이를 건사해야 했던 예수님께서는 빵 한 조각, 밥 한 그릇의 무거움을 누구보다 잘 아셨을 것입니다.

하루하루 끼니를 해결하며 사는 삶의 괴로움을 몸으로 겪어 온 예수님께서 "목숨을 위하여 무엇을 먹을까 무엇을 마실까 몸을 위하여 무엇을 입을까 염려하지 말라"(마 6:25)라고 말씀하십니다. 이 염려하지 말라는 가르침은 오른편 뺨을 치거든 왼편도 돌려 대라는 말씀보다 더 받아들이기 힘겨워 보이는 말씀입니다. 익숙하지만 참으로 버겁게 다가오는 말씀입니다. 그래서 친숙하지만, 순종의 불가능성 앞에 스치는 경구처럼 외면받는 말씀이기도 합니다.

염려하는 사람을 "믿음이 작은 자들아"(마 6:30)라고 부르시는 예수님 앞에 한없이 초라해질 수밖에 없는 자아를 어떻게 붙들어 세울 수 있습니까? 어떻게 하면 염려하지 말라는 말씀에 순종하는 큰 믿음의 사람이 될 수 있습니까? 작은 믿음을 극복하고 충족한 오늘을 살아 내려면 어떻게 해야 합니까?

|

아버지 이름이 달린 일

내가 너희에게 이르노니 목숨을 위하여 무엇을 먹을까 무엇을 마실까 몸을 위하여 무엇을 입을까 염려하지 말라 **마 6:25**

너희가 어찌 의복을 위하여 염려하느냐 **마 6:28**

염려하여 이르기를 무엇을 먹을까 무엇을 마실까 무엇을 입을까 하지 말라 **마 6:31**

내일 일을 위하여 염려하지 말라 **마 6:34**

예수님께서 제자들에게 염려하지 말라고 말씀하신 것이 먹고사는 걱정을 하지 말라는 의미일까요?

이는 다 이방인들이 구하는 것이라 너희 하늘 아버지께서 이 모든

것이 너희에게 있어야 할 줄을 아시느니라 마 6:32

이 모든 것을 너희에게 더하시리라 마 6:33

예수님께서 말씀하시는 "이 모든 것"이란 먹고사는 데 필요한 모든 것을 뜻하는 것일까요? 하늘 아버지께서 먹고사는 문제는 다 알아서 책임지신다는 약속일까요? "너희는 먼저 그의 나라와 그의 의를 구하라"(마 6:33)라는 말씀은 최고의 복지 혜택을 믿고 투자하라는 명령일까요? 우리는 정말 가만히 있으면 알아서 다 되는 걸까요?

소설가 김훈은『밥벌이의 지겨움』에서 이렇게 말합니다.[26]

밥에는 대책이 없다. 한두 끼를 먹어야 되는 일이 아니다. 죽는 날까지 때가 되면 반드시 먹어야 한다. 이것이 밥이다. 이것이 진저리 나는 밥이라는 것이다. 예수님께서 밥벌이에 대해서 말씀하시기를 '하늘을 나는 새를 보라. 씨 뿌리지도 않고 거두지도 않거늘 하늘에 계신 아버지께서 먹이시느니라'라고 하셨지만 나는 이 말을 믿지 못한다. 하느님이 새는 맨입에 먹여 주실지 몰라도 인간을 맨입에 먹여 주시지는 않는다. 친구들아, 밥벌이에는 아무 대책이 없다. 이걸 잊지 말고 또다시 핸드폰을 차고 거리로 나가서 꾸역꾸역 밥을 벌자. 무슨 도리 있겠는가. 아무 도리 없다.

사실 이것이 우리 삶이지 않습니까? 이것이 현실이지 않습니까? 그러니 "내가 주님께 헌신하면 주님이 다 책임져 주신다. 먹고사는 걱정 다 맡기고 살아라"라는 어쭙잖은 말을 함부로 해서는 안 됩니다.

우리는 준엄한 삶의 현실을 직시해야 합니다. 먹고사는 무게를 가볍게 여겨서는 안 됩니다. 예수님께서는 먹고사는 생존의 가치를 잘 알기에 일용할 양식을 위해 기도하라고 가르치셨습니다. 일용할 양식을 공급하는 것을 하늘 아버지의 명예가 걸린 일로 여기셨습니다.

그렇다면 예수님께서는 왜 염려하지 말라고 하실까요? 단순히 "제자는 먹고사는 걱정을 해서는 안 된다. 먹고살 걱정하는 사람은 믿음이 작은 사람이다"라고 경계하시는 것일까요?

염려의 본질, 탐욕

염려하지 말 것을 가르치는 마태복음 6장 25절 말씀은 "그러므로"로 시작합니다. 즉 이 말씀은 마태복음 6장 19~24절 말씀과 긴밀하게 연결되어 있음을 알 수 있습니다. 이 부분을 자세히 살펴보면 예수님께서 염려하지 말라고 하실 때의 염려는 하루하루 입에 풀칠하는 가난한 이들의 '생활의 염려'가 아닌 쌓을 재물을 가진 자들의 배부른 '탐욕적 염려'인 것을 알 수 있습니다.

예수님께서는 재물을 가진 사람, 재물을 어디에 쌓아 둘까 고민하는 이들에게 재물을 땅이 아닌 하늘에 쌓아 두라고 말씀하십니다. 재물을 땅에 쌓아 두면 좀먹거나 녹이 슬어 못 쓰게 되고 도둑이 뚫고 들어와 훔쳐 갈 것입니다. 하지만 하늘에 쌓아 두면 좀먹거나 녹슬어 못 쓰게 되는 일도 없고 도둑이 뚫고 들어와 훔쳐 가지도 못할 것입니다. 마음이 땅에 있는 사람은 재물을 땅에 쌓아 두려 하지만, 마음이 하늘에 있는 사람은 재물을 하늘에 쌓아 두려 할 것입니다. 재물이 있는 곳에 그 사람의 마음도 있기 때문입니다(마 6:19~21).

그러나 하루 벌어 하루 먹고사는 인생, 입에 풀칠하기도 버거운 사람이라면 재물을 어디에 쌓아 두는 게 무슨 고민이겠습니까? 많든 적든 쌓을 재물을 가진 사람이나 하는 고민 아니겠습니까? 예수님께서는 지금 쌓아 둘 재물이 있는 이들의 마음이 어디에 있는지를 묻고 있는 것입니다. 재물을 어디에 쌓아 두는지를 통해 그 마음이 어디에 있는지를 알 수 있기 때문입니다.

눈은 몸의 등잔불입니다. 눈이 건강하면 온몸도 밝을 것입니다. 눈이 병들거나 약하면 그 몸도 어두울 것입니다. 그러니 마음에 품은 빛이 어두우면 그 어둠이 얼마나 심하겠습니까(마 6:22~23)? 밝은 눈으로 똑똑히 보아야 합니다. 하늘과 땅, 어디에 쌓는 게 지혜로운 생명의 선택인지 밝은 빛으로 보아야 합니다. 눈이 밝은 사람은 땅이 아닌 하늘에 쌓을 것입니다. 밝은 눈으로 밝게 보는 사람은 어둠을 뚫고 땅이 아닌 하늘의 하나님을 볼 것입니다.

마음이 온통 땅의 것으로 가득한 사람이 어떻게 재물을 하늘에 쌓아 둘 수 있겠습니까? 그런 사람이 가장 부러워할 사람이 호의호식하던 로마인이나 친로마 유대 귀족 아니겠습니까? 그들처럼 술과 여자와 지혜가 어우러지는 먹고 마시는 향연을 누리고 싶어 하지 않겠습니까? 더 많은 재물을 얻고자 밤낮으로 애쓰는 이유가 땅에서 잘 먹고 잘살고 싶어서가 아니겠습니까? 그것이 어둠에 빠진 사망인지도 모른 채 그렇게 살고자 하지 않겠습니까?

그렇게 가진 재물을 땅에 쌓아 두려는 사람, 땅에서 더 많은 재물로 더 많이 누리고자 하는 사람에게 예수님께서는 두 주인을 섬기지 못할 것이라고 일갈하십니다. 한 주인은 미워하고 다른 주인은 사랑할 것입니다. 한 주인에게 마음을 쏟고 다른 주인은 얕잡아 볼 것입니다. 하나님과 재물, 하늘 아버지와 재물의 신 맘몬(Mammon)을 아울러 주인으로 섬길 수는 없습니다. 땅에다 재물을 쌓아 두려는 사람은 하늘 아버지를 주인으로 섬길 수 없습니다. 마음이 땅에 있는 사람의 주인은 재물의 신 맘몬입니다(마 6:24).

예수님께서는 "그러므로, 염려하지 말라"라고 하십니다. 예수님께서 하지 말라고 하신 염려의 본질은 재물을 향한 갈망입니다. 이 땅에 더 쌓아 두고, 더 잘 먹고 잘살고 싶은 탐욕적 욕망을 말합니다.

무엇을 먹을까 무엇을 마실까 무엇을 입을까 염려하는 이들은 이방인입니다(마 6:31~32, 눅 12:30). 예수님께서 이방인으로 칭한 이들은 로마인이나 친로마 유대 귀족들로 소비를 즐기며 사는 이들입니다. 그들은 배고프지 않기 위해 먹고, 벌거벗지 않기 위해 입지 않았습니다. 그들은 먹고 입는 것에서 인생의 기쁨을 찾았습니다. 자기만족과 쾌락을 위해 무엇을 먹을까 무엇을 입을까를 염려했습니다. 그야말로 하나님과 재물을 아울러 섬기며 세상을 즐기려는 이들이 무엇을 먹을까 무엇을 입을까를 염려했습니다.

예수님께서 산상수훈에서 하지 말라고 하신 염려는 생활에 대한 염려가 아닌 재물을 땅에 쌓아 두고 살고 싶은 배부른 이방인의 탐욕적 염려입니다. 소비하는 데서 존재 가치를 찾으려는 염려입니다. 그러나 먹는 것과 입는 것으로 존재감을 드러내며 소비하는 것에서 행복을 찾으려는 염려는 결국 자기를 찌를 뿐입니다. 더 많은 것을 땅에 쌓으려는 염려는 자기를 찔러 파멸과 멸망에 빠지게 할 것입니다(딤전 6:8~10). 예수의 사람으로 살고자 한다면 더 쌓으려는 탐욕적 염려를 과감하게 걷어내야 합니다.

'오늘 나는 왜 염려하는가?' 작은 믿음을 극복하고 충족한 삶을 살려면 먼저 자기 마음속 염려의 근원을 들여다보아야 합니다. 마음속 염려의 본질을 정확하게 들여다보는 데서부터 충족한 삶의 문은 열릴 것입니다. 하늘 아버지의 자녀 된 우리가 염려하는 그 염려의 본질은 무엇입니까? 하루 한 끼의 버거움으로 인한 생존의 몸부림입니까? 아니면 이 땅에서 더 소유하고 더 쌓아 두려는 탐욕입니까?

밝은 눈으로 마음속 염려를 들여다보십시오. 이 땅에서 자신을 위해 재물을 더 쌓고자 하더라도 결국 좀먹고 녹슬며 도둑이 뚫고 들어와 훔쳐 가는 현실을 똑바로 보아야 합니다. 밝은 눈으로 좀먹지 않고 녹슬지 않고 도둑도 없는 하늘을 똑바로 보아야 합니다. 오늘 우리가 하는 그 염려의 본질은 무엇입니까?

믿음의 밝은 눈 회복하기

봄철 갈릴리 호수 서편 언덕에 서면 눈에 들어오는 것들이 있습니다. 먼저는 공중을 나는 새들이 눈에 들어옵니다. 나뭇가지 사이에 깃들인 참새도 보이고, 하늘을 나는 조금 덩치 큰 까마귀도 보입니다. 들판에는 노란 겨자꽃과 하얀 아몬드꽃 그리고 붉은 백합화가 만발합니다. 예수님께서는 염려하지 말고 공중의 새와 들의 백합화를 보라고 말씀하십니다.

성경의 땅 이스라엘과 이집트, 요르단 할 것 없이 그곳에서 까마귀는 한국인의 까마귀 인식과는 사뭇 다른 이미지입니다. 그들에게 까마귀는 흉조(凶鳥)가 아닙니다. 그냥 일상적으로 자주 접하는 조금 덩치가 큰 새들 가운데 하나일 뿐입니다. 이스라엘 땅에서는 참새 다음으로 까마귀를 많이 볼 수 있습니다.

예수님께서 공중의 새를 보라고 말씀하셨을 때, 그 새는 까마귀입니다. 민가에서 멀고 지형이 험한 곳에 서식하던 매나 독수리는 갈릴리 호수 인근에서 거의 볼 수 없습니다.

> 까마귀 새끼가 하나님을 향하여 부르짖으며 먹을 것이 없어서 허우적거릴 때에 그것을 위하여 먹이를 마련하는 이가 누구냐
> 욥 38:41

> 들짐승과 우는 까마귀 새끼에게 먹을 것을 주시는도다 시 147:9

까마귀 새끼의 어떤 면이 마음에 다가옵니까? 까마귀 새끼의 절절한 울음소리와 먹을 것을 달라고 둥지에서 허우적거리는 모습이 떠오르지 않습니까? 까마귀의 애절한 울음소리가 들리는 듯하지 않습니까? 하늘 아버지께서는 까마귀의 간절함을 외면하지 않고 들어 주시는 분입니다.

"공중의 새를 보라"(마 6:26)라는 예수님의 말씀은 까마귀를 기르시는 하늘 아버지를 보라는 말씀입니다. 공중의 새들은 씨를 뿌리거나 거두거나 곳간에 모아들이지 않아도 하늘 아버지께서 먹여 주십니다. 우리가 믿는 하늘 아버지께서는 까마귀조차 기르시는 분입니다. 그런데 하물며 자녀인 우리는 까마귀보다 귀하지 않겠습니까? 마땅히 하늘 아버지께서 자녀인 우리도 먹이시지 않겠습니까?

예수님께서는 또한 "들의 백합화가 어떻게 자라는가 생각

하여 보라"(마 6:28)라고 말씀하십니다. 흔히 '백합화'라고 하면 예수님을 상징하는 순백의 백합화(나리꽃)를 떠올립니다. 그런데 이 말씀 속 백합화는 봄철 이스라엘 땅에 흐드러지게 피는 붉은 아네모네꽃을 말합니다. 백합화(百合花)는 여러 들꽃을 통칭하는 동시에 특정하게는 양귀비꽃을 닮은 붉은 아네모네꽃을 가리킵니다. 그래서 한자로도 흰 백(白)이 아닌 일백 백(百)을 사용합니다.

예수님께서는 산상수훈 언덕에서 백합화가 어떻게 자라는가 생각하여 보라며 "솔로몬의 모든 영광으로도 입은 것이 이 꽃 하나만 같지 못하였느니라"라고 말씀하십니다. 예수 시대에 붉은빛 옷은 누구나 입을 수 있는 것이 아니었습니다. 붉은빛 자색 옷은 조선 시대 용포(龍袍)와 같이 황제의 옷이었습니다. 아무도 돌보지 않는 갈릴리 들판에 만발한 붉은빛 백합화의 아름다움은 권력과 부를 다 가진 솔로몬이나 로마 황제가 입었던 화려한 옷으로도 비교할 수 없을 만큼 탁월했습니다.

하늘 아버지께서는 오늘 있다가 내일 아궁이에 던져지는 들풀도 이렇게 아름다운 꽃으로 입히시는 분입니다. 그런 하늘 아버지께서 하물며 자녀 된 우리를 돌보시지 않겠습니까? 우리를 입히시지 않겠습니까?

참새 다섯 마리가 두 앗사리온에 팔리는 것이 아니냐 그러나 하나님 앞에는 그 하나도 잊어버리시는 바 되지 아니하는도다 너희에게는 심지어 머리털까지도 다 세신 바 되었나니 두려워하지 말라

너희는 많은 참새보다 더 귀하니라 눅 12:6~7

로마 제국의 화폐인 앗사리온은 로마 군인의 하루치 품삯으로 알려진 데나리온의 1/16에 해당하는 낮은 단위의 동전입니다. 참새 두 마리가 한 앗사리온에 팔리는데(마 10:29) 오늘은 두 앗사리온에 다섯 마리가 팔립니다. 이때 하나님께서 잊어버리시지 않는 한 마리는 '덤'으로 끼워서 파는 참새였을 것입니다. 덤으로 끼워 주는 참새가 멀쩡한 참새였을 리 만무합니다. 그런데 그 한 마리, 제 가치를 인정받지 못하는 존재조차도 하나님께서는 잊지 않으십니다.

그리고 하나님께서 우리의 머리털까지 세신다는 말씀은 우리를 보살피는 어머니의 정겨운 손길을 떠올리게 합니다. 물이 귀했던 시절 목욕이나 머리 감기가 연중행사였던 시절이 있었습니다. 반백 년 전쯤 한국에서도 머리털에 서캐나 '이'가 끓는 게 일상이었습니다. 2천 년 전 로마 제국의 식민지 땅도 별반 다르지 않았을 것입니다.

그런 때에도 아이들의 머리를 정성스레 매만지던 손이 있었습니다. 그 꼬이고 헝클어진 머리털을 한 올 한 올 세워 주던 손길이 있었습니다. 바로 어머니의 손길입니다. 씻겨 주고 빗겨 주고 만져 주는 어머니와 자녀의 모습은 정겹기만 합니다. 이렇게 우리는 머리털까지 살피시는 정겹기가 그지없는 아버지 하나님의 귀한 자녀입니다.

아무런 볼품이 없는 것, 아무짝에도 쓸데없는 것, 아무 상품 가치가 없는 그 참새 한 마리에게도 눈길을 주시는 하나님께서는 머리털 한 올 한 올 다 세는 듯 자녀를 돌보시는 분입니다. 사람 목숨을 참새 한 마리 값 취급도 안 하던 그 시절, 상품성이 없어 덤으로 끼워 팔아야 하는 참새 신세보다도 형편없는 처지를 살아 내던 이들을 하나님께서는 잊지 않으시고 따스한 손길로 품어 주십니다.

그러니 공중의 까마귀와 참새를 보고, 들의 백합화를 보십시오. 하늘 아버지께서 까마귀 새끼의 애절한 울부짖음을 들으시고 먹이십니다. 하나님께서 덤으로 팔리는 참새 한 마리까지도 돌보십니다. 아버지께서 오늘 있다가 아궁이에 던져질 들풀도 아름답게 입히십니다.

오늘도 기르시고 입히시는 하늘 아버지의 손길을 밝은 눈으로 내다보십시오. 그리고 다시 공중의 까마귀와 참새를 보고, 들의 백합화를 생각하십시오. 우리가 까마귀나 참새보다 귀하지 않습니까? 우리가 들풀보다 귀하지 않습니까? 밝은 눈으로 하늘 아버지의 귀한 자녀 된 자신을 보십시오. 자기 아들을 내어 줄 만큼 우리를 사랑하시는 아버지와 그의 사랑하는 자녀 된 우리를 생각하십시오(롬 8:31~32).

"하물며 너희일까 보냐"라고 반문하시며 "믿음이 작은 자들아"라고 호소하시는 아버지의 애잔한 사랑을 신뢰하는 것이 믿음입니다. 믿음이 큰 사람은 하늘 아버지의 손길과 자녀 된 우리의 귀함을 말씀대로 믿는 사람입니다. 아버지의 돌보시는 손길과 자녀의 귀함을 믿는 믿음이 작으면 이방인처럼 끊임없이 땅에서 잘 먹고 잘살고자 염려하게 됩니다. 우리는 하늘 아버지께서 돌보시는 귀한 자녀입니다. 믿음의 눈을 들어 창밖을 내다보며 생각하십시오.

오늘을 위한 충분한 은혜

염려하는 자신의 속마음을 들여다보고, 눈을 들어 하늘 아버지의 사랑과 그분의 귀한 자녀 됨을 내다보았다면 이제 오늘을 믿음으로 살아가야 합니다. 모든 것을 더하시는 하늘 아버지를 믿고 오늘을 살아가야 합니다.

하나님과 재물을 겸하여 섬길 수 없음을 알고 하나님만으로 족한 삶을 살고자 소망하십니까? 그렇다면 하늘 아버지께서 '이 모든 것이 있어야 함'을 아실 줄 믿고 아버지의 나라와 의를 구해야 합니다. 그러면 아버지께서 아시는 모든 것을 우리에게 더하실 것입니다(마 6:32~33). 오늘을 위한 충분한 은혜로 더하실 것입니다.

하늘 아버지의 자녀는 내일 일을 위하여 염려하지 말아야 합니다. 재물을 땅에 쌓아 두려는 욕망에서 시작된 탐욕적 염려를 멈추어야 합니다. 내일 일은 내일이 염려할 것입니다. 한 날의 괴로움은 그날에 겪은 분량만으로 충분합니다.

오늘은 오늘의 은혜가 있습니다. 어제의 무게와 내일의 불안이 아무리 크더라도 오늘을 살아 내는 자리에 하늘 아버지께서 여전한 은혜로 더하십니다. 우리가 어제를 바꿀 수 없고 내일의 불안을 덜어 낼 수 없지만, 오늘을 주님께 맡길 수는 있습니다. 더하시는 아버지를 믿는 믿음으로 맡기고 오늘을 살아가야 합니다(마 6:34).

최근 불과 열흘 사이에 교우 가족 세 분의 장례를 치렀습니다. 60대 후반의 아버지가 세상을 떠났습니다. 지병도 없었는데 길에서 쓰러진 지 20분 만에 돌아가셨습니다. 50을 막 넘긴 동생이 세상을 떠났습니다. 인정받는 공직자로 열심히 살아왔는데 발병한 지 두 달 만에 짧은 영접 기도와 함께 소천했습니다. 50대 중반의 언니가 세상을 떠났습니다. 갑자기 쓰러져 사흘간 세 차례 수술을 받았지만 깨어나지 못한 채 잠들었습니다. 누가 내일을 말할 수 있습니까? 내일은 오직 하늘 아버지의 손에 있을 뿐입니다.

염려가 치명적인 이유는 오늘을 죽여서 내일을 사려고 하기 때문입니다. 오늘을 갉아먹으며 내일을 사려는 것이 탐욕적 염려입니다. 그러나 내일은 늘 내일일 뿐입니다. 내일은 내 일이 아닙니다. 내일은 내일의 주인이신 하나님의 몫입니다. 우리는 오늘 한 날을 살아갈 뿐입니다. 오늘의 우리를 돌보시고 내일의 우리를 위해 일하시는 하늘 아버지를 믿고 오늘을 살아가야 합니다. 인생은 오늘을 살아갈 뿐입니다. 내일은 내일의 주인이신 하나님께서 염려하실 것입니다. 한 날의 괴로움은 그날로 족합니다. 더하시는 아버지와 함께 그의 돌보시는 은혜로 오늘을 살아가는 삶이 바로 믿음으로 사는 충족한 삶입니다.

『그럼에도 육아』를 쓴 정지우 작가는 자녀의 출산과 양육을 위한 국가와 사회 공동체의 책임에 대한 토론회에서 이렇게 말합니다.

"자녀를 키우는 어려움을 겪어 내며 그 속에서 기쁨과 의미를 느끼지 못한다면 무슨 소용이겠는가? 자녀가 자라는 시간을 함께하지 못하고, 힘든 시간을 생략한 채 어느 날 아이가 잘 자란다면 그것이 어떤 의미가 있겠는가?"

그렇습니다. 아이와 함께하는 오늘이 가장 큰 행복입니다. 비록 오늘이 힘겨워도 그 시간을 함께하며 참고 견디고 사랑하는 삶이 행복한 인생입니다.

얼마 전 후배 목사가 담임으로 위임하는 자리에 참석했습니다. 은퇴하는 목사님은 지난 세월 섬겨 온 목회 여정을 두고 "황홀한 감옥이었습니다. 하루하루 한 주 한 주 그렇게 34년을 섬겨 온 걸음 하나님께 감사하고 성도들에게 고맙습니다"라고 고백했습니다.

후배는 위임이 확정되기까지 7년을 견뎌 내야 했습니다. 지난 시간 얼마나 많은 고민과 갈등이 있었는지 모릅니다. 참고 견뎌야 하는 시간이 왜 그렇게 더디고 힘겨운지, 모든 것을 뒤로하고 떠나고 싶었던 때도 있었습니다. 그때마다 함께 기도하고 씨름하며 이겨 내고 또 이겨 내야 했습니다.

위임 예배를 마친 후 다과 자리에서 우연히 후배의 세 자녀와 함께했습니다. 나고 자라는 모습을 가까이서 지켜보았기에 아이들이 고마웠습니다. 부모는 부르심이 있어서 낯선 지방에서 긴 시간을 참고 견딜 수 있었지만, 아이들이 무슨 죄겠습니까? 사춘기가 한창이던 세 아이가 낯선 곳에서 겪어야 했던 수많은 어려움이 주마등처럼 스쳤습니다.

문득 이런 말이 나왔습니다. "너희들이 잘 참아 주고 견뎌 줘서 너무나 고맙다." 아이들에게 고맙다고 말하며 잠시 목이 메고 눈가가 촉촉해졌습니다. 정말 그 시간을 잘 살아 준 아이들과 후배 목사 부부가 대견하고 고마웠습니다.

나중에 후배의 아내에게 전해 들은 이야기는 둘째 아이가 위임하는 아빠를 보며 참 많이 울었다고 합니다. 세 아이 중에 가장 아파하며 힘든 시간을 보냈는데 그 아이가 가장 많이 감사하며 울었다고 합니다. 아빠의 뒷모습을 바라보는 자녀의 기억 속에 아빠도 잘 참고 잘 이겨 냈던 것입니다.

한 날의 괴로움으로 족합니다. 모든 것을 아시고 더하시는 하늘 아버지를 믿고 오늘을 살아가면 됩니다. 한 날의 괴로움은 그 한 날의 무게로 충족합니다. 오늘 하루치의 은혜면 족합니다.

족한 은혜를 더하시는 하늘 아버지를 향한 간절함을 이어령은 〈하늘의 새, 들의 백합꽃〉이라는 시에서 이렇게 노래했습니다.

무엇을 먹을까 걱정하지 말라 하시지만

나는 새처럼 하늘을 날 수 없습니다.
무엇을 입을까 걱정하지 말라 하시지만
백합처럼 비단을 짜 제 몸을 치장할 줄 모릅니다.

당신이 아니 계시면 추워서 떨고
배고파 울었겠지요.
그러나 이제는 하늘을 나는 새
들판에 피는 백합도 부럽지 않습니다.

당신의 목소리를 듣고부터
날개가 없어도 하늘을 날고
베틀이 없어도 베를 짭니다.

그래도 근심 걱정이 남아 있어요.
당신이 너무 먼 곳에 있어
보이지 않을까 봐서[27]

오늘이 버거운 한 날이라면, "아빠! 아버지!" 하며 자녀를 돌보시고 모든 것으로 더하시는 하늘 아버지를 불러야 합니다. 그런 날은 한 번도 실망시킨 적 없으신 하늘 아버지의 신실하심을 노래하며 들꽃을 바라보아야 합니다.

하나님의 힘으로 함께 서는 우리

교회 친구 네 명이 성경 공부를 하다가 "너희 죄를 서로 고백하며 병이 낫기를 위하여 서로 기도하라"(약 5:16)라는 말씀에 깊은 감동을 받았습니다. 그래서 각자 가지고 있는 약점을 정직하게 고백하는 시간을 갖기로 했습니다.

첫 번째 친구는 사실 교회에 다니기는 하지만 아직 담배를 끊지 못했다고 고백했습니다. 두 번째 친구는 자기에게 있는 복잡한 이성 관계에 대해 고백했습니다. 세 번째 친구는 아직 해결하지 못한 어렸을 때부터의 악습 가운데 하나인 도벽이 있다고 고백했습니다. 그는 교회를 다니면서도 슬쩍한 적이 있었습니다.

그런데 네 번째 친구는 아무 말도 하지 않고 가만히 있었습니다. 그래서 다른 친구들이 왜 너는 말하지 않느냐고 하니까 자기는 말하기 곤란하다고 합니다. 우리는 다 했는데 너만 안 하면 어떡하냐고 했더니, 그럼 할 수 없이 이야기하겠다며 이렇게 말합니다.

"나의 약점은 다른 사람의 흉이나 약점을 알게 되면 떠들고 다니는 것이다."

어쩌면 좋습니까. 먼저 이야기한 세 친구는 지금 큰일 났습니다. 그런데 사실 네 번째 친구의 약점은 정도의 차이는 있어도 타락한 인생 대부분이 지닌 문제 아닙니까? 많은 사람이 어느 정도 남의 약점을 드러내고, 남을 비판하는 데서 묘한 쾌감을 느끼며 살아갑니다. 이렇게 타락한 인생의 죄로 살아가는 우리에게 예수님께서는 버거운 말씀을 하십니다.

비판을 받지 아니하려거든 비판하지 말라 마 7:1

비판하지 말라 그리하면 너희가 비판을 받지 않을 것이요 정죄하지 말라 그리하면 너희가 정죄를 받지 않을 것이요 용서하라 그리하면 너희가 용서를 받을 것이요 눅 6:37

"비판하지 말라"라는 말씀이 옳고 그름을 판단하지 말라는 뜻입니까? 그렇지 않습니다. 예수님께서는 안식일에 사람을 건강하게 한 것으로 인해 노여워하는 이들에게 보이는 것을 따라 판단하지 말고 공의롭게 판단하라고 하셨습니다(요 7:24). 또한 사도 바울은 자신에게 들은 말을 스스로 잘 판단하라고 했습니다(고전 10:15, 11:13). 하나님께서 주신 지혜로 올바르게 판단하는 것은 그리스도인의 마땅한 몫입니다.

"비판하지 말라"라는 가르침이 분명한 악을 행하는 사람조차 책망하지 말라는 뜻입니까? 그렇지 않습니다. 예수님께서는 권력 유지를 위해 눈치만 살피는 비열한 정치인 헤롯을 '여우'라고 비판하셨고, 위선으로 가득한 바리새인을 '독사의 자식들'이라고 꾸짖으셨습니다(마 12:34, 눅 13:31~32). 바울은 교회 안에서 음행하거나 우상숭배를 하는 악한 사람과는 함께 먹지도 말고 내쫓으라고 했습니다(고전 5:11~13). 하나님께서 주신 지혜를 따라 악을 경계하고 경책하는 일은 그리스도인의 마땅한 책임입니다.

그렇다면 우리는 예수님의 비판하지 말라는 말씀을 어떻게 받아들여야 합니까? '비판하다'로 번역된 원어 크리노(κρίνω)는 종종 '정죄하다'를 뜻하기도 하는데 예수님도 그렇게 쓰신 듯합니다. 병행 구절인 누가복음 6장 37절에서 비판과 정죄와 용서가 하나로 이어지는 것을 볼 때 예수님께서 비판하지 말라고 하신 것은 판단하지 말라는 뜻이 아니라 정죄하지 말라는 뜻으로 보입니다.[28]

예수님께서는 지금 여기서 하나님 자리에 앉아 최후 심판을 하듯이 하는 정죄를 금하신 것입니다. 정죄란 단순히 옳고 그름을 판단하는 것을 넘어 심판자의 자리에 앉아 유죄를 선고하고 형벌을 가하는 행위입니다. 예수님께서는 하나님의 지혜에 따른 판단을 금하신 것이 아니라 스스로 하나님의 자리에 앉는 심판을 금하신 것입니다. 그러므로 우리는 스스로 심판자가 되어 정죄하려는 태도를 버려야 합니다.

옳고 그름은 판단하지만, 정죄의 심판은 하지 않으려면 어떻게 해야 합니까? 우리의 판단과 비판이 자신은 물론 형제의 넘어짐이 아닌 세움이 되려면 어떻게 해야 합니까?

내가 비판하는 이유

예수님께서는 정죄의 비판은 금하셨지만, 형제의 잘못을 고치기 위한 권면이나 책망을 담은 세움의 비판까지 금하신 것은 아닙니다. 예수님께서는 비판의 문제를 형제의 눈 속에 있는 티를 빼려는 행위에 비유하십니다. 형제의 눈 속에 있는 티를 빼려면 "먼저 네 눈 속에서 들보를 빼어라 그 후에야 밝히 보고 형제의 눈 속에서 티를 빼리라"(마 7:5)라고 말씀하십니다.

이 말씀은 먼저 자기 눈을 밝게 한 후에는 형제의 잘못을 지적할 수 있음을 암시합니다. 형제의 눈 속에 있는 티를 보고 그것을 빼려는 마음은 정죄의 비판이 아닌 세움의 비판입니다. 형제의 눈 속에서 티를 빼려는 것은 선한 마음에서 시작된 사랑입니다.

우리의 비판은 형제를 일으켜 세우기 위함입니까? 아니면 형제를 넘어뜨리기 위함입니까? 형제의 눈 속에 있는 티를 보았습니까? 그때 사랑의 마음으로 형제를 위해 그 눈 속에서 티를 빼려고 합니까? 아니면 그 티를 드러내어 비난하고 조롱하기에 바쁩니까? 형제의 눈 속에 있는 티를 보았을 때 안타까운 마음에 어떻게든 도와주려 합니까? 아니면 그 티를 빌미 삼아 형제를 업신여기고 소외시키려 합니까? 형제를 비판하려는 이유가 무엇입니까?

형제를 향한 비판의 마음이 일어날 때 비판하려는 이유를 먼저 살펴야 합니다. 형제를 비판하려는 마음 중심에 형제를 도와주고 세워 주려는 사랑이 있습니까? 형제를 비판하려는 마음이 자기 자신의 유익이 아닌 비판받아야 할 그 형제를 유익하게 하기 위함입니까? 혹 우리의 비판이 형제를 향한 사랑이 아닌 시기와 질투 때문은 아닙니까? 자기 것을 빼앗겼다는 박탈감이나 불편함으로 인한 비판은 아닙니까? 혹 우리의 비판이 자기 상처나 어리석음으로 인한 왜곡된 비판은 아닙니까? 자라 보고 놀란 가슴 솥뚜껑 보고 놀란다는 말처럼 자기 상처가 덧나 과도하게 비판하려는 것은 아닙니까?

항공기 탑승 줄에 서 있었다. 내 앞에 서 있던 젊은 여자 승객이 가방을 뒤적이며 탑승권을 찾지 못하고 있었다. 속으로 짜증이 올라왔다. '아니, 탑승권 하나 못 챙겨 났나.' 다른 불평하는 사람들도 조금씩 생기기 시작했다. 승무원이 그녀에게 말했다.
"죄송하지만 잠시 옆으로 비켜 주시겠어요?"
그 순간, 그녀가 고개를 들었고 나는 퉁퉁 부은 그녀의 두 눈과 마주쳤다. 눈가엔 아직도 눈물이 흐르고 있었다. 가방을 뒤적이며 그녀는 혼잣말처럼 중얼거렸다.

'어머니 장례식이 내일인데….'

순간, 나는 그녀에게 너무나 미안해졌다.

우리는 모른다. 누군가의 느린 행동이나 실수 뒤에 얼마나 큰 아픔이 숨어 있을지. 보이지 않는다고 없는 게 아니다. 누군가는 무거운 짐을 안고 그저 조용히 하루를 버티고 있을지도 모른다. 우리는 모두 보이지 않는 짐을 들고 산다. 그 사실 하나만 기억해도, 세상이 조금은 다정해지지 않을까?

이 고백을 듣고는 생각이 많았던 기억이 있습니다. 그렇습니다. 누군가를 비판하려는 입장에서 보면 당연히 비판받아야 할 '티'라도 가까이 다가가 살펴보면 다르게 보일 수 있습니다. 우리의 눈에 티로 보이는 형제의 눈 속에 든 그것이 정말 빼내야만 할 티인지 그렇지 않은지 먼저 형제의 마음과 형편을 따뜻한 시선으로 살펴야 합니다. 따뜻한 사랑이 담긴 비판이 형제를 품어 주고 세워 줍니다. 비판하려는 이유가 형제를 넘어뜨리려는 것이 아니라 세우려는 것이라면, 비판하기 전에 먼저 따뜻한 시선으로 형제의 마음과 형편을 살펴야 합니다.

더불어 비판을 듣는 입장일 때도 비판하는 사람의 마음과 형편을 살필 줄 알아야 합니다. "비판하지 말라"라는 말씀을 근거로 누군가를 비판하는 사람을 무조건적으로 비판해서는 안 됩니다. 비판하려는 사람의 마음을 살피지 않고 비판하려는 행위만 비판해서는 안 됩니다. 비판을 들을 때나 해야 할 때나 먼저 살펴야 할 것은 서로의 마음입니다.

목회하면서 마음이 참 많이 아프고 쓰릴 때가 있었습니다. 어찌해야 좋을지 길을 찾을 수 없을 때가 있었습니다. 그것은 "교회가, 목사가 왜 이렇게 사랑이 없냐?"라는 말을 들을 때입니다. 미성숙하고 어릴 때는 이런 비판을 하는 이를 맞대어 정죄하기도 했습니다. 이 핑계 저 핑계로 책임을 떠넘기기도 했습니다. 어떤 때는 너무 아파 못 들은 척 외면하기도 했습니다. 모든 것이 내 잘못인 양 자기 정죄와 비난에 젖어 자책하기도 했습니다.

그러던 어느 날 하나님께서 깨닫게 하신 게 있었습니다. 왜 이렇게 사랑이 없냐고 비판하는 그 사람의 마음이 조금씩 알아져 갔습니다. 사랑이 없다는 말 너머에 있는 사랑을 향한 애절한 원함이 보였습니다. 사랑받고 싶고 사랑하고 싶은데 그럴 수 없는 사랑을 잃은 절절한 아픔이 느껴졌습니다. 교회가, 목사가 사랑이 없다는 외침은 교회를, 목사를 누구보다 사랑한다는 고백이었습니다.

그렇게 그 마음의 이유가 조금씩 알아지면서 참아지고 품어낼 수 있었습니다. 어찌하면 더 사랑할 수 있을지 엎드려 사랑을 구하며 여기까지 함께할 수 있었습니다.

내 눈의 나무 막대

비판이 넘어짐이 아닌 세움이 되기 위해서는 비판하려는 이유를 살필 뿐 아니라 비판하려는 자신을 돌아보아야 합니다. 예수님께서는 형제의 눈 속에 있는 티를 빼려 하기 전에 먼저 자기 눈 속에 있는 들보부터 빼라고 말씀하십니다. 티와 들보, 티끌과 나무 막대 가운데 어느 것이 더 큰 문제입니까? 분명 들보와 나무 막대가 더 큰 문제입니다.

그런데 정작 심각한 문제는 자기 눈 속에 있는 들보는 잘 보이지 않는다는 것입니다. 남의 눈 속에 있는 티는 잘 보이지만 자기 눈 속에 있는 들보는 잘 보이지 않습니다. 이것이 우리의 판단이 늘 어리석고 부족할 수밖에 없는 현실적 한계입니다.

심리학자 크리스토퍼 차브리스(Christopher Chabris)와 대니얼 사이먼스(Daniel Simons)는 한 가지 간단한 실험으로 유명해졌습니다. 그들은 학생들을 모아서 농구 팀을 만들었습니다. 한 팀은 검은 셔츠, 또 한 팀은 흰색 셔츠를 입고 시합하는 장면을 비디오로 찍었습니다. 1분 정도 촬영을 하고 그 모습을 사람들에게 보여 주며 흰색 셔츠 팀이 공을 몇 번 패스했는지 그 횟수를 세도록 했습니다.

그다음에 한 가지를 추가했습니다. 시합할 때 학생 한 명을 고릴라로 변장시키고, 어슬렁어슬렁 카메라 앞에 걸어 나와서 9초 동안 가슴을 탕탕 치고 들어가게 했습니다. 그리고는 고릴라가 나온 비디오를 보여 주며 학생들에게 물었습니다.

"흰색 셔츠 팀이 패스를 몇 번이나 했습니까?"

학생마다 "35번", "34번" 하며 대답합니다. 다시 물었습니다.

"혹시 경기 중에 선수들 말고 다른 무엇을 본 게 있습니까?"

"없습니다."

"혹시 고릴라를 본 적 있나요?"

"네? 고릴라요?"

많은 사람이 패스를 몇 번 했는지를 세느라 고릴라는 보지 못한 것입니다. 그래서 비디오를 다시 한번 보여 주며 천천히 보라고 했습니다. 그러면 "진짜 고릴라가 있네! 내가 고릴라를 왜 못 봤지?"라고 말하면서 몇몇은 이렇게 주장합니다. "아까는 분명 고릴라가 없었는데. 지금 본 영상은 조작이 분명해요!"[29]

이 실험 이야기가 담긴 책이 『보이지 않는 고릴라』입니다. 이 간단한 실험은 우리의 인식이 얼마나 믿을 만한 것이 못 되는 부족한 지식인지를 잘 보여 줍니다. 그럼에도 사람들은 자신의 인식, 자신의 판단을 너무 쉽게 절대화합니다. 그래서 비판하고 정죄합니다.

분명히 기억하십시오. 우리의 판단은 한없이 부족한 판단입니다. 우리의 눈 속에 들보가 있어 올바르게 보지 못하게 합니다. 그 부족한 판단으로 자신과 다른 사람을 정죄할 때 얼마나 많은 불행과 비극이 만들어지는지 모릅니다. 누군가를 판단하고 비판하기 전에 먼저 자신을 돌아보고 자기 눈 속에 있는 들보부터 빼어야 합니다.

자기 들보를 빼는 것은 그리 쉽지 않습니다. 눈에 보이는 형제의 티보다 더 큰 들보가 자기 눈 속에 있지만, 그 들보는 잘 보이지도 않고 쉽게 빠지지도 않습니다. 우리의 눈에서 들보를 빼내고 올바르게 판단하려면 우리의 부족한 판단부터 멈추어야 합니다. 우리의 판단이 아닌 하나님의 온전한 판단을 구해야 합니다. 하나님께서 알려 주시는 그 판단에 따라 자신과 다른 사람을 판단할 줄 알아야 합니다.

형제들아 서로 비방하지 말라 형제를 비방하는 자나 형제를 판단하는 자는 곧 율법을 비방하고 율법을 판단하는 것이라 네가 만일 율법을 판단하면 율법의 준행자가 아니요 재판관이로다 입법자와 재판관은 오직 한 분이시니 능히 구원하기도 하시며 멸하기도 하시느니라 너는 누구이기에 이웃을 판단하느냐 **약 4:11~12**

남의 하인을 비판하는 너는 누구냐 그가 서 있는 것이나 넘어지는 것이 자기 주인에게 있으매 그가 세움을 받으리니 이는 그를 세우시는 권능이 주께 있음이라 **롬 14:4**

비판하려는 마음이 올라올 때 자신을 돌아보며 두 가지를 물어야 합니다. 하나는 우리에게 누군가를 비판할 자격과 권리가 있는가입니다. 다른 하나는 우리에게 비판을 통해 누군가를 넘어지게 하지 않고 세울 능력이 있는가입니다.

먼저 우리는 누군가를 비판하고 심판할 자격과 권리가 없습니다. 우리가 비판하고 심판하려는 그 사람은 우리의 하인이 아닙니다. 그의 주인은 하나님이십니다. 그가 서 있는 것과 넘어지는 것이 그의 주인인 하나님께 있습니다. 하나님의 주재권을 인정하는 대표적인 신앙고백이 자기 판단으로 다른 사람을 비판하지 않는 것입니다. 우리는 자격 없는 우리의 부족한 판단을 내려놓고 주인이신 하나님의 판단을 듣고 그 판단을 받아들일 뿐입니다.

특히 자기 자녀를 비판하고 심판하려 하지 않도록 주의해야 합니다. 자녀는 부모의 소유가 아닙니다. 그들은 부모의 자녀이기 이전에 하나님의 자녀입니다. 하나님께서는 잠시 당신의 자녀를 육신의 부모인 우리에게 위탁하신 것입니다. 우리는 하나님의 자녀를 양육하는 보모에 불과합니다. 우리는 자녀를 비판하고 심판할 자격이나 권리를 가지지 못했습니다. 자기 자녀를 향한 비판을 멈추십시오. 그 아들과 딸이 하나님의 아들과 딸입니다.

또한 우리는 비판을 통해 누군가를 세울 능력도 없습니다. 누군가를 세우는 능력은 오직 하나님께만 있습니다. 우리의 부족한 판단과 비판은 누군가를 세울 힘이 없습니다. 우리는 그의 눈에서 티를 빼낼 능력이 없습니다. 아니 자기 눈 속에 있는 들보조차 빼낼 능력이 없습니다. 비판으로 사람이 살아나지 않고, 비판으로 공동체가 세워지지 않습니다. 사람을 세울 능력은 오직 하나님께만 있습니다. 하나님의 세우시는 은혜만이 넘어진 영혼을 다시 일으켜 세울 것입니다.

지나온 세월 참 많이도 성도들을 비판했습니다. 마음대로 판단하고, 생각대로 비판했습니다. 마치 제가 그들의 주인인 것처럼 비판했습니다. 담임목사니까 성도들을 비판할 자격이 있는 것처럼 판단하고 비판했습니다. 비판을 통해 성도들을 살리고 세울 수 있다고 착각했습니다.

그러나 깨달았습니다. 자신의 무지와 무능을 깨달았습니다. 나는 성도를 살리고 세울 자격도 능력도 없습니다. 나는 목자가 잠시 맡겨 준 목자의 양을 먹이고 돌보는 삯꾼일 뿐입니다. 성도는 내 양이 아니라 주님의 양입니다. 내가 먹이고 돌보는 손길을 통해 양을 살리고 세우는 것은 내 능력이 아닌 오직 목자장 되신 주님의 은혜일 뿐입니다.

|

사람을 먼저 보라

비판이 넘어짐이 아닌 세움이 되기 위해 비판하려는 이유를 살피고 자신을 돌아보았으면 이제는 비판을 들어야 할 그 사람을 분별하고 확인해야 합니다. 그 사람이 선한 사랑으로 감싼 권고를 들을 귀를 가졌는지를 확인해야 합니다.

거룩한 것을 개에게 주지 말며 너희 진주를 돼지 앞에 던지지 말라 그들이 그것을 발로 밟고 돌이켜 너희를 찢어 상하게 할까 염려하라 **마 7:6**

랍비 문헌에서 진주는 지혜나 값진 가르침을 은유합니다.

비판의 문제를 다루는 문맥상 '거룩한 것', '진주'는 세움의 비판이나 지혜로운 권고를 가리키는 것으로 볼 수 있습니다. '개', '돼지'는 비판을 들을 귀가 없는 사람으로 보는 것이 자연스럽습니다.

선한 사랑으로 비판하고자 할 때 조심해야 할 것은 비판을 들을 귀가 있는 사람을 권고해야 한다는 것입니다. 들을 귀가 없는 사람은 오히려 권고를 듣고 앙심을 품어 우리를 찢어 상하게 할 것이기 때문입니다. 들을 귀가 있는 사람에게는 비판이 돌이킴의 약이 되고 세움의 복이 되겠지만, 들을 귀가 없는 사람에게는 독이 되고 욕이 될 뿐입니다.

> 내가 누구에게 말하며 누구에게 경책하여 듣게 할꼬 보라 그 귀가 할례를 받지 못하였으므로 듣지 못하는도다 보라 여호와의 말씀을 그들이 자신들에게 욕으로 여기고 이를 즐겨 하지 아니하니
>
> 렘 6:10

선지자는 탄식했습니다. 도대체 누구에게 말하며 누구에게 경고해야 할지 들을 사람이 없었습니다. 귀가 할례받지 못한 사람들은 말씀을 주의 깊게 듣지 않았습니다. 여호와의 말씀이 그들에게는 욕이 될 뿐이었습니다. 그들은 말씀을 기뻐하지 않았습니다. 할례받은 귀, 곧 들을 귀가 없으면 여호와의 말씀을 전해도 듣지 못합니다. 듣지 못하고 듣지 않는 것에 더해 여호와의 말씀을 욕으로 여기기까지 합니다.

거만한 자를 책망하지 말라 그가 너를 미워할까 두려우니라 지혜 있는 자를 책망하라 그가 너를 사랑하리라 잠 9:8

미련한 자의 귀에 말하지 말지니 이는 그가 네 지혜로운 말을 업 신여길 것임이니라 잠 23:9

그래서 잠언의 지혜자는 세움을 위한 비판이라도 대상을 가려서 해야 한다고 교훈합니다. 비판하기에 앞서 비판을 들어야 할 그 사람을 분별해야 합니다. 들을 귀가 없는 자는 어떠한 선한 사랑으로 비판하고 권고해도 아무런 유익이 없습니다. 들을 귀가 없는 자는 오히려 비판하는 사람을 미워하고, 지혜로운 비판을 업신여길 것입니다. 들을 귀가 없는 자는 비판으로 인해 세움이 아닌 넘어짐만 더 심하게 될 것입니다.

그러나 들을 귀가 있는 사람을 비판하고 꾸짖으면 그의 사랑을 얻게 될 것입니다. 들을 귀가 있는 사람은 기꺼이 사랑의 짐을 지고 비판해 준 형제를 더욱 사랑할 것입니다. 들을 귀가 있는 사람은 지혜로 권고해야 하지만, 들을 귀가 없는 사람은 비판을 피하고 내버려두어야 합니다.

듣는 귀 있는 사람

예수님께서는 종종 무리에게 비유를 말씀하시며 "들을 귀 있는 자는 들을지어다"(눅 8:8)라고 하셨습니다. 예수님께서 말씀하시는 들을 귀 있는 자란 어떤 사람입니까? 단순히 귀를 기울여 듣는 태도를 가진 사람을 뜻하는 관용구입니까?

고대 로마 문명권에서 신에게 바쳐진 서원 제물 가운데는 '맹세의 귀' 또는 '들을 귀'로 부르는 흙을 굽거나 동으로 만든 제물이 있었습니다. 치료의 신 아스클레피우스(Asclepius)에게 치료에 대한 갈망을 품고 감사의 마음, 응답에 대한 '미리 감사'의 뜻을 담아 바치기도 했습니다. 귀 제물은 때로 병에 걸린 사람 자신의 귀를 본떠서 바치던 경우도 있고, '응답하는 신'을 표현하여 신의 응답을 구하는 뜻으로 만든 귀도 있었습니다.

고대 이집트에서도 사람 귀 형태의 부적이 흔했습니다. 신을 기리기 위해 바쳐졌고, 신에게 자신의 간절함을 알리기 위해 바쳐졌던 봉헌 제물의 하나였습니다. "신이시여, 나의 간절함을 들으시고 응답하소서"라는 뜻을 담은 제물이었습니다. 자신이 믿는 신이 자신에게 응답하는 신이라는 고백인 동시에 자기 기도를 들어 달라는 간구의 의미가 담겨 있었습니다. 다른 한편으로는 자신의 신에게, 신의 음성에 귀 기울이겠다는 서원과 맹세와 다짐의 의미도 있었습니다.

이렇듯 고대 이집트에서나, 로마 문명권에서나 귀 모양 봉헌 제물의 형태와 기능은 크게 다르지 않았던 것 같습니다. 일상에서 간절함을 품고 살아가는 이들이 그때나 저 때나 다르지 않았던 것입니다.

들을 귀 있는 자는 들으라는 예수님의 외침은 로마 문명권 속에 살던 이들에게 어떤 것을 떠올리게 했을까요? 들을 귀 있는 자는 그저 '귀 기울이다'라는 뜻을 넘어서 그 마음에 '간절함이 있는 자', '마음에 소원이 있는 자', '하늘의 응답을 구하는 자'라는 뜻으로 다가왔을 것입니다.

들을 귀가 있는 사람은 단순하게 귀 기울여 듣기만 하는 사람이 아닙니다. 그는 듣고자 하는 마음의 간절함을 가진 사람입니다. 넘어진 자신을 일으켜 세우려는 마음의 절박한 소원을 가진 사람입니다. 지혜의 응답을 구하는 사람입니다. 권고를 듣고 지혜를 얻고자 하는 사람입니다.

1724년 11월 22일, 조나단 에드워즈(Jonathan Edwards)는 일기에서 이렇게 묵상합니다.

우리 자신은 잘 보지 못하는 우리의 약점들을 주위의 사람들은 언제나 잘 파악한다는 사실을 기억하자. … 우리는 잘 보지 못하지만 다른 사람들에게는 잘 느껴지는, 잘 드러나지 않는 부패가 우리 안에서 수없이 작용하고 있다. 그러므로 나는 이제, 다른 사람들이 내게서 어떠한 잘못들을 발견하는지 배울 것이다. 비난받을 만하고, 사랑스럽지 못하며, 부적당하게 여겨지는 것들 — 그것이 무엇이든, 그들이 내 안에서 보는 것들을 배울 것이다.

이런 태도가 들을 귀가 있는 사람의 마음입니다. 우리는 들을 귀를 가졌습니까? 비판하지 말라는 말씀 앞에서 하늘 아버지의 자녀는 비판하려는 자신의 내적 이유부터 살펴야 합니다. 형제의 눈 속에서 보이는 티를 빼려는 선한 마음이 비판의 시발점이 되어야 합니다.

그리고 비판하려는 부족한 자신을 돌아보아야 합니다. 비판하려는 자신의 부족한 판단을 인정하고 하나님의 판단을 구해야 합니다. 넘어진 형제를 일으켜 세우는 것은 오직 하나님의 능력입니다. 우리의 비판이 형제를 세울 수 있는 것은 오직 하나님의 은혜가 부어질 때뿐입니다.

나아가 비판이 넘어짐이 아닌 세움이 되기 위해서 비판하려는 사람이 들을 귀를 가졌는지를 분별하고 확인해야 합니다. 비판이 독과 욕이 아닌 약과 복이 되기 위해 들을 귀가 있는 사람을 권고해야 합니다. 우리의 비판이 형제의 넘어짐이 아닌 세움이 되길 소망합니다.

좋은 것을 주시는 하늘 아버지

마태복음 7:7~12

　이스라엘 땅을 여행하는 이마다 반드시 찾는 곳이 '통곡의 벽(Wailing wall)'입니다. 로마의 티투스(Titus)가 이끄는 군대에 의해 주후 70년 예루살렘 성전이 파괴되며 남은 구조물입니다. 정확히는 성전 터를 떠받치는 서쪽 축대로, 서쪽 벽(Western wall)이 공식 명칭입니다.

　성전 파괴 이후 아랍 제국에 점령된 예루살렘으로 목숨을 걸고 찾아온 유대인은 서쪽 벽 앞에 설 때마다 눈물을 흘리고 통곡할 수밖에 없었습니다. 이렇게 통곡하는 유대인이 끊이지 않았기에 서쪽 벽을 (유대인의) 통곡의 벽으로 부르게 된 것입니다.

　통곡의 벽 앞에 서면 돌 틈새마다 하얀 쪽지가 빼곡하게 들어차 있는 것을 볼 수 있습니다. 기도나 소원을 적은 쪽지를 통곡의 벽에 보관하면 하나님께 가는 길을 찾을 수 있다는 유대인의 믿음을 담은 기도 쪽지입니다. 요즘에는 해외에 있는 유대인이 기도문을 이메일로 보내면 그것을 프린트해서 통곡의 벽에 끼워 주는 '기도문 택배 서비스'까지 있다고 합니다.

유대인만이 아닙니다. 세계의 다양한 종교에 기도 행위가 있습니다. 네팔의 티베트 불교에서는 '기도 바퀴'라는 것을 사용합니다. 반죽을 미는 방망이처럼 생긴 물건인데 둘레에 색색의 돌을 박아 넣었습니다. 원통에 달린 손잡이를 돌리면 실린더가 뱅글뱅글 돌아갑니다. 뚜껑을 돌려 빼면 안에는 빽빽하게 기도문이 들어 있습니다.

신심이 깊은 티베트 불교도는 바퀴를 한 번 돌릴 때마다 기도가 하늘로 올라간다고 믿습니다. 사원 바깥에서 승려들이 종일 기도 바퀴 돌리는 모습을 어렵지 않게 찾아볼 수 있습니다. 첨단 기술에 익숙한 불교도들은 1분에 5,400번 회전하는 사이버 기도 바퀴를 컴퓨터에서 내려받기도 합니다.

일본은 가는 곳곳마다 어디나 신사(神社)가 있습니다. 일본의 압구정동이라는 시부야 거리에서도 어김없이 신사를 볼 수 있습니다. 신사에는 참배객이 소원을 적은 종이를 건물 주위의 '기도 나무'에 잡아맵니다. 실바람이 불면 하얀 기도 쪽지들이 벚꽃처럼 나부끼는 것을 흔히 볼 수 있습니다.

이런 기도 행위들을 보며 혹 우리의 신앙도 저들과 같은 것은 아닌지 생각해 봅니다. 우리의 신앙은 저들의 신앙과 무엇이 다릅니까? 이런저런 종교적 의무를 다하기만 하면 하나님께서 '우리의 소원을 이루어 주실 것'이라고 생각한다면, 우리의 신앙도 기도 바퀴를 돌리는 것과 별반 다르지 않을 것입니다.

그런데 안타깝게도 많은 그리스도인이 기도를 일종의 거래처럼 여기는 듯합니다. 이쪽에서 뭘 좀 드리면 저쪽에서 보답할 것이라는 사고방식으로 기도합니다. 우리가 이렇게 저렇게 기도했으니까 다음은 하나님께서 응답하실 차례라고 생각합니다. 이렇듯 종교적 거래가 되어 버린 기도는 기쁨이기보다 정해진 규정을 지키는 관습으로 변질되기 쉽습니다.

신앙이 지성(至誠)을 드려 하늘을 감동하게 하는 거래로 여겨지고 미신적 의식 같은 관습이 되면 유대인이 기도문 택배를 부치고, 티베트 승려가 기도 바퀴를 돌리고, 일본인이 신사 나무에 쪽지를 매는 것과 본질적인 다름이 없어지고 맙니다. 그렇다면 유대인의 기도문 택배나 티베트 불교의 기도 바퀴 그리고 일본 신사의 나무와 하늘 아버지의 자녀 된 우리의 기도는 구체적으로 어떤 면에서 다르다고 할 수 있습니까?

현대는 가히 기도 부재의 시대라고 말할 만하다. 과거 그 어느 시절보다 기도하는 사람이 없다. 세상의 흐름과 변화에 발맞추어 인터넷이나 스마트폰 문화에 젖어 사는 크리스천들이 홀로 하나님과 독대하는 시간을 갖기란 좀처럼 쉽지 않은 실정이다. [30]

21세기의 C. S. 루이스로 불리는 팀 켈러(Timothy Keller)는 기도의 한계를 직면한 현대인을 이렇게 말합니다. 현대 사회에 대한 그의 예리한 통찰대로 현대인의 삶은 기도의 방해물로 가득합니다. 첨단 과학 문명의 세례를 받고 사는 현대인에게 기도는 전혀 현실적이지 못할 뿐 아니라 무력하고 무용해 보입니다. 그러나 성경이 가르치고 믿음의 선진들이 체험한 신앙은 기도를 통해 땅에서 하늘을 사는 능력입니다.

기도를 방해하는 요소들로 가득한 기술 사회를 살지만, 여전히 기도하고 있습니까? 기도의 무력함과 무용함에 젖어 기도를 멈춘 이들 속에서도 담대히 기도하고 있습니까? 하늘 아버지의 자녀가 부르짖는 기도가 결코 무력할 수 없다면 그 이유는 무엇입니까? 오늘도 기도의 능력을 믿고 기도해야 하는 이유는 무엇입니까?

우리에게 부탁하신 기도

우리의 기도는 무력하지 않습니다. 왜냐하면 기도는 좋으신 아버지의 부탁하심에 대한 응답이기 때문입니다. 예수님께서는 우리에게 구하고, 찾고, 문을 두드리라고 부탁하십니다. 엎드려 구하고, 일어나 찾고, 찾은 문을 두드리라는 것은 응답을 위한 행위의 점진적 진전을 보여 주는 말씀이 아닙니다. 구하고, 찾고, 두드리는 것은 기도에 대한 서로 다른 표현입니다. 예수님께서는 비슷하지만 서로 다른 표현을 통해 기도를 반복적으로 강조하고 계신 것입니다.

'구하다'라는 표현은 성경에서 종종 '기도하다'라는 뜻으로 사용됩니다(마 18:19, 약 1:5~6). ‘찾으라’라는 표현도 성경에서 하나님의 얼굴을 찾도록 명령하는 문맥에서 ‘기도’의 의미로 사용됩니다(시 24:6, 27:8). ‘문을 두드림’ 역시 탈무드에서 기도를 가리키는 비유적 표현으로 사용됩니다. 그러므로 구하고, 찾고, 문을 두드리라는 말씀은 응답을 위한 행위의 점진적 진전을 말하는 것이 아니라 기도를 강조하는 삼중적 표현으로 이해하는 것이 더 자연스럽습니다.

“저는 한 번도 하나님께 달라고 해 본 적이 없습니다.”

언젠가 한 성도에게 들은 고백입니다. 스스로 신앙생활을 잘한다고 생각하며 건넨 말입니다. 정말 하나님께 달라고 하지 않는 것이 신앙생활을 잘하는 모습일까요? 하나님께 달라고 구하지 않는 모습이 참된 신앙의 태도일까요? 그렇지 않습니다. 예수님께서 가르쳐 주신 신앙의 기본은 “구하라, 찾으라, 문을 두드리라”라는 말씀처럼 하늘 아버지께 구하고 찾고 두드리는 것입니다.

기도를 논하는 많은 책에서 기도를 하나님과의 영적 사귐으로 정의합니다. 그렇습니다. 기도는 분명 하나님과 깊은 만남을 통해 풍성한 친밀감에 이르게 하는 신비의 여정입니다. 그러나 그 모든 영적 신비 이전에 기도의 가장 단순한 시작점은 구하는 것입니다. 어린아이가 아버지께 달라고 구하는 것이 예수님께 배우는 신앙의 기본입니다. 배고픈 아이가 빵을 구하고, 생선을 먹고 싶은 아이가 생선을 구하는 것이 신앙입니다.

또 이르시되 너희 중에 누가 벗이 있는데 밤중에 그에게 가서 말하기를 벗이여 떡 세 덩이를 내게 꾸어 달라 내 벗이 여행 중에 내게 왔으나 내가 먹일 것이 없노라 하면 그가 안에서 대답하여 이르되 나를 괴롭게 하지 말라 문이 이미 닫혔고 아이들이 나와 함께 침실에 누웠으니 일어나 네게 줄 수가 없노라 하겠느냐 내가 너희에게 말하노니 비록 벗 됨으로 인하여서는 일어나서 주지 아니할지라도 그 간청함을 인하여 일어나 그 요구대로 주리라

눅 11:5~8

이 비유의 말씀은 "너희는 기도할 때에 이렇게 하라"(눅 11:2)라는 말씀과 "구하라, 찾으라, 문을 두드리라"(눅 11:9)라는 말씀 사이에 놓여 있습니다. 기도의 본질을 가르치시는 말씀과 기도의 능력을 확증하시는 말씀 사이에 놓인 이 비유는 신앙이 무엇인지, 기도가 무엇인지 다시 생각하게 합니다.

비유를 보면 밤중 곧 자정을 전후한 늦은 저녁 시간 친구가 찾아왔습니다. "벗이여 떡 세 덩이를 내게 꾸어 달라 내 벗이 여행 중에 내게 왔으나 내가 먹일 것이 없노라" 당시는 하루에 빵 한 쪽도 먹지 못하는 서민이 많았던 시절입니다. 서민 가정은 곡식이 있는 경우 새벽부터 곡식을 갈고 빻고 반죽하여 그날 먹을 빵을 만들곤 했습니다. 한밤중이 되도록 여분의 빵을 간직한 서민 가정이 드물었을 것입니다.

너무 허기져서 잠을 잘 수 없을 정도로 친구의 형편이 어려웠던 것일까요? 게다가 한 사람인데 넉넉하게 요기를 하려는

듯 빵 한 덩이도 아니고 세 덩이를 요구합니다. 당혹스럽고 난처한 상황이지만, 친구의 요구를 들어줄 것을 암시하는 강한 긍정을 담은 고백이 이어집니다. "그가 안에서 대답하여 이르되 나를 괴롭게 하지 말라 문이 이미 닫혔고 아이들이 나와 함께 침실에 누웠으니 일어나 네게 줄 수가 없노라 하겠느냐" 이 말은 줄 수 없다는 뜻이 아닌 주지 않을 수 없다는 뜻입니다.

이미 문은 닫혔습니다. 아이들과 잠자리에 들었습니다. 그런데 지금 일어나 주겠다고 합니다. 가난한 삶을 살던 지난 시절을 떠올려 봅니다. 밥 한 숟가락이 절실하고 온 가족이 단칸방에 잠들던 시절입니다. 늦은 밤 아직 먹지 않은 밥이 1~2인분 남아 있는 상황을 상상하기 힘듭니다. 예수님께서 비유하신 상황은 그냥 부엌에서 남은 빵 세 덩어리를 집어 주면 되는 그런 단순한 상황이 아닙니다.

비유 속 주인공은 친구에게 필요한 것을 내어 줍니다. 그리고 이렇게 친구에게 필요한 것을 내어 준 이유는 친구이기 때문이 아니라 간청했기 때문이라고 말합니다. 멀리서 불쑥 찾아온 친구를 위해 이웃에게 손을 벌리는 마음이 아름답습니다. 불쑥 늦은 밤에 집을 찾아온 친구를 환대하는 것도 아름답습니다. 멀리서 찾아온 친구가 안 먹었어도 먹었다고, 배가 고파도 배부르다고 하지만 기꺼이 먹을 것을 챙기는 손길이 친구의 마음 씀씀이입니다. 그런데 그 친구가 간청까지 합니다.

어떻게 반응해야 합니까? 퉁명스럽고 억지스러운 태도가 아니라 오히려 친구에게 미안함을 드러내며 기꺼이 빵을 내어 주지 않겠습니까? 빵이 없으면 만들어서라도 친구에게 주었을 것입니다.

예수님의 비유가 가르치는 신앙은 무엇입니까? 늦은 밤을 깨우는 비유 속 친구보다 자녀에게 베풀기를 더 좋아하시는 하늘 아버지를 바라보라는 것입니다. "구하라, 찾으라, 문을 두드리라"라는 부탁하심에 따라 좋으신 아버지께 솔직히 구하는 것이 신앙입니다. 신앙한다는 것은 없이 살아도 베풀고자 하는 마음, 뭐 하나라도 더 챙겨 주지 못해 안타까운 마음, 그런 마음보다 더 절절한 마음을 가지신 하늘 아버지를 찾아 엎드리는 것입니다.

암컷 가시고기는 알을 낳으면 그냥 사라진다고 합니다. 홀로 남은 수컷 가시고기는 먹지도, 자지도 않고 물속 모든 위험으로부터 자기 새끼들을 지켜 냅니다. 시간이 지나 부화한 새끼들이 어느 정도 자라고 나면 아빠 가시고기는 돌연 돌 틈에 자기 머리를 처박고 죽습니다. 왜일까요? 아직 스스로 먹이를 찾기 어려운 자기 새끼들을 위해 자기 몸을 먹잇감으로 내어 주는 것입니다. 그렇게 가시고기는 아빠의 헌신과 희생뿐 아니라 아빠의 살을 파먹고 살아남게 됩니다.

가시 돋친 삶을 사는 우리에게도 아빠 가시고기가 있습니다. 하늘에 계신 우리 아버지이십니다. 우리를 위해 하늘 보좌를 버리고 이 땅에 와서 섬김과 헌신의 삶을 사신 아버지, 우리를 살리기 위해 자기 목숨을 내놓고 자기 살과 피를 우리 영생의 식량으로 내어 주신 아버지, 사랑으로 모든 것을 허비하는 좋으신 아버지입니다.

신앙은 간청하는 것입니다. 때로는 뻔뻔하게 졸라 대는 것이 신앙입니다. 그러나 그 어떤 간청도 좋으신 아버지에 대한 믿음이 없다면 아무 소용없는 미신적 수고일 뿐입니다. 베풀고자 하는 어떤 마음도 없는 신에게 지성을 드리고 환심을 얻으려 끈질기게 몸부림치는 것은 신앙이 아닙니다. 그것은 미신적 거래일 뿐입니다.

신앙은 어떤 번거로움도 다 받아들이고 베풀기를 좋아하시는 아버지의 좋으심을 믿고 솔직히 구하는 것입니다. 기도는 좋으신 아버지의 부탁입니다. 그러니 무력함을 넘어 솔직히 구하십시오.

아버지의 놀라운 사랑

우리의 기도는 결코 무력하지 않습니다. 왜냐하면 기도는 간절하신 아버지의 약속에 대한 신뢰이기 때문입니다. 예수님께서는 구하면 주실 것이고, 찾으면 찾아낼 것이고, 문을 두드리면 열릴 것이라고 기도 응답을 약속하셨습니다. 예수님께서는 기도를 들으시는 아버지의 마음을 비유로 말씀하십니다. 서로 관련이 없는 듯 보이는 빵과 돌, 생선과 뱀을 쌍으로 비교하며 좋은 것 주기에 간절하신 아버지의 마음을 그려 주십니다.

너희 중에 누가 아들이 떡을 달라 하는데 돌을 주며 생선을 달라 하는데 뱀을 줄 사람이 있겠느냐 너희가 악한 자라도 좋은 것으로 자식에게 줄 줄 알거든 하물며 하늘에 계신 너희 아버지께서 구하는 자에게 좋은 것으로 주시지 않겠느냐 마 7:9~11

이스라엘 땅을 생각하면 가장 먼저 떠오르는 게 화덕에 구운 빵의 구수한 맛과 냄새입니다. 얇게 편 반죽을 화덕에서 뜨겁게 달궈진 차돌 위에 올려 구워 낸 빵은 세상 어디서 먹어 본 빵보다 맛났습니다. 신약 시대 사람들에게도 차돌 위에서 익어 가는 빵은 일상적인 기억이었습니다. 화덕의 온도를 오래 유지하도록 달궈진 차돌과 그 위에서 익어 가는 빵은 한 쌍이었습니다.

그 시절 빵은 날마다 새로 구워야 했습니다. 공기 중에 노출된 빵은 금방 딱딱해지기 때문입니다. 얇게 구운 빵은 시간이 지나면 쉽게 부서지고, 두꺼운 빵은 돌같이 단단한 빵 즉 고생의 떡이 되었습니다. 한 가족이 필요한 빵을 만들기 위해 이른 아침 맷돌에 곡식을 빻고, 반죽하고, 숯불을 피우고, 그 불로 빵을 굽는 데는 서너 시간이 족히 걸렸습니다.

물론 절대 빈곤에 시달리던 가난한 서민들에겐 이런 빵 한 조각도 귀한 음식이었습니다. 빵 달라는 아이에게 빵조차 마음껏 줄 수 없었던 가난한 아버지가 적지 않았습니다. 예수님의 비유 속 빵 한 조각에는 가난한 아버지의 간절함이 스며 있습니다.

갈릴리 호수에 먼동이 틀 무렵 밤새 고기 잡던 배들이 호숫가 작은 마을로 들어옵니다. 밤새 잡은 고기를 유대인의 음식 규례를 따라 먹을 수 있는 것과 없는 것을 구별해서 아침마다 열리는 어시장에 내다 팔았습니다. 잡아 올린 생선 중에는 유대인에게 부정하고, 로마인이 잘 즐기지 않던 장어(물뱀)도 있었습니다. 호숫가 어촌 마을을 살던 사람들에게 생선과 뱀 또한 익숙한 한 쌍이었습니다.

생선이 귀하던 시절 서민들의 식탁에서 생선은 구경도 못했을 것입니다. 말린 생선은 더더욱 값이 나가는 음식이었습니다. 어부의 식탁에 올려지는 생선들은 상품 가치가 없는 버려진 것들이 주를 이루었을 것입니다. 어부라고 잡은 생선을 쉽게 먹을 수 있는 게 아닙니다.

어부가 고기를 잡는 이유는 먹기 위한 것이 아니라 돈을 벌기 위한 것이기 때문입니다. 예수님의 비유 속 생선에는 매일 생선을 잡지만 정작 자기 자식에게는 제대로 생선을 먹일 수 없던 가난한 아버지의 안타까움이 서려 있습니다.

그 시절 생선은 아주 귀한 음식이었고, 빵 한 조각도 소중했습니다. 절대 가난을 살아 내는 이들이 너무나 많았던 시절이었습니다. 빵을 굽는 화덕이나 고기를 잡는 호숫가는 귀한 것을 달라는 자식의 울부짖음을 외면해야만 했던 '악한 아버지'의 아픔을 떠오르게 하는 곳입니다.

주기 싫어 주지 않는 것이 아니라 줄 수 없어 주지 못하는 못난 아버지, 가난해서 모질 수밖에 없는 무능한 아버지의 가슴 아픈 이야기가 떠오릅니다. 비유 속 악한 아버지는 사악하고 불의한 아버지가 아닙니다. 자식에게 악한 아버지는 가난해서 모질 수밖에 없는 무능하고 못난 아버지입니다.

마침내 못난 아버지는 손해를 감수하고라도 그 귀한 것을 자식의 손에 쥐여 줍니다. 하물며 하늘에 계신 아버지께서 구하는 자에게 좋은 것을 주시지 않겠습니까? 가난한 처지에도 자식에게 좋은 것을 쥐여 주고 싶어 했을 그 아버지의 간절한 마음에서 하늘 아버지의 마음을 봅니다. 이 땅의 무능하고 못난 아버지보다 크고 놀라우신 하늘 아버지, 가난해서 모진 아버지와 달리 구하는 이에게 좋은 것 주기에 간절하신 하늘 아버지의 사랑을 붙들고 구하는 것이 신앙입니다.

우리의 기도는 빵과 생선이 너무 귀한 시절 그것을 너무나 먹고 싶어 했던 어린아이처럼 간절한 울부짖음이어야 합니다. 가난한 처지에도 아이가 원하는 것을 쥐여 주고 싶어 했을 아버지의 마음에서 구하는 이에게 좋은 것을 주고자 간절하신 하늘 아버지의 마음을 깨닫는 것이 신앙입니다. 그렇게 오늘도 모든 것 주기를 간절히 약속하시는 아버지의 마음을 의지하여 여전히 구하는 것이 신앙입니다.

십자가에 죽임당하시기 전날 밤 예수님께서 다락방 설교에서 반복적으로 확증하신 약속이 기도 응답의 약속입니다. 임박한 십자가의 죽음을 앞둔 예수님께서 마지막으로 가르치시며 선명한 확신으로 말씀하신 약속이 기도 응답의 약속입니다.

너희가 내 이름으로 무엇을 구하든지 내가 행하리니 이는 아버지로 하여금 아들로 말미암아 영광을 받으시게 하려 함이라 내 이름으로 무엇이든지 내게 구하면 내가 행하리라 요 14:13~14

너희가 내 안에 거하고 내 말이 너희 안에 거하면 무엇이든지 원하는 대로 구하라 그리하면 이루리라 요 15:7

너희가 나를 택한 것이 아니요 내가 너희를 택하여 세웠나니 이는 너희로 가서 열매를 맺게 하고 또 너희 열매가 항상 있게 하여 내 이름으로 아버지께 무엇을 구하든지 다 받게 하려 함이라 요 15:16

내가 진실로 진실로 너희에게 이르노니 너희가 무엇이든지 아버지께 구하는 것을 내 이름으로 주시리라 지금까지는 너희가 내 이름으로 아무것도 구하지 아니하였으나 구하라 그리하면 받으리니 너희 기쁨이 충만하리라 요 16:23~24

이보다 더 선명한 응답이 보장된 약속의 말씀이 어디 있습니까? 절실함으로 여전히 구하는 이에게 좋은 것을 주고자 간절하신 아버지께서는 구하는 자에게 좋은 것으로 주실 것입니다. 절실함으로 여전히 구하는 자녀에게 좋은 것으로 주겠다고 약속하시는 아버지의 약속을 의지하는 신앙의 자리가 곧 기도의 자리입니다. 가난한 처지에도 빵과 생선을 구하는 자녀의 손에 그것을 쥐어 주고 싶어 했을 모질고 못난 아버지의 간절

함처럼 응답하기에 간절하신 하늘 아버지께서 구하라고 하시
니 우리는 구해야 합니다.

담대하게 기도하라

우리의 기도는 어느 때나 무력하지 않습니다. 왜냐하면 기
도는 하나님을 하늘에 계신 우리 아버지로 대접하는 담대한 믿
음의 고백이기 때문입니다. 예수님께서는 기도의 능력에 대한
가르침의 결론으로 일명 '황금률'로 불리는 율법의 핵심 가치를
말씀하십니다.

> 그러므로 무엇이든지 남에게 대접을 받고자 하는 대로 너희도 남
> 을 대접하라 이것이 율법이요 선지자니라 마 7:12

산상수훈에서 율법과 선지자들에 관한 언급이 5장 17절과
7장 12절에 수미상관(首尾相關)을 형성하며 등장합니다. 이는
율법과 선지자들의 가르침에 담긴 근본 원리가 남이 우리에게
하기를 원하는 대로 남에게 행하는 것임을 가르치는 말씀으로
볼 수 있습니다.

그러나 12절은 기도에 대한 말씀(마 7:7~11)의 결론으로 볼
수도 있습니다. 이렇게 보면 12절은 하늘 아버지께서 구하는
자에게 좋은 것을 주시는 분임을 믿고 구하는 것이 하늘에 계

신 우리 아버지를 하나님으로 대접하는 최선이라는 가르침으로 이해될 수 있습니다.

하늘 아버지의 응답을 원한다면 아버지께 구해야 합니다. 응답을 믿고 구하는 것이 하늘 아버지를 참 하나님으로 대접하는 최고의 경배입니다. 하나님을 하나님으로 믿고 구하면 하나님께서는 반드시 좋은 것으로 응답하실 것입니다.

자녀의 기도에 대한 하나님의 응답은 대개 두 가지 형태로 나타납니다.

먼저는 하나님의 응답이 기도하는 그 자리에서 '교통의 들음'으로 나타납니다. 예수님께서 겟세마네에서 "내 아버지여 만일 할 만하시거든 이 잔을 내게서 지나가게 하옵소서"(마 26:39)라고 기도하셨을 때 하나님께서는 그 기도의 자리에서 응답하셨습니다. 어떤 교통의 음성으로 응답하셨는지 구체적인 내용은 알 수 없지만, 하나님의 응답은 예수님으로 하여금 십자가를 짊어지게 했습니다.

깊은 고민과 슬픔에 젖어 있던 예수님께서는 기도와 함께 담대히 일어나셨습니다. 매우 고민하여 죽게 되었던 예수님의 마음이 기도를 통해 회복된 것입니다. 그래서 제자들을 향해 "일어나라 함께 가자 보라 나를 파는 자가 가까이 왔느니라"(마 26:46)라고 하셨습니다. 예수님께서는 기도의 자리에서 주신 아버지의 응답을 힘입어 십자가를 담대히 짊어지실 수 있었습니다. 이렇듯 기도 응답은 기도의 자리에 임한 교통의 들음으로 찾아옵니다.

다음으로 기도 응답은 기도하는 자리를 지나 삶의 현장에서 '실재적인 결과'로 나타납니다. 간절히 구했던 그것이 곧, 얼마 후에, 혹은 오랜 후에 기도한 대로, 기도한 것 이상으로 놀랍게 성취됩니다.

예수님께서 다락방에서 하신 "아버지여 때가 이르렀사오니 아들을 영화롭게 하사 아들로 아버지를 영화롭게 하게 하옵소서"(요 17:1)라는 기도는 십자가를 지나 안식 후 첫날 이른 새벽 부활 생명으로 응답되었습니다. 아들은 아버지를 믿고 영광을 구하며 십자가를 감당하셨고, 아버지께서는 아들을 사망의 고통에서 풀어 살리심으로 영화롭게 하셨습니다(행 2:24). 이렇듯 응답은 기도의 자리뿐 아니라 삶의 현장에서 실재적인 결과로 찾아옵니다.

우리의 기도에 대한 하나님의 응답은 실재입니다. 때로는 기도의 자리에서, 때로는 삶의 현장에서 응답은 실재합니다. 그런데도 기도하는 우리의 실존적 경험은 기도 응답이 없을 때가 많다는 모순 같은 현실을 마주합니다. 아무리 기도의 자리에서 울부짖으며 음성을 듣고자 해도 교통하심이 없을 때가 빈번합니다. 이제나저제나 오매불망 끈질기게 기도하며 기다려도 현실에서는 아무런 일이 일어나지 않을 때가 허다합니다.

그렇게 기도 응답이 없는 날이면 생각이 많아집니다. 어떤 이는 '하나님께서 나를 사랑하시지 않나 봐' 하며 한탄합니다. 또 어떤 이는 '하나님께서 내게 아무 관심이 없나 봐' 하며 아버지 사랑을 의심합니다. 또 다른 어떤 이는 '하나님께서도 어쩔 수 없었을 거야' 하며 아버지의 능력을 의심합니다.

그러나 그렇지 않습니다. 하늘 아버지께서는 우리에게 좋은 것을 주시는 좋으신 아버지입니다. 자기 아들조차 아끼지 않고 내어 주신 아버지입니다. 좋은 것으로 응답하고자 간절하신 아버지께서는 우리의 아빠 아버지입니다. 그리고 우리에게 기도 응답을 약속하시는 아버지께서는 하늘에 계신 아버지 곧 능력의 하나님이십니다. 이 땅의 아버지는 못나고 부족하지만 하늘 아버지께서는 무능하지 않습니다. 우리의 기도를 들으시는 하늘 아버지께서는 온 세상의 창조자요 주관자이십니다.

구하고 찾고 두드리는 삶

어느 날 급한 연락을 받고 아내와 함께 대학 병원으로 향했습니다. 굳게 닫힌 수술실 앞에 엄마와 아빠는 웅크리고 있었습니다. 태어난 지 48시간이 채 안 된 딸아이를 수술실에 들여보내야 하는 부모의 마음이 어떻겠습니까? 늦은 밤 응급 수술을 위해 달려온 의사 선생님은 최선을 다하겠지만 최악의 경우 아이가 평생 소변 주머니를 차고 살아야 할 수도 있다고 말했습니다.

하염없이 울기만 하는 엄마에게 아내는 어깨를 내어 주었습니다. 어찌할 바를 몰라 벽을 향해 돌아선 아빠의 어깨는 가늘게 흔들리고 있었습니다. 그런 아빠의 곁에 머물러 주는 것밖에는 할 수 있는 게 없었습니다.

아빠는 딸을 위해 모든 것을 다 해 주고 싶었습니다. 자신이 대신 수술대에 오를 수 있다면 오르고 싶었고, 자기 장기를 떼어 줄 수 있다면 떼어 주고 싶었습니다. 그러나 수술실 앞을 지키며 은혜를 구하는 것밖에는 할 수 있는 게 아무것도 없었습니다. 아빠는 그렇게 사랑하는 아이를 위해 모든 것을 해 주고 싶었지만 해 줄 수 있는 게 아무것도 없었습니다.

그 모습을 보며 아버지가 생각났습니다. 아버지도 그랬을 것입니다. 미장공으로 평생을 공사판에서 산 아버지, 가족들과 떨어지기 싫어 그 시절 흔히 가던 중동 건설 현장도 못 갔다는 아버지, 불같이 화를 내기도 하지만 늘 지고 살았던 마음 여린 아버지, 평생 자식들에게 해 준 게 없다며 미안해만 하는 아버지, 그날 벽을 향해 돌아서서 흔들리던 아빠의 뒷모습에서 아버지를 보았습니다.

그렇게 아버지는 모든 것을 다 해 주고 싶었지만 그럴 힘이 없었던 것입니다. 가난한 아버지의 눈물은 자신의 무능함에 대한 핑계와 변명이 아닌 아픔이었습니다. 아버지는 자식을 너무나 사랑하기에 해 줄 것 없는 자신을 탓하며 아픈 눈물을 훔쳤습니다. 흐르는 아픔의 눈물만큼 새벽마다 엎드려 아들을 위해 하늘 아버지의 은혜를 구하고 또 구했습니다. 아버지는 그렇게 자식을 위했습니다.

그러나 하늘 아버지께서는 다릅니다. 그분은 자기 자녀를 사랑하실 뿐 아니라 능히 도우실 힘이 있습니다. 어떤 위험과 아픔 속에서도 자기 자녀를 능히 지키는 사랑과 능력의 하나님 이십니다. 그런데 그 아버지께서는 아무 일도 하지 않으십니 다. 과연 하늘 아버지께서는 자기 자녀를 잊으셨습니까? 그렇 지 않습니다.

능히 도우실 수 있고 구원하실 수 있는데도, 그렇게 할 수 없는 마음이 더 아프고 고통스럽지 않겠습니까? 수없이 피할 길을 알려 주어도 듣지 않는 미련한 자식을 어찌할 수 없어 하 늘 아버지께서는 탄식하십니다. 겪지 않아도 될 심판의 고통 을 자초하는 자녀들이 한없이 안쓰러워 주체할 수 없는 눈물이 흐릅니다. 자녀에게 등을 돌린 아버지의 어깨는 그렇게 가늘게 흔들리고 있습니다.

아버지께서는 진노 중에도 사랑을 거두지 않으셨습니다. 하나님의 사랑은 심판의 때를 지나 돌이킴의 때가 되면 은혜로 자녀를 되돌리실 것입니다. 좋은 것을 베풀기에 간절하신 아버 지를 향해 돌이켜 엎드릴 때 사랑과 능력의 아버지께서는 가장 좋은 것으로 응답하실 것입니다.

어느 경우든 기도가 최선이다. 기도는 노를 젓는 일이나 마찬가 지기 때문이다. 때로는 어둠 속에서도 노를 저어야 한다. 앞으로 나가고 있는지조차 분간할 수 없는 순간에도 말이다. 하지만 멈 추지 않는다면 다시 바람이 일고 돛을 펼치고 순항할 것이다. 바 람은 반드시 다시 불어온다. … 드문드문, 잠깐씩이기는 하지만 하나님과의 교제는 지금도 가능하다. 잊지 말라. 조지 허버트는 기도를 '교회들의 잔치'라고 불렀다. 드와이트 무디 또한 어느 날 기도를 마치고 나서 '하나님이 내게 오셨다. 얼마나 강렬한 사랑을 경험했는지 제발 주님의 손안에 머물게 해 달라고 간청할 수밖에 없다'고 했다. [31]

팀 켈러의 고백을 다시 기억합니다. 어둠이 깊은 그 밤을 지날 때도 기도의 노를 저으면 반드시 하나님을 만날 것입니다. 구하고 찾고 문을 두드리십시오. 그러면 얻게 되고 찾게 되고 마침내 문은 열릴 것입니다.

제국의 길과 십자가의 길

마태복음 7:13~14

30년 넘도록 섬기고 있는 한우리교회는 대한예수교장로회
(합동) 소래노회에 속한 교회입니다. 소래노회라는 이름에 독특
함이 있습니다. 소래노회는 한국인에 의해 자생적으로 세워진
최초의 한국 교회인 소래교회의 전통과 가치를 이어 가고자 하
는 노회입니다. 소래교회는 1884년 서상륜이 동생 경조와 함께
고향 황해도 장연군 대구면 송천리에 세운 교회로 솔내교회로
부르기도 합니다.

소래교회 초대 목사는 우리에게 잘 알려지지 않은 캐나다
출신 선교사 윌리엄 맥켄지(William John Mckenzie)입니다. 그는
1861년 캐나다 케이프브레턴에서 태어났고, 댈하우지 대학과
장로교 대학에서 교육을 받았습니다. 조선 선교에 대한 도전을
받은 그는 캐나다 장로회 선교부에 조선 선교 지원을 요청했지

만 거절되었습니다. 그러나 좌절하지 않았고, 개인 자격의 독립 선교사로 조선에 들어오게 됩니다. 그의 가슴에는 '조선을 제2의 고향으로 삼고 조선인들과 같이 살다가 마지막 나팔 소리를 들을 때까지 그들과 같이 일하리라'라는 결의로 가득 차 있었습니다.

① 월급이 적은 쪽을 선택하라.

② 내가 원하는 곳이 아닌 나를 원하는 곳을 택하라.

③ 승진의 기회가 거의 없는 곳을 택하라.

④ 모든 조건이 갖춰진 곳은 피하고 처음부터 시작해야 하는 황무지를 택하라.

⑤ 앞을 다퉈 모여드는 곳은 절대로 가지 마라. 아무도 가지 않는 곳으로 가라.

⑥ 장래성이 전혀 없다고 생각하는 곳을 가라.

⑦ 한가운데가 아닌 가장자리로 가라.

⑧ 사회적 존경 같은 건 전혀 바라볼 수 없는 곳으로 가라.

⑨ 부모나 아내나 약혼자가 반대하는 곳이면 틀림없다. 의심치 말고 가라.

⑩ 왕관이 아닌 단두대가 기다리고 있는 곳으로 가라. [32]

경남 거창고등학교에 걸린 직업 선택 십계명입니다.

거창고등학교의 설립자인 전영창 선생은 로버트 슐러(Robert Schuller)와 동기 동창으로 미국 웨스턴 신학교 출신입니다.

그는 당연히 목사가 되어야 했고, 신학교 교수로 초청을 받기도 했습니다. 그러나 교수 자리를 마다하고 목사가 되지도 않았습니다. 다만 그의 꿈은 젊은 청년 특히 고등학교 학생들을 철저히 성경적이고 하나님 중심 사상의 인물로 키워서 나라와 민족과 교회를 세우는 것이었습니다.

거창고등학교에 걸린 직업 선택 십계명은 듣기 좋은 어떤 말이 아닌 전영창 선생의 삶으로 보여 준 믿음의 가치였습니다.

이런 십계명을 가르치는 학교에 자녀를 진학시키고 싶습니까? 자녀가 이런 십계명을 따라 살고자 한다면 어떻게 받아들일 것 같습니까? 유학을 마친 자녀가 당연히 목사가 되고 교수가 되어야 할 터인데 후미진 곳을 찾아 그늘진 일을 하겠다면 어떻게 하겠습니까? 자녀가 선교부에서조차 거절한 태평양 건너 흑암의 땅을 향하는 선교의 걸음을 걷고자 한다면 어떻게 하겠습니까?

"좁은 문으로 들어가라"라는 예수님의 말씀은 익숙하게 다가옵니다. 좁은 문으로 향하는 좁은 길을 걸어가라는 말씀입니다. 그러나 어느 순간부터 이 말씀은 옛날 옛적 동화 같은 이야기가 되어 버렸습니다. 그리스도인들에게 별 의미 없는 경구로만 기억될 뿐입니다.

예수님의 좁은 문으로 들어가라는 말씀에 담긴 깊은 함의는 무엇입니까? 넓은 길을 따라 넓은 문으로 들어가는 삶이 아닌 좁은 길을 따라 좁은 문으로 들어가는 삶은 어떤 삶입니까? 그

리스도인이 걸어야 할 좁은 길은 어떤 길입니까? 예수의 제자
는 왜 그 좁은 문으로 들어가기를 힘써야 합니까?

다른 방향 다른 여정

예수 시대 로마 제국은 도시를 연결하기 위해 기존의 길을
다듬거나 새로운 길을 건설했습니다. 이렇게 다듬어진 길과 새
롭게 닦은 길은 '대로'라고 불렸습니다. 이 길은 로마 제국의 지
배와 통합을 상징하는 중요한 기반이었습니다. 대로는 단순히
길의 폭이 넓어서 붙여진 이름이 아니었습니다. 로마가 닦은
길은 곧고 체계적이었으며, 제국 내 도시를 연결하는 주요 교
통로로 사용되었습니다.

대표적인 예로 로마를 기점으로 이탈리아 남동쪽 브린디시
까지 이어지는 아피아 가도(Via Appia), 브린디시에서 선박으로
아드리아해를 건넌 후 디라키움에서 비잔티움까지 이어지는
에그나티아 대로(Via Egnatia), 그리고 튀르키예 지역의 세바스테
대로(Via Sebaste) 등이 있습니다. 이 제국의 길은 단순히 이동을
위한 도로가 아니라 제국의 지배와 로마의 평화(Pax Romana)를
과시하는 통로 역할을 했습니다.

로마가 닦은 대로를 따라가면 로마가 지배하는 도시가 나옵
니다. 도시의 성문은 '넓은 문'입니다. 이 넓은 문은 문의 폭이
넓고 좁은 것에 바탕을 둔 것이 아닙니다. 성 밖의 넓은 길 곧

대로를 따라가면 성으로 들어가는 넓은 문이 나옵니다. 이 넓은 문을 들어가면 성안의 남북을 잇는 넓은 길이 나옵니다.

성안의 넓은 길을 카르도(Cardo) 혹은 직가(直街, 행 9:11)라고 불렀습니다. 물론 성안에는 동서를 잇는 대로도 있었지만, 중심 도로는 남북을 잇는 카르도였습니다. 남북으로 이어지는 카르도는 다시 성문으로 연결됩니다. 성문을 지나 성에서 나오면 다시 넓은 길이 이어집니다. 이것이 로마의 대로와 성문, 넓은 길과 넓은 문의 실제 모습입니다.

반면에 고대 이스라엘의 도로는 대개 자연스럽게 형성된 길이었습니다. 성 밖 광야의 골짜기나 능선을 따라 형성된 길은 그리 넓지 않았습니다. 로마 제국의 포장도로와 달리 오랜 시간 사람들이 오가면서 이뤄진 그 길은 단순한 도로를 넘어 방향이었습니다. 그 도로를 따라 걷지 않아도 그 방향으로 걷는다면 그것이 바로 길이 되었습니다.

예수님께서 말씀하시는 좁은 문, 넓은 문, 좁은 길, 넓은 길은 이러한 고대 이스라엘과 로마 제국의 길과 문을 배경으로 이해해야 합니다. 예수님의 이야기를 듣던 이들은 자연스럽게 로마의 대로와 성문을 떠올렸고, 이스라엘의 길들을 떠올렸을 것입니다. 로마의 대로는 단순한 교통로를 넘어 제국의 권위와 평화의 상징이었습니다. 강력한 황제의 통치가 구현되는 길이었습니다.

넓은 문을 향하는 길은 크고 널찍하기 때문에 많은 사람이 그리로 들어갑니다. 그러나 좁은 문을 향하는 길은 비좁고 험해서 찾는 사람이 얼마 안 됩니다. 좁은 길과 넓은 길은 그 방향과 과정이 전혀 다른 길입니다. 좁은 길은 단순히 조금 더 힘들고 어려운 길이 아니라 방향이 다른 길입니다. 좁은 길을 걸으면 좁은 문에 이르고, 넓은 길을 걸으면 넓은 문에 이르게 됩니다. 그 길은 삶의 방향입니다. 삶의 방향에 따라 그가 선택하는 여정이 달라질 수밖에 없습니다.

성안의 대로인 카르도는 큰 기둥이 좌우에 늘어서 있고, 그 뒤로 상점이 이어지던 거리였습니다. 도시의 남북을 이어 주는 그곳은 항상 많은 사람으로 붐볐습니다. 대로로 이어지는 문은 넓은 대문이었고, 많은 사람이 오가는 공간이었습니다. 로마화된 도시에 거주하며 넓은 길을 따라 넓은 문을 드나들던 사람들은 어떤 모습일까요? 그들의 절대다수는 로마인이거나 로마화된 유대 귀족 또는 그 추종자들이었을 것입니다. 아마도 식민지의 평범한 백성이 넓은 문을 찾았다면 그 거대함과 번잡함과 화려함에 압도되었을 것입니다.

'모든 길은 로마로 통한다'는 말처럼 그 시절 대로는 항상 로마로 향하는 문이었습니다. 자신의 이익을 위해 이곳저곳 눈치만 살피던 헤롯을 여우에 빗대어 불렀던 예수님의 눈에 대로를 걷는 사람은 헤롯과 같은 사람이었을 것입니다(눅 13:32). 로마로 상징되는 성공과 명예와 재물을 구하는 사람들이 가던 길이 바로 넓은 길입니다. 넓은 길은 로마로의 길이며, 제국의 길입니다.

예수님께서는 갈릴리 호수 서편 언덕에 모여든 이들에게

"좁은 문으로 들어가라"라고 말씀하십니다. 이는 제국을 향하는 넓은 길이 아닌, 방향이 다른 좁은 길로 가라는 강력한 부르심입니다. 넓은 길로 가는 넓은 문은 들어가는 사람이 많지만 좁은 길로 이어지는 좁은 문은 찾는 사람이 적습니다. 그런데도 우리는 넓은 문이 아닌 좁은 문으로 들어가야 합니다.

좁은 문을 향하는 좁은 길이 예수님의 길이며 예수님을 따르는 길이기 때문입니다. 좁은 길은 하늘의 길이고, 넓은 길은 세상의 길입니다. 좁은 길은 예수님을 따르는 십자가의 길이고, 넓은 길은 로마로 표상되는 제국을 향하는 길입니다. 넓은 길과 좁은 길은 방향과 여정이 다른 길입니다.

월리엄 맥켄지 선교사는 1893년 10월에 입국하여 서울에서 몇 달을 지낸 뒤 다음 해 2월에 황해도 솔내에 도착하게 됩니다. 그는 소래교회 초대 목사로 궁벽한 시골 초가집에서 한복을 입고 조선 음식을 먹으며 조선인과 똑같이 생활하며 선교에 헌신했습니다. 그와 함께 소래교회는 부흥 성장했습니다.

첫 주일예배에 15명이 참석했는데 1년 남짓한 시간이 지나자 80명이 예배했습니다. 그리고 1895년 6월, 여덟 칸 기와집으로 예배당을 신축했습니다. 예배당을 신축하는 과정에서 교인들이 1천 냥을 마련하여 스스로 건축하는 한국 교회의 소중한 선례를 남겼습니다.

그러나 많은 고생을 하며 불철주야 활동하다 보니 그는 그만 육체의 건강을 해치게 되었습니다. 무리한 사역으로 몸이 몹시 쇠약해진 상태에서 장연읍 전도를 강행했다가 뜻하지 않게 일사병에 걸렸습니다. 병중임에도 불구하고 그는 다른 사람의 도움을 거절하고 아직 완공되지 못한 예배당 부속실에 머물렀는데, 5일간 고열에 시달리다 정신착란 상태까지 이르게 됩니다. 결국 그는 짧은 생을 마감하고 35세의 나이에 주님 곁으로 떠났습니다. 1895년 6월 23일, 그의 일기 마지막 장은 유서 아닌 유서로 남겨졌습니다.

> … 잠을 잘 수도 없고 밖으로 나갈 수도 없다. 너무 약해졌기 때문이다. 오늘 오후에는 전신이 추워지는 것을 느꼈다. 옷과 더운 물 주머니가 있어야겠다. 땀을 내야겠다. 조금은 나은 듯하기도 하다. 죽음이 아니기를 바란다. 내가 조선인들과 같은 방식으로 살았기 때문에 이렇게 되었다고 말하게 될 많은 사람을 위해서이다. 내가 조심하지 아니하였기 때문일 것이다. 낮에는 뜨거운 햇볕 아래 전도하고 밤이면 공기가 추워질 때까지 앉아 있었기 때문일 것이다. … 내 마음은 평안하며 예수님께서는 나의 유일한 소망이시다. 하나님은 모든 것을 이루신다. 몸이 심히 고통스러워 글을 쓰기가 너무 힘이 든다.[33]

낮선 땅에 와서 열악한 환경과 싸우며 선교 활동을 하다가 끝내 적응하지 못하고 주님 곁으로 간 맥켄지 선교사. 너무나 다른 생활 환경과 문화적 차이와 고독에서 오는 정신적 불안정에 의한 질환은 끝내 그를 죽음으로 몰고 갔습니다. 1895년 여름, 그는 극심한 고통을 안고 그렇게 떠났습니다.

소래마을 사람들에게는 더 이상의 설교가 필요 없었습니다. 사랑과 헌신으로 이 겨레와 함께 가난에 시달린 서양인, 그 까닭이 무엇인지 묻지 아니한 사람이 없었을 것입니다. 장례식을 교회장으로 치르고 나니 오히려 불신자들이 그동안의 공적을 치하하고 호평했습니다. 말하지 않아도 교회에 찾아오는 청년들이 많아지기 시작했습니다.

이것이 바로 좁은 길을 걷는 삶입니다. 길이 넓어 그리로 들어가는 사람이 많은 길과 길이 협착하여 찾는 사람이 적은 길, 어느 길을 걸을지 굳은 각오로 택해야 합니다. 제국의 길을 걸을 것인지 아니면 좁은 길을 걸을 것인지, 그 선택이 우리 앞에 놓여 있습니다.

예수의 진리, 예수의 길

우리는 진리로서의 예수님을 붙잡는 데는 열심이지만, 길로서의 예수님을 따르는 데는 무관심하다. … 진리로서의 예수님께서 길로서의 예수님보다 훨씬 더 많은 관심을 받는다. 북미 문화권에서 목사로 50년간 일하면서 나와 함께했던 그리스도인들이 가장 많이 회피하는 은유가 바로 길이 되신 예수님께서다. … 예수님을 예배하고 선포하면서 예수님의 진리에 서둘러 도달하려는 마음에 예수님의 길을 건너뛸 수는 없는 일이다. 예수님의 길은 우리가 예수님의 진리를 실천하고 이해하는 방식이다. 가정과 일터에서 친구와 가족과 함께 예수님의 방식을 살아 내면서 우리는 예수님의 진리를 실천하고 이해하게 된다.[34]

목사들의 목사라 불리는 유진 피터슨(Eugene H. Peterson)은 『그 길을 걸으라』에서 한국 교회를 비롯한 현대 교회의 본질적 위기에 대해 이렇게 진단했습니다. 그의 진단은 현대 기독교 신앙의 구조적 병폐를 꿰뚫는 통렬한 외침입니다.

예수님께서는 자신을 "길이요 진리요 생명"(요 14:6)이라고 소개하십니다. 예수님의 길이 예수님의 진리와 결합해서 예수님의 생명이 생겨나는 것입니다. 그런데 현대 교회는 '진리'라는 말씀에는 뜨겁게 반응하면서도 '길'이라는 말씀에는 거의 관심을 두지 않습니다.

길이란 살아 내야 할 과정, 묵묵히 걸어야 할 고된 순례의 여정입니다. 그래서일까요? 많은 이들이 진리는 소유하려 들지만 길은 부담스러워 외면하려고 합니다.

길을 버린 교회의 신앙은 왜곡되고 변질되어 갑니다. 예수님의 길을 버린 신앙은 기도부터 변질됩니다. 기도는 하늘 아버지와의 인격적 교통입니다. 자녀와 아버지의 찾음과 만남의 여정입니다. 이런 기도의 여정은 오랜 기다림과 인내를 요구받기도 합니다. 그래서 때론 흔들리고 지치기도 합니다.

하지만 왜곡된 신앙 안에서 기도는 더 이상 찾음과 만남이 아닌 비즈니스적 거래가 되어 버립니다. 내가 욕망하는 바를 기어이 얻어 내는 가장 탁월하고 손쉬운 수단, 그것이 교회가 가르치는 기도라면 기독교는 소비자를 유혹하는 종교 상품에 불과합니다.

공동체도 마찬가지입니다. 교회는 본래 '거룩한 번거로움' 속에서 존재합니다. 서로의 상처와 실패를 끌어안고, 함께 울고 웃으며 걸어가는 그리 평탄치 못한 길 위에 교회는 세워집니다. 그러나 예수님의 길을 버린 교회는 이 길을 거부합니다. 대신 세련된 프로그램과 효율적인 운영으로 공동체를 대체합니다. 사람들이 불편하지 않고, 깔끔하게 소비할 수 있도록 교회를 포장합니다. 그 결과 교회는 더 이상 살아 있는 몸이 아니라, 잘 정리된 쇼핑몰처럼 기능하게 됩니다.

길 없는 신앙은 결국 죽은 껍데기에 불과합니다. 예수님의 몸이 그렇듯, 진리와 길은 분리될 수 없습니다. 예수님의 진리는 반드시 예수님의 길을 통해서만 이해되고 실천됩니다. 진리는 추상적인 관념이나 머릿속 동의가 아닙니다. 진리는 길이라는 삶의 구체적 방식 안에서만 살아 움직입니다. 진리는 '믿는 것'을 넘어 '걷는 것'입니다.

예수님의 진리를 선포하면서, 예수님의 길을 건너뛸 수는 없습니다. 진리를 아무렇게나, 자기 원하는 방식대로 따를 수는 없는 법입니다. 진리를 선포해 놓고도 길을 따르지 않는다면, 그 진리는 이미 왜곡된 것입니다. 예수님을 진리로 믿는다 해도, 예수님의 길을 걷지 않는 신앙은 결국 박물관의 유물처럼 박제된 신념에 불과합니다. 아무리 정통 교리를 붙잡고 있어도, 그 교리가 일상의 걸음으로 드러나지 않는다면 그것은 생명이 없는 고백입니다. 진리는 반드시 길 위에서 살아 숨 쉽니다. 길 없는 신앙은 뿌리 없는 나무와 같아서 겉으론 무성한 잎을 자랑할 수 있지만, 이내 시들어 버릴 것입니다.

새삼 예수님을 진리로 만나 그 길을 걷고자 했던 삭개오의 결단이 새롭게 다가옵니다. 그는 예수님을 진리로 믿기로 결단하는 순간, 삶의 방향을 근원적으로 바꾸고자 했습니다. 로마로 향하는 넓은 길을 걸으며 충분한 성공과 성취를 이루었던 그는 삶의 방향을 혁명적으로 전환하고자 했습니다.

삭개오는 로마 제국을 위하여 이스라엘 백성들로부터 세금을 착취하는 여리고 지역의 세리장이었습니다. 예루살렘을 제외한다면 갈릴리 지역의 가버나움과 유대 지방의 여리고는 가장 많은 세입을 올리던 지역이었습니다. 그 지역의 세리장이라면 엄청난 부와 정치적 권력을 가지고 있었을 것입니다. 그는 분명 로마 제국 아래서 약하고 힘들게 살았던 팍팍한 서민들의 삶과는 질적으로 다른 삶을 살고 있었을 것입니다(눅 19:2).

삭개오는 엄청나게 부자였습니다. 돈이 있었기에 거기에 걸맞은 권력도 누렸을 것입니다. 옷차림새는 물론 신발과 몸에 바르고 뿌리는 향유조차 로마식이었을 것입니다. 그는 당시 최고 문화였던 로마 건축양식으로 화려하게 잘 지어진 귀족풍의 고급 빌라에서 살았을 것입니다.

그런 삭개오가 돌무화과나무에 올랐습니다. 세리장은 대제사장의 추천을 받아 로마 황제가 임명했습니다. 지역에서 막

강한 권력과 부와 사회적 지위를 가지고 있었을 그가 예수님을
보고자 달렸습니다. 여리고를 지나 예루살렘 방향으로 올라가
는 길을 앞서 달려가 그곳에 있던 돌무화과나무에 올랐습니다.

분명 여리고 성 밖 어느 길목에 듬직하게 서 있었을 돌무화
과나무 위에는 삭개오 한 사람만 올라가 있는 것이 아니었을
것입니다. 당시에도 나무 위에는 마을로 들어오는 슈퍼스타를
보려는 듯 예수님을 보려는 사람들이 많았을 것입니다. 그들
중에 삭개오는 더욱 화려하고 눈에 띄는 모습, 로마 제국의 귀
족 같은 옷을 입었을 것입니다. 그런 그를 발견한 예수님께서
는 즉각 그를 불러 세우셨습니다.

삭개오야 속히 내려오라 내가 오늘 네 집에 유하여야 하겠다

눅 19:5

매국노와 말을 섞는 것도 모자라 예수님께서 아예 그 집에
들어가 머물겠다고 하십니다. 예수님께서 삭개오를 따라 그의
집을 방문하는 일은 엄청난 이슈가 되었을 것입니다. 친로마
세력의 상징적 존재였던 세리장의 집에 머물며 함께 식사하신
다는 것은 많은 사람 특히 반로마적인 사람들이 엄청나게 분개
할 사건이었습니다. 그만큼 삭개오는 모든 것을 걸고 예수님을
맞이해야 했습니다. 그렇게 예수님을 만난 삭개오는 재산의 상
당 부분을 환원하겠다는 급진적 조치를 천명했습니다.

삭개오가 서서 주께 여짜오되 주여 보시옵소서 내 소유의 절반을
가난한 자들에게 주겠사오며 만일 누구의 것을 속여 빼앗은 일이
있으면 네 갑절이나 갚겠나이다 눅 19:8

삭개오가 당당하게 예수님 편에 서겠다고 선언한 것입니
다. 자신이 지금까지 쌓아 온 모든 기득권을 포기하는 혁명적
인 결단입니다. 친로마 세력의 상징적인 존재인 여리고 세리장
삭개오가 예수님을 따르는 자가 된 것입니다. 누구보다 정치
정세에 밝고 현실 감각이 뛰어났을 그가 그 당시 세계를 호령
하던 제국을 등지는 선택을 한 것입니다. 예수님을 진리로 붙
드는 순간 굳게 결단한 것입니다.
　"나는 예수님의 길을 따라 걷겠노라."
　삭개오와 예수님의 만남은 그저 그런 동화 속 이야기가 아
닙니다. 삭개오에게 예수님의 편에 서서 예수님을 따른다는 것
은 지금까지 걷던 넓은 길을 돌이켜 좁은 길을 걷는 인생을 건
모험입니다. [35] 좁은 길을 걸어 좁은 문으로 들어가겠다는 삶의
분수령적 결단이 예수님을 따름입니다. 진리를 따라 진리의 길
을 걷겠다는 결단입니다.

　넓은 길과 좁은 길은 몸으로 살아 내야 하는 삶의 실재입니
다. 넓은 길과 좁은 길은 삶의 근본적인 방향과 여정이 전혀 다
른 길입니다. 예수님의 "좁은 문으로 들어가라"라는 말씀은 삶
의 방향과 여정을 혁명적으로 바꾸라는 부르심입니다. 로마로

향하는 길, 제국의 길이 아닌 산상수훈의 가르침을 따라 사는 예수님의 길, 제자의 길을 걸으라는 영광스러운 초대입니다. 진리 되신 예수님과 함께 예수님을 따라 좁은 길을 걸어 생명으로 인도하는 좁은 문으로 들어가기를 바라는 간절한 부르심입니다.

예수님을 진리로 만났습니까? 진리 되신 예수님을 믿음으로 붙들었습니까? 그렇다면 이제 진리의 편에 서서 진리의 길을 걸어야 하지 않겠습니까? 하늘 아버지의 자녀라면 진리의 길이 아무리 좁고 가는 사람이 적어도 예수님 편에 서서 좁은 그 길을 걸어야 하지 않겠습니까? 삶의 근원적인 방향을 바꾸는 혁명적 전환과 함께 예수님의 길을 따라 좁은 문으로 들어가야 하지 않겠습니까?

좁은 길의 끝에서

넓은 길과 좁은 길은 삶의 방향과 여정이 다를 뿐 아니라 결과도 전혀 다른 길입니다. 많은 사람이 가는 넓은 길이 아닌 좁은 길을 가야 하는 이유는 넓은 길은 멸망으로 인도하는 문으로 향하는 길이기 때문입니다. 좁은 문으로 향하는 길이 좁고 찾는 사람은 적어도 그 길은 생명으로 인도하는 길입니다.

멸망이 아닌 생명을 얻고자 한다면 넓은 길에서 돌이켜 좁은 길을 따라 좁은 문으로 들어가야 합니다. 좁은 문, 좁은 길, 그 길 끝에서 우리는 생명의 주님을 만나게 될 것입니다. 진리 되신 예수님을 붙들고 예수님의 길을 걷는 우리는 마침내 예수님의 생명에 이르게 될 것입니다.

많은 사람이 가는 길이라고 그 길이 좋은 길이라고 생각해서는 안 됩니다. '남들 다 가는 길이니 괜찮겠지'라고 생각하며 따라갔다가는 그들과 함께 멸망하고 말 것입니다. 지금까지 인류 역사 속에서 가장 많은 사람이 걸었던 길이 죽음의 길이고, 가장 많은 사람이 들어간 문도 사망의 문입니다. 사람들이 옳다고 믿는 길을 가서는 안 됩니다.

넓고 편하고 쉬운 길에 현혹되지 않아야 합니다. 생명으로 인도하는 문은 아주 좁고 그 문으로 인도하는 길은 매우 협소합니다. 그래서 그 길로 가려는 사람이 별로 없습니다. 그런 길이야말로 영원으로 인도하는 생명의 길입니다. 수많은 사람이 걷는 넓은 길이 아니라 찾는 이가 적은 좁은 길이 생명의 길입니다.

생명으로 인도하는 문은 좁은 길 끝에서 만나는 좁은 문입니다. 일평생 좁은 문으로 들어가기를 힘쓰십시오. 왜냐하면 그 길만이 생명으로 인도하는 문으로 향하는 길이기 때문입니다. 로마의 고위 관리요 부자였던 삭개오가 스스로 가난하게 되어 예수님 편에 서기를 자청했습니다. 그의 인생에는 그날 이후 구원의 생명이 임했습니다. 세상에서는 어쩌면 공직을 잃고 가난해졌을지 모르지만, 그는 영원한 생명을 얻었습니다.

좁은 문으로 들어가기를 힘쓰라 내가 너희에게 이르노니 들어가

기를 구하여도 못하는 자가 많으리라 눅 13:24

누가복음 말씀은 병행 본문인 마태복음의 뉘앙스와 다르게 좁은 문으로 들어가기를 애쓰고 힘써야 한다고 합니다. 처음부터 좁은 문으로 들어가려는 사람이 적다고 말씀하지 않습니다. 처음에는 좁은 문으로 들어가려는 이들이 많았습니다. 그런데 들어가길 원해도 들어가지 못하는 사람이 많을 것입니다. 사람들이 왜 좁은 문을 통해 생명으로 들어가려고 하지만, 결국 실패하고 마는 것일까요?

만일 그 길이 처음부터 비좁고 험해서 걷기가 어려웠다면 사람들은 시도조차 하지 않았을지 모릅니다. 아마도 생명으로 인도하는 문이 얼마나 좁은지 처음부터 알았다면 들어가려고 시작도 하지 않았을지 모릅니다. 이 좁은 길은 처음에는 넓은 길처럼 보였다가 걸어가다 보면 점점 좁아지는 길이 아니었을까 싶습니다.

처음에는 명분도 있고 의미도 있어 많은 사람이 그 길을 걷고자 합니다. 멋있게 보이는 길이지만, 그 길은 매일의 순종과 헌신으로 자기를 부인하며 따라야 하는 여정입니다. 자기 십자가를 지는 헌신이 없으면 걸을 수 없는 길입니다. 그래서 끝까지 포기하지 않고 생명으로 인도하는 좁은 문을 들어가려면 힘쓰고 애써야 하는 것입니다. 좁은 문은 끝까지 예수님을 향한 따름을 멈추지 않아야만 들어갈 수 있는 문입니다.

그 도를 따르는 사람들

10여 년 전 은퇴를 앞둔 거창고등학교 전은성 교장이 서울의 한 교회에서 강연을 했습니다. 거창고등학교 설립자 전영창 선생의 아들로 아버지의 유업을 이어 온 그는 직업 선택 십계명을 소개했습니다. 잘 닦여진 길을 가라는 내용은 단 한 곳에서도 찾아볼 수 없습니다. 고생을 사서 하고, 거친 자갈밭을 자진해서 걸으라는 내용뿐입니다.

이와 관련해서 한 청중이 오랜 세월이 흐른 지금 이 십계명이 퇴색되지 않았느냐고 질문했습니다. 그러자 전은성 교장은 이렇게 대답했습니다.

"20년 전 아이들이 강당으로 몰려와 십계명을 떼자고 시위를 했죠. 왜 그러냐고 묻자, 지키지도 못할 십계명인데 부담만 된다는 게 이유였어요. 그래서 제가 세 명의 선생님 이름을 대며 뗄 수 없다고 말했죠. 그분들만큼은 조금의 오염 없이 십계명을 실천했던 주인공들이었거든요. 그러자 아이들도 아무 말도 못했어요. 모두가 철저히 지킬 수 있는 건 아니에요. 결과를 자신의 눈으로 확인하려는 습관을 버려야 해요."

그렇습니다. 이 땅에서 결과가 다 확인되지 않아도 기꺼이 좁은 길을 걸어 좁은 문으로 들어가기를 힘써야 합니다. 좁은 길 끝에서 만난 좁은 문에서 우리는 반드시 영광의 주님을 보게 될 것입니다.

　　윌리엄 맥켄지 선교사가 이 땅에서 숨을 거두던 시각, 약혼자를 만나기 위해 태평양을 건너던 여인이 있었습니다. 배에서 약혼자 맥켄지의 비보를 접한 맥컬리(Miss E. A. Mccully)는 눈물을 쏟아야만 했습니다. 우여곡절 끝에 조선에 도착한 그녀는 약혼자를 뒤이어 원산 지방에 머물며 평생 독신으로 조선 선교에 생을 다했습니다. 특히 그녀는 맥켄지의 유산 3천 냥을 소래교회에 헌금했습니다. 이 돈은 해서제일학교 설립 기금으로 사용되었습니다.

　　해서제일학교는 맥켄지가 예배당 건축이 끝날 무렵 서경조와 함께 교인 자녀 7~8명을 모아 사랑채를 빌려 시작한 학교입니다. 지리와 한글 공부를 위주로 하고 성경도 가르쳤습니다. 맥켄지의 유산과 교인들의 헌금으로 건물을 새로 짓고, 4년제 보통학교로 정식 인가를 받았습니다. 여기서 세브란스 첫 졸업생인 김필순과 그 형제, 경신학교 첫 졸업생 서병호, 세브란스 첫 원장 김명선, 김필례, 김마리아, 김함라 같은 여성 지도자, 허성묵, 허응숙 같은 민족 운동가 등이 배출됐습니다.

　　맥켄지의 죽음 이후 그의 일기와 함께 소래교회 교인들의 진정서가 캐나다 장로교총회 해외 선교부에 보내졌습니다. 진정서의 내용은 맥켄지의 신앙을 본받아 살겠다는 결의를 보여주면서 기독교인 선생을 한 사람 보내 달라는 요청이었습니다.

　　우리는 맥켄지 목사님의 친구요 동역자이며 형제이신 여러분께 이 편지를 씁니다. 우리는 여러분께서 읽어 주시고 또 기도 어린

관심을 보여 주시기 원합니다. 멕켄지 목사님이 한국에 오신 후 그분은 황해도 장연의 솔내마을로 내려오셔서 열심히 하나님 아버지의 사업을 하셨습니다. 그리고 많은 사람을 주님께로 이끌어 주셨습니다. 솔내마을은 언제나 아주 사악한 곳으로 축복이 없는 곳이었습니다. 그러나 그분은 더 이상 우리와 함께 계시지 않습니다. 그리고 우리는 기도하면서 하나님의 뜻을 알기를 원하고 있습니다. 우리는 하나님 앞에서 기도하면서 캐나다에 계신 우리의 형제들께서 기독교인 선생님 한 분을 보내 주시기를 기다리고 있습니다. 주님의 이름으로 솔내에 있는 기독교인들 올림. 1895년 12월 26일. [36]

맥켄지의 죽음과 소래 교인들의 호소는 캐나다 교회 내에 조선 선교에 대한 깊은 관심을 불러일으켰습니다. 마침내 캐나다 장로교총회는 1898년 9월 8일에 푸트(W. P. Foote) 목사, 맥레이(D. M. McRae) 목사, 그리어슨(R. G. Grierson) 박사 세 사람을 조선 선교사로 파송하게 되었습니다.

이때 조선에 온 캐나다 선교사들이 부흥 운동의 도화선인 '원산기도회'의 중심이었습니다. 한 알의 밀알이 썩어져 수많은 열매를 맺은 것입니다. 소래교회 뒷동산에는 초대 목사 맥켄지 선교사의 무덤이 자리했습니다. 무덤 옆 묘비에는 사랑하는 약혼자의 삶을 기억하며 맥컬리가 이렇게 새겨 놓았습니다.

윌리엄 존 맥켄지. 1861년 캐나다에서 출생. 1895년 한국에서 별

세. 1893년에 맥켄지 목사가 캐나다로부터 여기 내류할 때 동포
는 외인을 살해하려고 하고, 교인은 몇몇 안 되는 때라. 폭양에 열
심히 전도하더니 열병에 정신없이 기세(棄世, 세상을 버림)하여 일
동이 애석해하며 다 주를 믿는지라. 주의 말씀에 밀알 하나가 땅
에 떨어져 죽으면 열매가 많다 함이 옳도다. 소래교회는 조선의
처음 열매요, 목사의 몸은 여기서 자도다.[37]

그렇습니다. 그는 많은 사람이 가는 넓은 길이 아니라, 가는
이 없는 좁은 길을 걸어 좁은 문으로 들어가고자 했습니다. 한
알의 밀알로 썩어진 그의 여정은 조선을 넘어 한국 교회 그리
고 세계 교회의 축복이 되었습니다.

예수님을 따르는 처음 제자들은 "그 도(道, 길)를 따르는 사
람"(행 9:2)이라고 불렸습니다. 우리가 아직도 이런 이름을 지니
고 있다면, 예수님의 길을 따라 걸어가야 하지 않겠습니까? 누
구나 쉽게 택하는 넓은 길이 아니라 좁은 길을 선택해야 하지
않겠습니까? 사람들은 세상이 정해 놓은 대로, 세상이 말하는
대로 몰려다니지만, 예수의 제자라면 잠잠히 진리 되신 예수님
을 따라 예수님의 길을 걸어야 하지 않겠습니까?

그렇게 진리 되신 예수님을 따라 그 길을 걷는 순례자는 마
침내 좁은 문으로, 주님이 계신 곳으로 당도하게 될 것입니다.

행함으로 맺어지는 열매

이 말씀을 하실 때에 무리 중에서 한 여자가 음성을 높여 이르되 당신을 밴 태와 당신을 먹인 젖이 복이 있나이다 하니 _눅 11:27_

어느 날 예수님 주변에 모여든 무리 중의 한 여자가 소리 높여 이렇게 외쳤습니다. 그날 예수님께서는 말 못하게 하는 귀신을 쫓아내셨습니다. 귀신이 나가고 말 못하던 사람이 말하는 것을 본 사람들은 놀랍게 여겼습니다.

그런 와중에 어떤 사람은 예수님께서 귀신의 왕 바알세불을 힘입어 귀신을 쫓아낸다고 수군거렸고, 또 어떤 사람은 예수님을 시험하여 하늘로부터 오는 표적을 구했습니다. 그러자 예수님께서는 그들을 향해 "내가 만일 하나님의 손을 힘입어 귀신을 쫓아낸다면 하나님의 나라가 이미 너희에게 임하였느니라"

(눅 11:20)라는 놀라운 말씀을 선포하십니다.

놀라운 능력을 행하시고 권위 있는 말씀을 선포하시는 예수님을 보면서 그 여자는 예수님의 어머니가 부러웠나 봅니다. 저런 아들을 잉태하고, 저런 아들을 낳아 키운 어머니는 특별한 복을 받은 사람이라고 생각했던 것 같습니다. 여자는 예수님의 어머니를 "복되도다!"라고 목소리 높여 외쳤습니다.

이렇게 소리치는 여자의 이야기를 들으신 예수님께서는 어떤 생각을 하셨을까요? 곁에서 함께 듣던 사람들은 어떤 생각을 했을까요? 자식 때문에 평생을 마음 졸이고 살아야 했던 어머니에게 잠시라도 위로가 되었다고 생각하셨을까요? 그래도 나 같은 아들 낳고 키우니까 이런 부러운 소리도 듣는 것이라며 우쭐대는 마음을 품으셨을까요? 갚을 길 없는 빚과 같이 늘 부담이었던 어머니에 대한 짐을 조금이나마 갚은 것 같은 위로와 격려를 받으셨을까요?

오히려 하나님의 말씀을 듣고 지키는 자가 복이 있느니라 눅 11:28

바로 그 순간 예수님께서는 뜻밖의 말씀을 하십니다. 잘나고 능력 있는 자식 덕분에 칭찬 듣는 부모보다 더 복 있는 사람은 하나님의 말씀을 듣고 지키는 사람입니다. 자식 잘 둔 부모보다 말씀을 듣고 지키는 사람이 참으로 복 있는 사람입니다.

성경은 복에 대한 이야기로 가득합니다. 창세기의 아브라함은 "너는 복이 될지라"(창 12:2)라는 약속의 말씀을 따라 순종함으로 마침내 하나님을 경외하는 자라는 인정을 받았습니다. "복 있는 사람"(시 1:1)으로 시작되는 시편은 여호와의 율법을 즐거워하여 밤낮으로 읊조리는 사람이 시냇가에 심은 나무같이 형통할 것이라고 했습니다. 마지막 약속의 말씀을 담은 요한계시록은 말씀을 읽고 듣고 지키는 사람이 행복하다고 했습니다 (계 1:3, 22:7).

예수님께서는 갈릴리 산상수훈 언덕에 둘러앉아 말씀을 듣던 가난하고 병들고 신음하는 이들을 복 있는 사람이라 부르셨습니다. 이렇게 팔복으로 시작된 산상수훈은 말씀을 듣고 행하는 사람이 되라는 간절한 외침으로 마무리됩니다. 복 있는 사람은 말씀을 듣기만 하는 사람이 아닌 듣고 행하는 사람입니다. 말씀을 듣고 행하는 사람이 행복한 사람입니다.

왜 말씀을 듣고 행하는 사람이 복 있는 사람입니까? 그리스도인은 왜 말씀을 듣고 지키는 자가 되어야 합니까? 말씀을 듣고 행하는 행복한 사람이 되려면 어떻게 해야 합니까?

기준은 무엇인가

말씀을 듣고 행하는 삶의 열매가 우리의 정체를 알려 줍니다. 진정 복 있는 사람이 되려면 말씀을 듣고 행하는 사람이 되어야 합니다. 예수님 때문에 제국의 길, 세상의 길이 아닌 제자의 길, 생명의 길을 걷고자 한다면 말씀을 듣고 행함으로 열매

맺어야 합니다. 산상수훈 언덕에서 들은 말씀을 따라 삶을 세우는 자가 행복한 사람입니다. 듣고 행하는 열매가 우리를 예수의 제자로 확증합니다.

예수님께서는 "거짓 선지자들을 삼가라"(마 7:15)라고 말씀하십니다. 거짓 선지자는 겉과 속이 다른 사람입니다. 겉으로는 양의 옷을 입고 다가오지만 속으로는 약탈하는 이리입니다. 겉으로는 생명으로 인도하는 선지자로 보이지만 속으로는 멸망에 이르게 하는 악한 자입니다. 겉과 속이 다른 가짜가 거짓 선지자입니다. 겉과 속이 다른 모습이 가짜 선지자의 정체를 스스로 드러낼 것입니다.

겉과 속이 다른 가짜 선지자를 어떻게 알아볼 수 있습니까? 그들의 열매로 그들을 알 수 있습니다(마 7:16, 20). 그들이 맺는 열매를 보면 그들을 알 수 있습니다. 가시나무에서 포도를, 엉겅퀴에서 무화과를 맺을 수 없습니다. 좋은 나무가 아름다운 열매를 맺고, 못된 나무가 나쁜 열매를 맺습니다. 아름다운 열매를 맺는 나무가 좋은 나무이고, 나쁜 열매를 맺는 나무가 못된 나무 곧 쓸모없는 나무입니다. 열매로 그 나무를 알 수 있습니다. 나쁜 열매밖에 맺지 못하는 나무는 더 이상 쓸모없어 도끼로 찍혀 땔감으로 쓰이게 될 뿐입니다. 아름다운 열매를 맺는 나무가 좋은 나무입니다.

빅토르 위고(Victor Hugo)의 『레 미제라블』은 주인공 장 발장이 아닌 미리엘 주교 이야기로 시작됩니다. 독특한 캐릭터의

미리엘 주교는 장 발장에게 훔친 은촛대를 가져가라고 내어 준 그 신부입니다. 도둑도 산적도 존경해 마지않는 성자입니다. 그런데 정치적으로는 보수 왕당파로서 프랑스 혁명을 몹시 못마땅해합니다.

어느 날, 미리엘 주교는 혁명가 G가 죽어 간다는 소식을 듣고 그의 집을 방문합니다. '의인'으로 추앙받는 주교였기에 G의 죽음을 못 본 척할 수 없었지만, 실은 마음에 내키지는 않았습니다. G는 프랑스 혁명 때 루이 16세 처형 결정을 내린 국민의회 의원 중 하나였고, 왕당파였던 주교 자신이 그 혁명의 피해자였기 때문입니다.

그래도 주교는 모든 사람을 사랑하고 돌보는 것이 사제의 의무라고 여기며 G를 찾았습니다. 하지만 막상 G를 만나니 반감이 일어났습니다. 그래서 미리엘은 위로 대신 G와 논쟁에 가까운 대화를 이어 갑니다.

미리엘 주교는 혁명이 "분노가 끼어든 파괴"였다며 비판합니다. 이에 G는 권리의 분노는 진보의 한 요소이며, 비록 불완전했다고 할지라도 프랑스 혁명은 "인류의 존엄함을 선포하는 축성식"이었다고 반박합니다. 주교는 비판의 날을 더 세웁니다. 그는 국민의회가 루이 16세와 앙투아네트 왕비를 공개 처형했을 뿐만 아니라, 열 살 소년이었던 루이 17세마저 감옥에서 죽게 한 혁명의 잔인함을 규탄합니다. 잠잠히 듣고 있던 G는 루이 17세를 위해 흘린 미리엘의 눈물을 존중한다면서 말을 이어 갑니다.

"모든 무고한 사람, 모든 순교자, 모든 어린아이, 고귀한 자와 비천한 자, 우리는 이 모든 존재를 위해 눈물을 흘리고 있습니까? 우리 눈물은 1793년 이전으로 거슬러 올라가야 하고, 루이 17세 이전에 시작되어야 합니다. 나는 당신이 나와 함께 백성들의 어린것들을 위해 눈물을 흘려 준다면 당신과 함께 어린 왕자들을 위해 눈물을 흘릴 것입니다."

미리엘은 항변합니다. "나는 모두를 위해 눈물을 흘립니다."

"모두를 위해?" G가 목소리를 높여 외쳤습니다. "만약 어느 한쪽으로 기울어야 한다면 백성 쪽으로 기울어야 합니다. 백성은 더 오래전부터 고초를 겪어 왔으니까요."

계속해서 G는 압제 속에 신음하는 사람들에 대한 그의 연민과 진보에 대한 바람을 열정적으로 토로합니다. 그리고 미리엘에게 묻습니다. "이제 내 나이 여든여섯이며, 곧 죽을 것입니다. 당신은 내게 무엇을 청하러 오셨습니까?"

그 순간 노혁명가에게도, 어쩌면 주교 자신에게도 충격적이었을 사건이 일어납니다. 미리엘 주교가 "당신이 내려 주실 축복을!"이라고 말하고는 G 앞에 무릎을 꿇고 고개를 숙인 것입니다. 그리고 다시 머리를 들었을 때, 혁명가가 엄숙한 모습으로 숨을 거둔 것을 보았습니다. 마치 세속적 혁명가 G가 사제가 되고 경건한 주교 미리엘이 죄인이 된 것 같았습니다.

작품 속에서 미리엘 주교의 삶과 신앙을 이야기하는 장의 제목은 '의인(A Just Man)'입니다. 어쩌면 이미 의인으로 불렸던 미리엘이 진정한 의인이 된 순간은 그가 죄인이라 여기며 불편해

하고 부정했던 G 앞에 무릎을 꿇었을 때일 것입니다. 미리엘 주교는 그날 G와 있었던 일에 대해 침묵했습니다. 하지만 이때부터 레 미제라블, 곧 '비참한 자들'에 대한 그의 사랑이 더욱 심화되고 구체화되었습니다. 이 사건 이후 드디어 우리가 잘 아는 장면, 장 발장이 미리엘 주교의 집 문을 두드리는 이야기가 이어집니다.[38]

미리엘 주교가 '교회'를 상징하고 혁명가 G가 '세상'을 상징한다면, 빅토르 위고가 소설을 통해 우리에게 가르쳐 주는 것은 교회가 겸손히 세상에 무릎을 꿇고 연민을 배워야 한다는 것 아닐까요? 혁명가 G의 물음처럼 한국 교회는 지금 어디에 서 있습니까? 어느 편으로 기울어져 있습니까?

우리가 기울어진 채 맺고 있는 열매는 우리의 정체를 어떻게 드러내고 있습니까? 예수님을 믿는 하나님 백성의 공동체인 교회는 어떤 열매를 맺고 있습니까? 우리는 기꺼이 비천한 자들의 편에 서서 그들의 친구가 되셨던 예수님을 따르는 제자로서 열매를 맺고 있습니까? 우리는 아름다운 열매를 맺은 좋은 나무입니까?

한국사회가 정치적으로 혼란스러운 상황 속에 자주 등장하는 교회와 목회자, 성도들의 부정과 탈법한 모습들은 우리의 정체를 어떻게 드러내고 있습니까? 이데올로기에 함몰된 채 이권을 위해 정치를 이용하는 데 있어 이단 사이비 신천지나 통일교와 다르지 않은 한국 교회의 모습은 무엇을 보여 주고 있습니까? 그럼에도 불구하고 여전히 교회가 갈피를 못 잡고 정치적 목적에 이용당하는 현실은 무엇을 말해 주고 있습니까?

과일은 먹어 봐야 알고, 사람은 겪어 봐야 안다고 했습니다. 그렇다면 교회를 다녀 보고 겪어 본 이들이 교회를 등지는 모습은 무엇을 보여 주고 있습니까? 예수님을 믿지만, 교회는 안 나가는 가나안 성도 3백만 시대에 한국 교회는 진정 예수님의 가르침을 따르고 있습니까? 우리는 진정으로 산상수훈의 가르침을 따라 생명의 열매를 맺고 있습니까?

우리는 세상의 소금이요, 세상의 빛입니다. 세상 속에서 누군가의 삶을 맛나게 하려고 스스로 녹아지고 있습니까? 형제와 이웃의 발치를 밝히기 위해 기꺼이 살라지고 있습니까? "살인하지 말라"라는 말씀을 따라 작은 생명 하나라도 귀하게 여기고 있습니까? 모든 생명을 하나님 형상의 생명적 가치로 존중하고 있습니까? "간음하지 말라"라는 말씀을 따라 여성을 비롯한 사회적 약자와 소수자를 도구적 수단으로 삼지 않고 있습니까? 사람을 자기 욕망을 위한 수단으로 소비하려는 모습을 단호하게 거절하고 있습니까? "원수를 사랑하라"라는 말씀처럼 보복이 아닌 적극적 사랑으로 기도하고 있습니까? 형제에게만 문안하는 수준이 아닌 교회 밖 후미진 곳까지 따스한 사랑을 흘려보내고 있습니까?

결국 우리의 열매로 우리를 알게 될 것입니다. 우리가 맺은 삶의 열매가 우리의 정체를 확증합니다. '그리스도인', '예수쟁이'라는 이름이 부끄럽지 않을 만큼 그리스도를 따르는 열매를 맺고 있습니까? 산상수훈의 말씀을 삶으로 살아 내는 예수의 제자입니까?

|

누가 천국에 가는가

　말씀을 듣고 행하는 사람이 천국에 들어갈 수 있기에 말씀을 듣고 행하는 자가 복 있는 사람입니다. 마지막 날, 주님 앞에 선 그날, 아버지의 뜻대로 행하는 자라야만 영광에 들어갈 수 있습니다. 좋은 나무와 못된 나무, 아름다운 열매와 나쁜 열매는 어떻게 구별할 수 있습니까? 그 대답은 그리 어렵지 않습니다. 하늘 아버지의 뜻대로 행하는지를 살펴보면 됩니다. 하늘 아버지께서 원하시는 일을 하는 사람이 아름다운 열매를 맺는 좋은 나무입니다.

　많은 사람이 주님의 이름을 내세우며 선지자처럼 하나님의 말씀을 대언할 것입니다. 주님의 이름으로 귀신을 쫓아내고, 놀라운 능력을 보여 줄 것입니다. 그러나 보이는 말과 능력에 속아서는 안 됩니다. 그들이 그날 예수님을 "주여! 주여!" 부르며, 스스로가 예수의 제자라고 아무리 떠들고 다녀도 예수님께서는 그런 사람들을 알지 못합니다. 그들은 예수님과 아무런 상관없는 사람입니다. 그날에 예수님과 함께 천국에 들어갈 사람은 오직 하늘 아버지의 뜻을 삶으로 살아 내는 제자입니다.

저는 당신의 피가 조금 필요할 뿐입니다. 저는 당신처럼 자기 십자가를 지고 살거나, 당신의 성품을 닮거나, 당신의 제자가 될 마음은 추호도 없습니다. 솔직히 제가 인생을 즐기는 동안 좀 못 본 척해 주시면 안 되겠습니까? 그리고 저는 이미 당신을 믿는다고 고백도 하고 세례도 받았으니까 그냥 이다음에 천국에서 뵙겠습니다. 저는 당신의 보혈의 능력을 믿긴 합니다. 그러니 이 땅에서 제 목적을 이룰 동안 저에게 그 능력의 피를 빨대로 빨아 먹을 수 있도록 그냥 제게 제공해 주시기만 하면 됩니다.

이렇게 예수님께 빨대를 꽂아 그 피만 빨아 먹길 원하는 사람, 그러나 구주의 핏값으로 사신 자신의 생명은 구주를 위해 조금도 내어놓지 않으려는 사람을 달라스 윌라드는 『잊혀진 제자도』에서 '뱀파이어 크리스천'이라고 표현했습니다. 구원을 위해 필요한 그리스도의 피에만 관심이 있을 뿐 제자로서 순종하며 하나님의 뜻대로 삶을 사는 것에는 무관심한 사람들을 가리키는 말입니다.

또한 카일 아이들먼(Kyle Idleman)은 『팬인가, 제자인가』에서 '예수 팬클럽에 가입한 크리스천'이라는 표현을 썼습니다. 예수님을 열정적으로 좋아하고 열렬히 추종하다가도 자신의 기대를 충족시켜 주지 않으면 어느 순간 쉽게 이탈하는 사람, 예수님을 열렬히 환호하지만 예수님을 위해 희생하는 것은 싫어하는 사람, 예수님에 대해 누구보다 많은 정보를 알고 있지만 정작 예수님과의 친밀한 관계는 전혀 없는 사람은 제자가 아닙니다. 그는 예수 팬클럽에 가입한 크리스천일 뿐입니다.

이런 사람을 팀 켈러는 '종교 소비자'라고 불렀습니다. 기독교 신앙을 자기만족과 욕망 충족의 도구로 전락시키고 있는 사람을 그는 '우상숭배자'라고까지 했습니다.

하늘 아버지의 뜻대로 행하는 제자는 하나님의 식탁에 초청받은 사람입니다. 산상수훈의 가치를 따라 사는 예수의 제자만이 하나님의 식탁에 참여할 수 있는 합당한 사람입니다. 우리는 어떤 종류의 그리스도인입니까? 뱀파이어입니까? 팬입니까? 하나님의 뜻대로 살고자 하는 제자입니까? 그날에 천국에 들어갈 "하늘에 계신 내 아버지의 뜻대로 행하는 자"는 어떤 사람입니까?

그날에 천국에 들어갈 사람은 예수님과 믿음의 관계를 맺은 하나님의 자녀입니다. 예수님을 믿고 하나님의 자녀 된 사람이 하나님의 뜻대로 행하는 사람입니다. 하늘 아버지의 뜻은 아버지의 잃은 자녀를 되찾는 것입니다(요 6:39~40). 예수님을 복음으로 믿어 하나님의 자녀 된 사람만이 천국에 들어갈 것입니다. 천국은 예수님으로 말미암아 하나님을 '내 아버지'라 부르는 자녀만 들어갈 수 있는 아버지의 나라입니다. 예수님과 믿음의 관계를 맺은 사람만이 천국에 들어갈 수 있습니다.

나아가 그날에 천국에 들어갈 사람은 삶으로 응답하는 제자입니다. 말씀을 통해 아버지의 마음을 듣고 그 마음에 순종으로 응답하는 제자가 아버지의 뜻대로 행하는 사람입니다. 순종이 제사보다 낫고, 듣는 것이 수양의 기름보다 낫습니다.

하나님과 상관없이 선지자 노릇 할 수 있습니다. 귀신을 쫓아내고 많은 권능을 행하면서도 하나님과 아무런 상관이 없을 수 있습니다. 주님의 이름을 차용할 뿐 자기 원하는 대로, 자기를 위하여 사는 삶은 주님과 상관없는 자기 의를 이루는 불법에 불과합니다.

아버지의 뜻은 아버지의 또 다른 자녀인 이웃의 연약함을 돌아보고 아픔을 위로하는 것입니다(마 25:31~46). 아버지의 뜻을 따라 순종으로 응답하는 사람만이 천국에 들어갈 것입니다. 아버지의 뜻대로 행하는 사람은 예수님으로 말미암아 하나님을 아버지라 부르는 제자입니다. 아버지의 뜻대로 행하는 사람은 듣고 깨달은 아버지의 뜻을 따라 삶으로 응답하는 순종의 사람입니다.

> 내가 대답하되 주님 누구시니이까 하니 이르시되 나는 네가 박해하는 나사렛 예수라 하시더라 나와 함께 있는 사람들이 빛은 보면서도 나에게 말씀하시는 이의 소리는 듣지 못하더라 내가 이르되 주님 무엇을 하리이까 주께서 이르시되 일어나 다메섹으로 들어가라 네가 해야 할 모든 것을 거기서 누가 이르리라 하시거늘
>
> 행 22:8~10

예수님을 만나기 전 바울은 하나님을 위하여 온 열심을 다하며 살았습니다. 그는 하나님의 의를 모르는 자기 열심으로

하나님의 아들과 그의 교회를 박해했습니다(참고, 롬 10:2~3). 그런 그가 또다른 박해를 위해 다메섹으로 가던 길에 예수님을 만나 두 가지를 물었습니다. 하나는 "주님 누구시니이까"이고, 다른 하나는 "주님 무엇을 하리이까"입니다. 이 두 물음의 답을 알고 그대로 살아가는 사람이 천국 백성입니다.

"주님 누구시니이까"라는 물음은 나의 주님, 나의 아버지와의 관계 맺음을 위한 물음입니다. 예수님에 대한 객관적 지식이 아닌 관계적 앎을 묻는 물음입니다. 하나님이신 예수님께서 육체로 이 땅에 오셔서 어떠한 사랑으로 나를 사랑하셨는지를 깨닫게 하는 물음입니다. 십자가와 부활의 복음 앞에 자신을 세우는 물음입니다. 예수님을 나의 복음 곧 나의 주 예수 그리스도로 만나게 하는 물음입니다.

예수님을 나의 복음으로 만난 사람만이 아버지의 나라를 나의 나라로 누릴 수 있습니다.

"주님 무엇을 하리이까"라는 물음은 온전한 순종을 위한 물음입니다. 어디서 와서 어디로 가는지조차 모른 채 살던 인생이 삶의 근원적 목적을 찾아가는 물음입니다. 우연히 세상에 던져진 존재가 아닌 하나님의 사랑받는 자녀 된 영광에 이르게 하는 물음입니다. 그 누구의 삶과도 비교할 수 없는 나의 달려갈 길을 달려가게 하는 물음입니다. 더 이상 자기 자신을 위해 살지 않고 나를 대신하여 죽었다가 다시 살아나신 주 예수 그리스도를 위하여 살게 하는 물음입니다.

자신이 무엇을 해야 할지를 알고 그 일을 다 마친 후 예수님 앞에 선 제자를 위하여 의의 면류관이 예비되어 있습니다(딤후 4:7~8).

결국 아버지의 뜻대로 행하는 사람이 천국에 들어갈 것입니다. 아버지의 뜻대로 행하는 사람이 아름다운 열매를 맺는 좋은 나무입니다. 입으로는 주님을 찾지만 자기 마음대로 자기 자신만을 위해 살아가는 뱀파이어나 팬에 불과한 이들을 위해 예비된 천국은 없습니다. 말씀을 듣고 행하는 제자가 하나님 나라 백성입니다.

> 그러나 두려워하는 자들과 믿지 아니하는 자들과 흉악한 자들과 살인자들과 음행하는 자들과 점술가들과 우상숭배자들과 거짓말 하는 모든 자들은 불과 유황으로 타는 못에 던져지리니 이것이 둘째 사망이라 계 21:8

요한계시록은 종말에 어떤 사람이 천국에 들어갈 수 있는지 그 기준을 세세하게 제공해 줍니다. 분명 "믿지 아니하는 자들"은 천국에 못 들어간다고 되어 있습니다. 그런데 여기서 놓치지 말아야 할 게 있습니다. 그것은 "두려워하는 자들"이 천국에 못 들어가는 사람들의 목록 제일 첫 번째에 나온다는 것입니다. 두려워하는 사람들이란 이 땅에서 하늘 아버지의 다스림을 온전히 신뢰하지 못하고 매일의 삶에서 전전긍긍하며 사는 사람들입니다.

이 요한계시록 말씀에는 종말에 천국에 못 들어가는 또 하나의 기준점이 나옵니다. 그것은 "거짓말하는" 것입니다(계 21:27, 22:15). 거짓말은 매우 심각한 죄입니다. 그런데 어찌 된 영문인지 많은 그리스도인이 두려워하거나 거짓말하는 것을 죄로 여기지 못한 채 현실의 문제 앞에 벌벌 떨며 거짓말에 빠져 살아가는 것을 봅니다. 그러나 성경은 분명히 말씀합니다. 거짓말을 지어내는 자들과 (그런 거짓말에 속아) 두려워하는 자들은 종말의 심판을 통과하지 못할 것입니다.

물론 우리는 그 와중에도 예수 그리스도의 십자가 은혜로 말미암은 하나님의 긍휼하심을 구하며 소망을 버리지 않을 것입니다. 아무튼 분명한 것은 교회의 사명이 거짓말을 유포하며 공포 분위기를 조성하는 데 있지 않다는 것입니다. 오히려 정반대입니다. 교회는 진리를 말하며 소망을 나누어야 합니다. 아무리 현실이 힘들고 어려워도 예수님께서 모든 사망 권세를 꺾고 승리하셨기 때문에 우리는 복음의 능력을 힘입어 소망을 안고 살아가야 합니다. 성령의 기름 부음 가운데 오직 '진실'만을 말하며 담대함으로 살아가야 합니다.

예수님으로 말미암아 하나님을 아버지로 만났습니까? 아버지의 뜻을 묻고 그 뜻을 따라 살아가는 제자 곧 하늘 아버지의 자녀입니까? 하늘 아버지의 뜻을 따라 거짓을 끊어 내고 진실을 말하고 있습니까? 세상의 온갖 혼돈 속에서도 두려워하지 않고 있습니까?

오늘 해야 할 일을 하라

말씀을 듣고 행하는 열매가 우리의 정체를 알려 주고, 말씀을 듣고 행하는 사람이 천국에 들어갈 수 있습니다. 그리고 말씀을 듣고 행하는 지혜가 우리로 위기를 견디게 합니다. 삶이 송두리째 흔들리고 무너지는 위기에도 끝까지 견디고 이기게 하는 지혜가 말씀을 듣고 행함에 있습니다.

말씀을 듣고 행하는 사람은 그 집을 반석 위에 지은 지혜로운 사람입니다. 말씀을 듣고 행하지 않는 사람은 그 집을 모래 위에 지은 어리석은 사람입니다. 반석 위에 지은 집은 비가 내리고 창수가 나고 바람이 불어 그 집에 부딪혀도 무너지지 않을 것입니다. 그러나 모래 위에 지은 집은 비가 내리고 창수가 나고 바람이 불어 그 집에 부딪히자 무너져 그 무너짐이 심할 것입니다.

갈릴리 호수 서편 산상수훈 언덕에서 예수님의 가르침을 듣는 이들에게 이 비유의 말씀(마 7:24~27)은 역동적인 이미지로 다가왔을 것입니다. 지혜로운 사람과 어리석은 사람, 반석 위에 지은 집과 모래 위에 지은 집은 입체적이고 시각적인 온 감각으로 다가오는 이야기입니다.

'반석', '모래'라는 단어를 들으면 무슨 생각이 떠오릅니까? 아마도 건축 자재를 떠올리는 이가 적지 않을 것입니다. 그런데 이것은 집이 자리 잡은 위치 곧 지리적 위치에 관련한 말씀입니다. 고대 이스라엘의 지형은 석회암 산지가 많았습니다. 집은 땅을 파고 그 위에 쌓아 올리거나 하지 않았습니다. 고층 건물을 짓는 것도 아니었습니다. 지반이 석회암을 비롯한 돌로 되어 있기에 별도의 기초공사가 필요하지 않았습니다. 그리고 석회암 산지라고 해도 기슭은 흘러내리는 빗물이나 바람에 깎여서 만들어진 모래로 덮여 있었습니다.

비가 내리면 '창수'가 난다는 것은 급류가 쏟아져 내리는 것을 말합니다. 나무가 많지 않은 산지의 경우 지형의 특성으로 빗물이 아래로 흘러내리면서 물살은 빨라지고 물의 양도 많아집니다. 평소 물이 흐르지 않던 마른 시내, 골짜기, 도랑을 따라 물이 더욱더 거세게 흐르곤 했습니다. 이것이 창수입니다. 아주 급박한 현장을 그려 주는 표현입니다.

'반석' 즉 석회암 산지의 산 위에 돌을 쌓아 집을 짓습니다. 반석은 건축 자재상에서 사 오는 그런 것이 아닙니다. 고대 이스라엘이나 요르단의 산지 지역의 마을은 산 위에 지어진 경우가 대부분입니다. 비가 내린 날 빗물에 휩쓸려 내려오는 붉은 빛 물과 그로 인해 쌓이는 모래와 자갈을 하류에서 보는 것은 지금도 어렵지 않습니다. '반석 위'는 산꼭대기를, '모래 위'는 산기슭을 떠올리면 됩니다.

이런 배경 속에 말씀을 듣고 행하는 지혜로운 사람과 말씀을 듣고 행하지 않는 어리석은 사람은 어떤 사람입니까? 지혜로운 사람과 어리석은 사람은 그 사람의 인성과 지성을 따라 구별되는 게 아닙니다. 지혜로운 사람과 어리석은 사람은 상식적인 사람과 비상식적인 사람과 같은 뜻으로 구별될 수 있습니다. 집을 반석 위에 지어야 안전하다는 것은 상식입니다. 집을 모래 위에 지으면 비가 오고 창수가 나고 바람이 불어 그 집에 부딪혀서 무너짐이 심할 것은 상식입니다. 이를 무시하고 모래 위에 집을 짓는 것은 몰상식한 어리석음입니다.

말씀을 듣고 행하는 것은 상식입니다. 말씀을 듣고도 행하지 않는 것은 어리석음입니다. 말씀을 듣고 행하는 아름다운 열매가 그 사람이 하나님 앞에 좋은 사람이라는 것을 알려 줍니다. 말씀을 듣고 행하는 사람이 천국에 들어갈 수 있습니다. 말씀을 듣기만 하고 행하지 않는 사람이 천국에 들어갈 수 없다는 것은 상식입니다.

여호와를 경외하는 것이 지혜의 근본(잠 1:7, 9:10)이라는 잠언의 고백은 말씀을 듣고 행하는 사람이 지혜로운 사람이라는 예수님의 말씀과 맞닿아 있습니다. 말씀을 듣고 행하는 지혜로운 사람은 인생의 비를 만나 창수가 나고 바람에 부딪혀도 무너지지 않을 것입니다. 마침내 모든 것을 견디고 이겨 낼 것입니다. 예수님과 함께 하나님 나라를 영원히 누릴 것입니다.

하늘 아버지의 행복한 자녀

능력 있고 잘난 자식을 둔 부모의 복보다 더한 복이 하나님의 말씀을 듣고 행하는 복입니다. 선지자 요나에게 하나님의 말씀이 임했습니다. 그러나 그는 순종하고 싶지 않았습니다. 민족주의적 정치 이데올로기에 함몰된 선지자는 하나님의 말씀을 듣고도 행하지 않았습니다. 하나님의 얼굴을 피하려고 다시스로 도망하던 그를 하나님은 바람과 폭풍으로 꾸짖으셨지만, 그는 듣지 않았습니다.

구사일생으로 생명을 구한 선지자에게 두 번째 하나님의 말씀이 임했지만 듣고도 기쁨으로 행하지 않았습니다. 그런데 마지못해 전한 말씀에 온 니느웨 사람들이 회개하여 돌이켰습니다. 선지자는 하나님 앞에 니느웨를 심판해 달라고 기도했습니다. 말씀을 듣고 행하지 않던 선지자는 하나님의 은혜와 자비로우심에 분노하며 스스로 마음을 지옥으로 만들었습니다. 하나님의 말씀을 듣고 회개한 니느웨 사람들은 생명을 얻었지만, 하나님의 말씀을 듣고도 행하지 않았던 선지자는 지옥을 살아야 했습니다.

뱃사람들은 요나가 전하는 하나님의 말씀을 듣고 두려워했습니다. 니느웨 사람들은 선지자가 전한 하나님의 말씀을 듣고 돌이켰습니다. 그런데 정작 선지자 자신은 듣지 않았습니다. 순종하지 않았습니다. '예수님을 믿는다' 하는 그리스도인 된 우리는 말씀을 심장으로 듣고 있습니까? 들은 대로 행하고 있습니까? 말씀을 듣고 행하는 사람이 진정 행복한 사람입니다.

"애야, 네 스스로 자식들에게 남겨 주고 도와주길 그렇게 원하니? 그럼 그렇게 해라. 그러면 나는 앞으로 더 이상 네 아이들을 돕지 않을 거다. 네가 해라.”

“안 됩니다. 하나님! 제가 잘못했습니다. 하나님께서 도와주시고, 하나님께서 붙들어 주셔야 합니다.”

몇 년 전 장모님이 기도 가운데 하나님과 나눈 대화입니다. 장인어른과 장모님은 하나님께서 쓰고자 하셨을 때 자신들이 가진 전부를 드린 분들입니다. 하나님께서 허락하셨다는 말에 대학 졸업반 딸을 지하실 30평 개척 교회 전도사에게 말없이 시집보낸 분들입니다. 그런데 늘 하나님께 드리느라 자식들 넉넉하게 해 주지 못한 것이 미안하고 아팠나 봅니다. 어떻게든 마지막으로 움킬 수 있는 것을 움켜쥐어서 자식들에게 조금이라도 남겨 주고 싶었나 봅니다.

그렇게 자식들에게 줄 수 있게 얽힌 문제 풀어 달라고 새벽마다 밤마다 부르짖었습니다. 그런데 하나님께서는 풀어 주시지 않았습니다. 왜냐하면 그 자녀들을 하나님께서 돕고, 그들의 인생에서 하나님께서 일하시기 위해 묶인 것을 풀어 주시지 않았던 것입니다. 그런데 하도 애원하니 마지못해 하나님께서져 주시기로 한 것입니다.

“그래, 내가 풀어 줄게. 그런데 이제부터는 난 네 자식들 위하여는 더 이상 일하지 않을 거다.”

그 음성을 듣고야 장모님은 정신이 들었던 것입니다. 그리고 되돌아보니 하나님의 말씀이 들려진 대로 순종하며 살았던 삶이 결코 헛되지 않았습니다. 부모가 도울 수 없는 것을 하나님께서 돌보셨습니다. 부모가 돕고 부모가 해 주려 했던 것과 비교할 수 없는 일을 하나님께서 해 주셨습니다. 그런데도 여전히 자식들 걱정을 놓지 못하는 자신들이 얼마나 믿음 없는 장로요 권사였는지를 그제야 깨달은 것입니다.

그렇게 돌이켜 남은 시간을 자식들에게 더 남겨 주기 위해서 사는 것이 아니라, 자식들은 하나님의 손에 맡겨 드리고 하나님께서 자신들에게 원하시는 삶을 살겠노라고 결단했습니다. 그러자 하나님께서는 묶였던 것들을 하나하나 풀어내셨습니다. 하나님께서 또 다른 곳에 쓰시기 위해 풀어놓아 다니게 하셨습니다.

자식 잘 키웠다는 칭찬 듣는 복보다 더한 복이 말씀을 듣고 행하는 부모 되는 복입니다. 능력 있는 자식 두어 좋겠다는 소리 듣는 행복보다 더한 행복이 말씀 듣고 행하는 자식 두는 행복입니다. 자식에게 많은 것으로 물려주고, 능력 있는 부모 만나 편안하게 살아 고맙다는 고백 듣는 복보다 더한 복이 하나님 말씀 듣고 순종하는 부모 만나 영광이라는 고백 듣는 복입니다.

예수님께서 재림의 주로 다시 오실 그날, 영광의 예수님 앞에 서는 그날, 예수님의 말씀을 잘 듣고 행한 네가 복 있는 사람이라 칭찬 듣는 것이 가장 큰 행복입니다. 말씀을 듣고 행하는 사람이 참으로 복된 사람입니다. 바로 그가 하늘 아버지의 행복한 자녀입니다.

변호 말고 통역을 해 보자!

마태복음 7:28~29

우리 변호 말고 통역을 해 보자. SBS 드라마 〈굿파트너〉 중

드라마 속 대사가 깊은 울림이 되어 다가옵니다. 법무 법인 전 대표의 이혼 소송을 대리하는 주인공 변호사가 상대방 변호사와 통화 중에 나눈 대화입니다. 이혼에 대한 합의 조건이 일치했는데도 바로 사인하지 않으려는 모습에서 미련을 읽어 내어 언어로 통역하기로 합니다. 의뢰인을 일방적으로 변호하는 것이 아닌 의뢰인의 마음을 통역해서 전달합니다.

미안하면 화부터 내고 언성부터 높이는 전형적인 가부장적 남편, 그냥 가족들을 위해 일한 것을 알아봐 달라고 말하지 못하고 언성을 높이는 남편, 그러나 자신이 나가서 일할 수 있었

던 것도 아들을 키워 준 것도 고맙고 미안하다는 남편. 자신도 똑같다는 아내, 너무 자존심 상하고 외로웠다는 아내. 그렇게 변호가 아닌 통역을 통해 서로의 마음을 알게 된 부부는 이혼이 아닌 서로를 보듬고 새로운 화해의 삶을 열어 갑니다.

전통적으로 교회의 가르침은 진리를 변호하는 변증적 요소가 강했습니다. 그래서인지 설교는 진리를 일방적으로 선포하는 자리로 이해되었고, 어떠한 질문도 허용되지 않았습니다. 그러나 예수님의 가르치심은 소통을 위한 통역이었습니다. 하늘의 진리를 일방적으로 변호하는 것이 아니라 누구나 알아들을 수 있는 언어로 번역하고 통역하셨습니다. 예수님께서 말씀을 전하시는 자리는 종종 질문과 대화의 자리로 이어졌습니다.

예수님께서는 배우지 못해도, 유대인이 아니어도, 천한 신분이어도 누구나 알아들을 수 있는 말로 진리를 통역하셨습니다. 그 말씀을 듣던 사람들은 한 번도 들어 본 적이 없는 가르침에 놀라움을 금하지 못했습니다. 예수님의 가르치시는 권위가 서기관들과 같지 않았기 때문입니다(마 7:28~29). 예수님의 가르침은 전문적인 율법 교사가 되어야만 알아들을 수 있는 말씀이 아니었습니다. 예수님께서는 하늘의 진리를 일상의 언어로 누구나 깨닫고 응답할 수 있도록 통역하듯 가르치셨습니다.

그런데 오늘날 교회에서 전하는 가르침은 어렵기만 합니다. 배우고 익혀도 심오한 깨달음에 이르기가 쉽지 않습니다.

왜일까요? 말씀을 현대인의 일상적 감각으로 읽고 들을 수 있도록 통역하기보다 하늘의 진리를 변호하려고만 하기 때문은 아닐까요? 진리를 깨닫기 위해서는 '서기관들' 같은 전문적인 언어적 소양을 갖추어야 한다는 인식이 깊이 자리 잡고 있기 때문은 아닐까요?

성경은 일상을 사는 이들에게 일상 언어로 주어진 하나님의 말씀입니다. 그러므로 성경을 전하는 설교 또한 일상을 사는 이들에게 들려지는 일상의 말씀이어야 합니다. 이 책은 일상적 감각으로 성경을 읽도록 돕는『이스라엘 땅에서 말씀 찾기』의 실천편입니다. 일상적 감각으로 읽어 낸 성경을 들려지는 말씀으로 풀어낸 책입니다. 바라기는 이 책을 만나는 모든 이들이 성경을 일상적 감각으로 읽고 듣게 되어 일상적 감각으로 전하는 데까지 이르게 되길 축복합니다.

이 책을 마무리하는 즈음 아버님과 어머님을 요양원으로 모셔야 했습니다. 점점 거동이 불편해지면서 자꾸 쓰러지시는 아버님과 기억이 흐릿해지시는 어머님을 어찌할 수 없어 요양원으로 모시는 마음이 힘겹습니다. 저라는 사람은 두 분의 사랑과 신뢰가 없었으면 존재할 수 없었을 것입니다.

늘 한결같이 아들의 편이 되어 주신 아버님, 스물여섯 나이에 교회를 개척하겠다고 할 때도 두말없이 믿어 주며 격려해 주신 아버님, 늘 아들의 가는 길에 거침이 되지 않을까 노심초사하며 평생을 무대 뒤에 서서 든든한 버팀목이 되어 주셨습니다. 탁월한 암기력과 강인함과 열정을 물려주신 어머님, 언제나 아들에게 칭찬을 아끼지 않으신 어머님, 밤마다 새벽마다 심령 깊은 곳에서 쏟아 놓는 기도로 아들을 위한 평생의 중보기도자가 되어 주셨습니다. 두 분 평생의 섬김이 아들을 이만큼 빚으셨습니다. 고맙고 또 감사합니다. 아버님, 어머님!

더불어 여러 고마운 분들이 스칩니다. 한결같은 열정으로 성경의 땅을 함께 여행하며 탁월한 안내자가 되어 일상적 감각으로 성경을 읽고 듣도록 시선을 열어 준 신대원 동기 김동문 선교사에게 감사합니다. 책을 기획하고 편집하고 디자인하고 제작하는 과정 하나하나를 살펴 준 샘솟는기쁨 이진호 대표와 강영란 총괄 에디터에게 감사합니다.

부족한 책을 기꺼이 추천해 주신 분들에게 감사합니다. 〈광야 아트미니스트리〉를 통해 이어져 말씀 묵상을 통해 자신을 보는 마음을 열어 준 목회의 모범 선한목자교회 원로 유기성 목사, 신대원 선배이며 평생을 한국 교회 설교자를 세우는 데 헌신하고 있는 아신대 설교학 신성욱 교수, 탁월한 고전어학자로 저의 부족한 성경 읽기를 '수평적 읽기'라는 새로운 관점으로 정리할 수 있도록 인도해 준 더바이블 프로젝트 대표 송민원 교수, 신대원 동기로 탁월한 목회자와 설교자의 모범을 보여 주는 CTC코리아 이사장이며 성복중앙교회 담임 길성운 목사에게 감사합니다.

특별히 말씀을 전하는 자로 살아가는 여정을 함께해 온 가족과 한우리교회 지체들에게 감사합니다. 늘 남편의 곁에 엎

드린 중보기도의 사람 김주연 사모, 하나님을 예배하는 자로
바쳐진 큰아들 내외, 영혼을 향한 따뜻한 섬김을 가진 둘째 아
들 내외, 아빠를 웃게 하듯 하나님의 부르심을 찾아 나선 막내
딸, 그리고 지난 가을 하나님의 돕는 은혜로 찾아온 손자 은우
까지, 그들이 가족이어서 늘 고맙고 행복합니다.

그리고 따뜻한 사랑과 믿음의 응답으로 말씀을 받는 좋은
마음밭을 가진 한우리교회 지체들이 있어 감사합니다. 언제나
열린 마음으로 말씀을 듣는 들을 귀를 가진 성도들을 만난 저
는 행복한 목사입니다.

끝으로 '일상적 감각으로 성경 읽기'를 넘어 '일상적 감각으
로 말씀 듣기'에 대한 소망으로 이 책을 읽는 한 분 한 분께 감
사합니다. 언제나 함께하시며, 말씀으로 나타나시며, 들려진
말씀이 하나라도 땅에 떨어지지 않도록 역사하시는 주님이 있
어 감사합니다.

2026년 3월
한우리 드림센터 목양실에서
권종렬

주

1) 김세윤, 〈산상수훈과 한국교회〉 2011년 11월 7일 교회교육실천연대 사경회
2) J.B.필립스, 『당신의 하나님은 너무 작다』, 홍병룡 옮김, 비전북출판사, 2016, p.146-147
3) 헤로도토스, 『헤로도토스 역사』, 박현태 옮김, 동서문화사, 2023, p.25-26
4) 송민원, 『히브리어의 시간』, 복있는사람, 2024, p.160-161
5) 김동문 선교사가 비정기적으로 개최하는 성경 사물 전시를 통해 성경 시대 사람들의 일상을 이해하고
    성경을 일상적 시각으로 읽도록 도와주는 전시회
6) 김진, 『그리스도인과 함께 나누고 싶은 이야기』, 생명의말씀사, 2006, p.157-159
7) 이철환, 『곰보빵』, 꽃삽, 2006, p.68
8) 민경구, 『태초에 인권이 있었다』, IVP, 2024, p.28
9) 달라스 윌라드, 『하나님의 모략』, 윤종석 옮김, 복있는사람, 2000, p.215
10) 신영복, 『담론』, 돌베게, 2015, p.424-425
11) 유현준, 『도시는 무엇으로 사는가』, 율류문화사, 2015, p.209-210
12) 김동문, 『너희 등불을 비추라』, 샘솟는기쁨, 2023, p.261-262
13) 존 스토트, 『존 스토트의 산상수훈』, 정옥배 옮김, 생명의말씀사, 2024, p.124
14) 신현우, 『마태복음 1:1-13:42』, 감은사, 2022, p.198
15) 이상규, 〈주일 공공행사 금지 및 국기배례 금지 청원(2)〉, 고신뉴스KNC, 2023.3.3.
16) 디이트리히 본회퍼, 『나를 따르라』, 허혁 옮김, 대한기독교서회, 1990, p.121
17) 스캇 펙, 『스캇 펙의 거짓의 사람들』, 윤종석 옮김, 비전과리더십, 2007, p.118-119
18) 테클라 메를로, 『365일 당신을 사랑합니다』, 성바오로딸수녀회 엮음, 바오로딸, 2015, p.55
19) 노벨문학상 수상 사유, NobelPrize.2024
20) 한강, 『작별하지 않는다』, 문학동네, 2021, p.329-332
21) 이어령 인터뷰, 〈부활〉, MBC, 2019.12.25.
22) 송민원, 『히브리어의 시간』, 복있는사람, 2024, p.34-35
23) 서정인, 『"고맙다"』, 규장, 2014, p.186-187
24) 케네스 E 베일리, 『중동의 눈으로 본 예수』, 박규태 옮김, 새물결플러스, 2016, p.195-195
25) 이어령, 『빵만으로는 살 수 없다』, 열림원, 2011, p.63
26) 김훈, 『밥벌이의 지겨움』, 생각의나무, 2007, p.34-35
27) 이어령, 『빵만으로는 살 수 없다』, 열림원, 2011, p.81
28) 신현우, 『마태복음 1:1-13:42』, 감은사, 2022, p.237
29) 크리스토퍼 차브리스, 대니얼 사이먼스, 『보이지 않는 고릴라』, 김명철 옮김, 김영사, 2011, p.19-22
30) 김건우, 『예수께 기도를 배우다』, 샘솟는기쁨, 2024, p.19-20
31) 팀 켈러, 『팀 켈러의 기도』, 최종훈 옮김, 두란노, 2017, p.357-360
32) 강현정, 전성은, 『거창고 아이들의 직업을 찾는 위대한 질문』, 메디치미디어, 2015, p.12
33) 윌리엄 스코트, 『한국에 온 캐나다인들』, 88; 김명구, 『한국기독교사1-1945년까지』,
    예영커뮤니케이션, 2018, p.169
34) 유진 피터슨, 『그 길을 걸으라』, 양혜원 옮김, IVP, 2007, p.17-18
35) 김동문, 『오감으로 성경 읽기』, 포이에마, 2017, p.267-271
36) 윌리엄 스코트, 『한국에 온 캐나다인들』, 93-94; 김명구, 『한국기독교사1-1945년까지』,
    예영커뮤니케이션, 2018, p.170
37) 장철수, 『소래교회사』, 북랩, 2022, p.162
38) 빅토르 위고, 『레미제라블1』, 베스트트랜스 옮김, 민음사, 2017, p.78-88